# LES
# NUITS PARISIENNES

## DU MÊME AUTEUR

Format gr. in-18 :

LES NUITS ANGLAISES. . . . . . . . . . . . . 1 vol.
LES NUITS ITALIENNES. . . . . . . . . . . . . 1 vol.
LES NUITS D'ORIENT. . . . . . . . . . . . . . 1 vol.

---

POISSY. = TYPOGRAPHIE ARBIEU.

# LES
# NUITS PARISIENNES

PAR

**MÉRY**

PARIS
MICHEL LÉVY FRÈRES, LIBRAIRES-ÉDITEURS
RUE VIVIENNE, 2 *bis*.
1855

L'auteur et les éditeurs se réservent le droit de traduction et de reproduction à l'étranger.

# LA SIESTE

# LA SIESTE

---

L'hôtellerie de madame Hombert était fort renommée à Florence en 1836. Elle avait une succursale à la campagne ; les voyageurs qui se logeaient en ville, à *Porta Rossa*, près du pont de la Trinité, avaient le droit, en payant, d'habiter le château rural.

Comme bien d'autres, je me suis donné cette excursion pastorale dans les paysages où peignit Giotto, où Dante a pensé, où Mazaccio a aimé, où Alfieri a chanté.

Nous étions tous riches alors ; les poëtes voyageaient en financiers, ce qui vexait beaucoup les financiers, trop amoureux de leurs priviléges. Aussi se sont-ils vengés en bouleversant tout dans la politique des crises ministérielles, en 1846.

En France, les hommes d'État veulent qu'on ne s'occupe que d'eux ; il y eut un moment où on ne parlait que littérature, musique, romans, beaux-arts.

L'intelligence dominait tout.

On ne parlait plus des hommes d'État : ils trouvèrent cela étrange, et ils allumèrent toutes sortes de brûlots et de feux grégeois, pour se faire remarquer.

On les remarqua trop ; ils disparurent dans l'ouragan de février, et aujourd'hui ils se plaignent, ces graves étourdis.

Nous étions donc plusieurs artistes au château de madame Hombert, et nous passions des heures charmantes, couchés sous des hêtres touffus, en aspirant cette douce atmosphère que l'Arno apporte du val d'Empoli.

Ces loisirs nous coûtaient fort cher ; mon hêtre touffu me coûtait dix louis par mois ; le berger Tityre ne payait pas le sien à ce prix.

J'avais aussi une chambre nommée en anglais pudique *bedroom*, dont le loyer était fabuleux pour un poëte. Il est vrai que cette chambre était délicieuse : on apercevait de son balcon les hauteurs de San-Miniato, la villa Strozzi, et une arête des Apennins tout écartelée de verdure sombre, et d'éblouissante aridité.

A l'heure où le démon langoureux de midi conseille la sieste italienne, je payais mon tribut d'indolence matinale à ce beau pays, et je cueillais les pavots du Morphée diurne sur l'étoffe d'un divan, car le lit de gazon était trop brûlant, à cette heure, sous le hêtre virgilien.

L'oreiller de ce divan de sieste était en velours et tout brodé de caractères ornés comme des arabesques ; quatre crépines d'or le décoraient aux angles ; il était doux aux tempes comme un petit nuage d'édredon.

Cet oreiller ne paraissait pas appartenir à ce divan. Les deux styles de broderie étaient l'un à l'autre étrangers. Deux artistes avaient passé par là.

Je me souviendrai toujours de mon premier réveil après ma première sieste, faite sur ce lit de midi.

La croisée de ma chambre, toute grande ouverte, me laissait voir, dans un lointain d'azur et d'or, le campanile de Giotto, le dôme d'Arnolphe, et la tour du Palais-Vieux. Mille souvenirs confus se pressaient à la fois dans mon cerveau.

Je voulus m'abandonner, en me réveillant, aux rêveries florentines que ce tableau m'inspirait, mais ce fut impossible. Il n'y avait dans mon esprit de place que pour un rêve étrange que ma sieste m'avait laissé comme un héritage vaporeux.

Il me faudrait écrire des volumes, et demander mille chefs-d'œuvre à tous ces grands artistes dont notre siècle est si fier, s'il me fallait conter et illustrer ce rêve ; je me contente de l'indiquer en raccourci.

Il me semblait que j'assistais à une fête de harem ; mais quelle fête ! quel harem !

Le Caucase et la Géorgie, ces deux mines de belles femmes, avaient amoncelé tous leurs trésors dans une immense galerie orientale, où les colonnettes de bois de santal se perpétuaient à l'infini, avec des torsades de rosiers en fleurs. Auprès de cette exhibition d'odalisques, le harem biblique de Salomon était bien pâle et bien indigent.

Toutes ces femmes dansaient des pas espagnols, au son d'une musique, qui n'est écrite que sur la partition des rêves, et dont Rossini se souvient seul en s'éveillant.

Il n'y avait pas l'ombre d'un homme, ce qui ne gâtait rien à l'affaire ; il n'y avait probablement que moi, et j'avais le bonheur de ne pas me voir.

Une lumière douce qui ne venait pas des astres de la nuit et du jour, une lumière élyséenne éclairait cette armée de Vénus de Milo, dansant comme les nymphes du Guadalquivir.

Des milliers d'ogives de fleurs laissaient entrevoir, par leurs éclaircies, toutes les merveilles végétales des jardins d'Alcine, de Calypso et des Hespérides ; des rotondes de marbre, voilées de grands myrtes ; des cascades d'eau vive ; des fontaines à conques ; des colonnades de porphyre, des lacs verdis par leurs arbres, où nageaient des Néréides, et laissant flotter, comme des rames, leurs longues tresses de cheveux blonds et noirs.

Ce tableau était, je vous assure, plus agréable à voir qu'une séance de la Chambre des représentants, même ornée de M. Dupin.

Quand on a fait un pareil rêve, on s'entretient longtemps avec lui au réveil. C'est ce que je fis. — Mon entretien menaçait de durer toujours quand la cloche du dîner l'interrompit.

Je n'eus alors d'autre ressource que de le raconter, avec la permission de mes convives. En l'abrégeant, ce récit dura cinq heures, et le lendemain, on fut assez obligeant pour m'en demander une seconde édition, qui en dura dix, toujours en abrégeant.

La sieste du lendemain et des autres midis me donna de nouveaux rêves, et toujours dans le style oriental, qui est le vrai et le sublime style, à mon avis.

Le *qu'il mourût* de Corneille ne vaut pas un madrigal de Salomon à la Sulamite.

Après quinze jours, quinze siestes, et quinze rêves obstinément orientaux ou efféminés, ce qui est synonyme, je me mis à réfléchir sur la nature de ces choses, comme le poëte Lucrèce. Cela me parut fort extraordinaire, et je rangeai les rêves de mes siestes dans la catégorie des problèmes d'Euclide. Je voulais donc en avoir le mot.

Un jour, en sortant d'un songe où j'avais vu Bethsabée dans ses jardins, au point de vue du roi David, je pris le coussin de velours, encore tiède de mes tempes, et je considérai avec attention les caractères arabes dont il était émaillé.

C'était de l'hébreu pour moi, ou des hiéroglyphes pour un Bédouin.

Cependant cette inspection me donna une idée.

Je descendis chez madame Hombert, en murmurant le plus admirable des vers du plus grand des poëtes. *Heureux qui a pu connaître les causes des choses* (1) !

Madame Hombert dormait selon l'usage italien.

Cependant elle eut la bonté de se réveiller au fracas des bottes de 1836, et voyant, avec sagacité, sur ma figure, une ride qui ressemblait à un point d'interrogation, elle croisa les bras, et attendit.

(1) *Felix qui potuit rerum cognoscere causas !*
(Virgile.)

— Madame, lui dis-je, vous avez, dans votre château, une chambre d'un prix inestimable...

— Vous venez me demander une diminution? me dit-elle en m'interrompant.

— Au contraire, répondis-je; je viens vous prier d'augmenter mon loyer, parce que je crains d'être exproprié par quelque Anglais millionnaire au premier jour.

Madame Hombert me regardait toujours. Je continuai :

— Mais comme les Anglais millionnaires se sont mis, maintenant, sur le pied de marchander en Italie, je ne craindrais pas d'être dépossédé, si vous êtes assez bonne pour augmenter mon loyer mensuel de cent francs.

— Si cela vous oblige, — me dit madame Hombert en riant, — il n'est sorte de sacrifice de ce genre que je ne puisse faire pour vous; mais respectez mon scrupule et ne me poussez pas à bout. Je vous laisse votre chambre au même prix, et je ne vous en déposséderai pas, dussé-je me brouiller avec tous les lords qui viennent chez moi.

— Madame, — lui dis-je, en m'inclinant de reconnaissance — vous me traitez en compatriote, et j'en suis touché... Veuillez bien maintenant me dire si vous avez acheté à Florence le mobilier de ma chambre n° 8?

— Oui, monsieur... il y a pourtant quelques meubles qui viennent de la grande boutique, ou pour mieux dire, du bazar de Micali, à Livourne.

— Et votre divan, d'où vient-il?

— De Tomaso Bartolini.

— Un tapissier florentin?

— Oui, monsieur.

— Qui n'a jamais voyagé?

— Je ne crois pas qu'il ait voyagé. Les Florentins ne voyagent pas.

— Au fait, madame, ils ont raison. Pourquoi voyageraient-ils? Voyager, c'est critiquer sa ville natale.

— Pardon, monsieur, — me dit madame Hombert d'un air soucieux, — vous me faites là des questions qui ont un air singulier...

— Oh! madame, excusez-moi... je suis ainsi fait... en voyage, je fais toujours des questions étranges; c'est une habitude... j'ai dix articles à écrire pour la *Revue de Paris*.

— C'est différent, monsieur, mais je ne vous comprends pas davantage, et je vous affirme que vos questions vont faire beaucoup travailler mon esprit.

— Alors, madame, je ne veux pas vous donner légèrement des soucis, et vous me permettrez de continuer mes demandes, afin que nous puissions arriver à la vérité, en nous éclairant mutuellement.

— Demandez, monsieur, je vous répondrai, si je puis.

— Vous avez au n° 8 un coussin de velours chargé de caractères arabes, etc...

— Oui, — dit-elle en m'interrompant avec vivacité. — Oui, je ne vous ai pas parlé de ce coussin... il n'est pas acheté à Forence, ni à Livourne.

— Et d'où vient-il, madame, ce coussin?

— C'est Reschid-Pacha qui me l'a donné, l'ami intime du sultan.

— Oh! madame! ceci commence à s'éclaircir un peu! c'est le cadeau d'un pacha?

1.

— Oui, monsieur; cet excellent Turc était lié avec M. Belloc, et c'est M. Belloc qui m'a procuré ce locataire. Reschid a logé six semaines dans ce château, et, en partant, il m'a fait plusieurs cadeaux... Vous savez que les Turcs ont la manie de donner des présents...

— Excellente manie, madame; mais peu contagieuse.

— Malheureusement, monsieur... il m'a donné un échiquier chinois, un tapis de Smyrne, une paire de babouches d'odalisque, et ce coussin de velours.

— Vous êtes bien sûre, madame, que ce coussin a fait partie des présents?

— Très-sûre, monsieur... et en voici la preuve... Le pacha me dit, en italien... il parle l'italien comme un Grec de Corfou... il me dit que le Grand Seigneur lui avait donné ce coussin, tiré des appartements secrets du harem.

— Que Mahomet soit béni, madame! voilà au moins une explication?

— Quelle explication vous ai-je donnée, sans le savoir, monsieur?

— Une explication très-satisfaisante, madame, et je ne veux pas en savoir davantage; je suis fixé.

— Mais je ne suis pas fixée, moi, monsieur.

— C'est juste, madame; veuillez bien m'écouter encore un instant.

Alors, je racontai à madame Hombert la fabuleuse histoire de mes rêves de sieste, et je n'eus pas de peine à lui prouver, comme je venais de me le prouver à moi-même, que cette série orientale de songes avait sa source inépuisable dans le coussin tiré du harem du Grand Seigneur.

— C'est superbe d'absurdité ! — me dit madame Hombert, de l'air d'une femme d'esprit qui croit fermement aux choses incroyables.

— Vous voyez donc alors que c'est vrai, — lui dis-je avec une certaine candeur.

— Comment donc, monsieur ! mais je n'y mets pas l'ombre du doute; je suis d'ailleurs intéressée, comme propriétaire du coussin, à croire, et surtout à faire croire aux vertus de ce présent oriental... Je trouverai sans doute un Anglais millionnaire, qui...

— Ah ! madame, permettez-moi de vous interrompre sur cet Anglais-là... Voilà maintenant où commence l'erreur : vous feriez dormir, en détail, toute la Chambre Haute sur ce coussin, et vous n'en obtiendriez pas le moindre rêve oriental...

— Vous croyez, monsieur?...

— Si je le crois, madame !... Si la chaleur aujourd'hui n'était pas si accablante, et si vous n'étiez pas une femme d'esprit, je vous développerais tout un système complet de métaphysique sur les rêves, et les affinités psychologiques des individus...

— Ah! mon Dieu! vous me faites trembler!

— N'ayez pas peur, madame, vous en serez quitte pour le titre d'un chapitre ennuyeux que je ne parlerai pas... Il y a des émanations mystérieuses enfermées dans certaines étoffes magnétiques qui se mettent très-bien en rapport avec des organisations nerveuses, et...

— Monsieur ! — s'écria madame Hombert d'un ton d'effroi, — est-ce que vous allez me donner le chapitre ?

— Non ; c'est toujours le titre, et puisque cela vous cause tant de peur, je m'arrête là...

— Arrêtez-vous là, vous avez raison, monsieur... Est-ce qu'on explique ces choses!... folie! Quand on les explique, on ne les comprend plus. Laissons-les dans leur vague mystère, dans leurs ténèbres plus claires pour nous que le jour. Voilà, monsieur, comment la métaphysique gâte et obscurcit tout. Moi, monsieur, à quinze ans, je comprenais tous les phénomènes de la nature ; à dix-huit ans, j'épousai M. Hombert, qui était métaphysicien ; il voulut tout m'expliquer, et je ne compris plus rien. Il y a, dans certaines intelligences, une perception délicate de ces choses qui tient lieu de toute science. Ainsi, je devine très-bien les mystères de mon coussin oriental, et vous avez bien raison, monsieur, de me dire que jamais ce velours ne donnera un rêve à une organisation d'Anglais.

— Alors, madame, lui dis-je, ne parlons de cela, je vous prie, à personne, et surtout à aucun membre de la Chambre Haute. Gardons ces mystères pour nous, et soyons-en heureux égoïstement.

— Oui, éloignons les profanes de ce coussin.

— Madame, je comptais quitter votre château la semaine prochaine ; mais, à cause de ce coussin, je retarderai mon départ pour Rome ; voudrez-vous bien prolonger mon bail, au moins d'un bon mois?

— D'un an, monsieur, si vous voulez.

— Hélas! madame, c'est impossible! la France ne nous donne pas des congés d'un an ; mais je profiterai bien de ce mois. Mes siestes ne finiront qu'à la nuit, et je veillerai le jour jusqu'à midi.

En ce moment, plusieurs Anglais, très-graves, entrèrent pour accrocher leurs clefs à des clous, et échanger, avec madame Hombert, quelques phrases en italien d'Édimbourg.

Je saluai la maîtresse du château, en lui lançant un signe d'intelligence, et je fus m'asseoir et fumer un cigare sous les vieux pins où Dante et Michel-Ange ne fumèrent jamais, les malheureux.

En fait de mystère, madame Hombert avait raison, l'ignorance est la vraie science ; n'expliquons rien, devinons.

Au reste, s'il fallait tout expliquer dans ce monde inexplicable, notre vie se passerait aux pieds des sphinx de l'Égypte. Ils étaient de vrais sages, les sages du Nil ; les autres sages sont des fous.

Leurs sculpteurs avaient posé partout ces lourdes figures de monstres accroupis ; on ne faisait pas un pas sans se trouver face à face avec un sphinx, comme on ne peut aussi faire un pas sans se heurter contre un mystère de la nature. Alors, le sage, placé entre le mystère et le sphinx, voyait une bouche de granit, et il s'en allait dans quelque oasis cueillir les fruits du palmier, les fleurs du jardin, les heures de l'amour. Quel sage !

Elle a été fort longue la série des rêves issus du coussin efféminé de madame Hombert, mais tous ne peuvent être contés, à cause de leur diffusion et de leur incohérence. Il faut du bon sens même dans les songes.

Il en est de la vie comme du coussin de la villa Florentine. Heureux ceux qui, en regardant en arrière, trouvent des souvenirs et peuvent ainsi charmer ces longues heures que l'homme est sans cesse obligé de passer en tête à tête avec lui-même ! Les mirages de notre existence passée ressemblent toujours à des rêves, et, plus fortuné que le reste des hommes, l'écrivain peut les traduire avec sa plume, comme un peintre avec son pinceau.

Ainsi fais-je aujourd'hui.

Tous les tableaux de cette galerie du Sommeil ne participent de la nature vagabonde du rêve que par le côté idéal, on peut les comprendre sans efforts et sans commentaires; quelquefois même ils n'ont que trop de réalité. Les rêves sortis par la porte d'Ébène ne sont pas toujours aussi clairs. L'Apocalypse n'a jamais eu beaucoup de succès, quoique écrite dans les splendides rayons de l'île de Pathmos, avec la plume d'un aigle et le génie d'un saint; et pourtant l'Apocalypse ne manque pas de clarté pour ceux qui lisent avec les yeux de l'âme. En attendant, il nous faut écrire pour tout le monde, et notamment pour ceux qui lisent avec les yeux du corps. C'est pourquoi nous puisons dans la galerie du passé.

Il doit être permis au narrateur de corriger parfois les incohérences du souvenir, avec des soudures, des phrases auxiliaires et des traits d'union.

Mieux vaut même mentir quelquefois, au milieu d'un songe, pourvu que ce supplément de l'imagination réveillée rende le texte plus limpide. C'est ce qui nous arrivera quelquefois.

# SIMPLE HISTOIRE

# SIMPLE HISTOIRE

---

Paris n'était plus dans Paris, ce qui est un lieu commun; Paris avait enjambé les Alpes, Paris se rajeunissait dans le doux pays toscan.

Vous savez ce qu'il faut entendre par le Paris dont je parle; il s'agit des poëtes, des femmes, des millionnaires, des artistes et des rêveurs. Ce Paris s'abat de temps en temps sur une ville, sise à dix jours de distance du boulevard des Italiens, et il a l'air d'y être comme chez lui. N'a-t-il pas posé son empreinte partout?

Cela se passait vers la fin de l'automne de 1837 : on s'occupait beaucoup alors à Florence d'un jeune Anglais, nommé Williams Brown, nouvellement arrivé de Londres. Lord

Williams Brown avait vingt ans, vingt-cinq mille guinées de revenu, une figure charmante, de l'esprit et le spleen. Sa calèche était noire, ses cheveux étaient noirs, sa livrée était noire, son visage était pâle et triste. On le voyait tous les soirs au quai de l'Arno ou sous les arbres verts des caschines, nonchalamment étendu sur les coussins de sa voiture, passant, distrait et mélancolique, au milieu des femmes qui l'admiraient et qu'il ne voyait pas. Dans les salons de Florence, où nulle prévenance n'avait pu l'attirer, on l'avait surnommé Tristan le Voyageur. Les femmes se demandaient avec inquiétude quelle grande douleur avait frappé déjà cet enfant de vingt ans; elles eussent toutes payé de leur bonheur le bonheur de le consoler. Disons en passant que ce bonheur n'eût pas coûté bien cher à quelques-unes.

Un soir, c'était fête à la villa Catalani; un grand nombre d'invitations avaient été envoyées à chaque ambassade, avec le droit d'en disposer en faveur des étrangers d'élite qui se trouvaient alors à Florence; lord Williams Brown ne fut point oublié.

Séduit par la réputation de la signora Catalani que toutes les capitales de l'Europe avaient si longtemps applaudie, et qui, retirée dans sa gloire, ne chantait plus qu'en famille, lord Williams résolut de renoncer pour une nuit à ses habitudes de rêverie et à ses goûts de solitude, et vers le soir du jour indiqué, sa calèche se dirigea vers la villa de la célèbre cantatrice.

Il pouvait être onze heures de la nuit; la nuit était pure et sereine; les étoiles brillaient au ciel; les lucioles, étoiles de la terre, brillaient à travers le feuillage; la lune, heureuse et calme, enveloppait d'un réseau d'argent les palais de la belle Florence. On dansait sur les marbres de la villa, la foule se pressait dans les salons ; on s'égarait, à deux, sous les tulipiers du jardin embaumé ; chaque nation était représentée, chaque visage avait là son type particulier, chaque langage son accent original. La figure blanche et diaphane d'un Anglais à la taille flexible, glissait sous les orangers près de la Romaine au teint bruni ; la langue florentine, cette langue qui semble avoir été inventée par les enfants et par les femmes, mêlait ses gazouillements au murmure confus de vingt idiomes étrangers : tel est le caractère distinctif de toutes les fêtes de Florence, qui sont, à vrai dire, des fêtes européennes.

Onze heures sonnèrent donc dans la plaine, à la tour du palais du grand-duc, lorsque tout à coup cette foule, frappée comme d'une commotion électrique, tressaillit et vint toute entière dans le même salon. Toutes les bouches répétaient le même nom ; tous les regards cherchaient le même but :

— Williams Brown, Tristan le Voyageur !

Jeune, beau, mince, gracieux et charmant sous son costume sombre et sévère, lord Williams s'inclina gravement devant la signora Catalani ; puis, traversant d'un air triste et distrait la foule qui s'ouvrit devant lui, il alla dans l'embrasure d'une croisée, contempler, en rêvant, Florence, qui dormait au pied de ses collines.

— Qu'est-ce donc que ce lord Williams Brown ?

— Un homme qui a vingt-cinq mille guinées de rente, dit un banquier.

— Un sot ou un fou, dit un vieux garçon qui avait du ventre et qui faisait encore la cour aux femmes.

— Un excellent parti, dit une douairière qui promenait depuis huit ans sa fille sans pouvoir lui trouver un mari.

— Un poëte, dit une femme qui faisait des vers.

— Child-Harold, dit un beau jeune homme qui avait tout pris de Byron, excepté le génie.

— Lara, dit une jeune Vénitienne qui eût volontiers échangée sa robe de gaze contre le vêtement d'un page.

— Pourquoi si triste et si sombre?

— Il a peut-être une gastrite, dit un médecin.

— On assure que sa fortune lui est illégalement acquise, dit un avocat.

— Ce jeune homme a commis un grand crime, dit une femme qui lisait encore les romans d'Anne Radcliffe.

— Sa maîtresse l'a trompé, dit une femme de trente-six ans qui devait s'y connaître.

— Il lit peut-être vos romans comiques, dit en souriant un poëte élégiaque à un romancier moderne.

— Ou peut-être il n'a jamais lu vos élégies, répondit le romancier au poëte.

— Oui, madame, disait Williams Brown à madame Catalani qui s'était approchée du mélancolique jeune homme, et qui l'avait bientôt captivé par sa grâce et sa bonté charmante; oui, madame, malheureux et triste! J'ai vainement cherché dans les voyages quelque distraction à ma douleur : je la sens là, aussi vive et aussi profonde que jamais.

— Mais, monsieur, à votre âge, il n'est pas de maux irréparables, dit madame Catalani en prenant la main du jeune homme.

— Les morts ne reviennent pas, madame ; la tombe ne nous rend pas ce qu'elle nous a ravi une fois.

— Sans doute, il est cruel de perdre un objet aimé, mais un premier amour ne remplit pas toute la vie, et la destinée vous en réserve bien d'autres, ajouta madame Catalani en souriant doucement.

— La destinée ne nous donne qu'une mère, madame, et et c'est la mienne que je pleure, répondit gravement lord Brown.

Madame Catalani entraîna lord Williams dans le jardin, et lorsqu'ils eurent gagné une allée déserte et silencieuse, le jeune Anglais raconta d'une manière touchante la tendresse passionnée et romanesque qu'il avait vouée, dès son enfance, à la mère qui l'avait élevée. Lady Brown, mariée à seize ans, veuve à dix-sept, avait concentré tout son amour sur le seul enfant qu'elle avait eu de son mariage. Jeune, belle, courtisée par les grands d'Angleterre pour sa beauté, pour son rang et pour sa fortune, elle avait sacrifié toutes les joies et toutes les vanités du monde à cet enfant de son premier et de son seul amour. Retirée avec lui dans son château, elle l'avait élevé elle-même, elle avait disputé son enfance à tous les soins étrangers qui veillent généralement sur les nôtres, et lord Williams, en grandissant près de cette femme, jeune encore, belle, tendre, assidue, parée de toutes les grâces de l'esprit, de toutes celles d'une vertu indulgente et bonne, lui avait voué un sentiment d'affection passionnée qui n'avait jamais laissé place en son cœur aux besoins d'une affection étrangère. Williams raconta tout ceci avec charme, avec entraînement, et lorsqu'il vint à dire le dernier instant de cette femme, son cœur devint gros et ses yeux fondirent en larmes. Madame Catalani comprit et respecta cette douleur, et ses pleurs coulèrent plus d'une fois durant ce récit.

Tous les deux se rapprochaient du salon, lorsque tout à coup, sur la terrasse, madame Catalani quitta brusquement lord Brown et alla droit vers une femme qui se promenait seule et pensive; elle l'embrassa avec effusion; puis, se retournant vers Williams :

— *Cara*, dit-elle à son amie, je vous présente un de vos compatriotes, lord Williams Brown; — et s'adressant à lord Williams — milady Lasley, lui dit-elle.

Lady Lasley prononça quelques paroles; le son de sa voix fit tressaillir Brown. Tremblant, éperdu, il leva les yeux vers elle, et lorsqu'à la clarté de la lune il eut aperçu le visage de sa compatriote étonnée, il poussa un cri et s'évanouit.

Il ne fut bruit, durant les dernières heures de la fête, que de l'évanouissement de lord Brown en présence de lady Lasley, et ce nouvel incident ne contribua pas peu à jeter sur le romanesque voyageur un nouvel intérêt et un nouveau mystère. Vainement madame Catalani voulut expliquer à la foule qui l'interrogeait avec une ardente curiosité, l'évanouissement de sir Williams, par l'émotion que le récit de la mort d'une mère adorée avait réveillée dans le cœur de ce jeune homme; la foule s'obstina à penser que la douleur de lord Brown était de race moins pure, et l'on crut généralement que lady Lasley était une amante infidèle, et Williams un amant trompé. La chose est de tous temps et en tous lieux assez commune, pour avoir semblé probable en pareil cas.

Le fait est que lady Lasley et lord Brown s'étaient rencontrés pour la première fois sur la terrasse de la villa Catalani.

Un mois après il n'était question dans Florence que de la passion partagée de lord Brown pour lady Lasley; on les avait rencontrés, la belle Anna penchée tendrement au bras du jeune Williams, gravissant ensemble le versant de la Vallombreuse ; on les avait vus, un soir comme le soleil se couchait, derrière les Apennins embrasés, assis sous les cyprès de San-Miniato, absorbés tous les deux d'un même sentiment d'amour, qu'exaltait la contemplation d'une splendide nature. Le matin, la même barque les portait lentement sur les eaux de l'Arno; vers la nuit, la même calèche les faisait voler au bois ; au théâtre, la même loge les réunissait le soir ; ils visitaient ensemble les ateliers de Bartolini, les monuments et les musées. Williams suivait lady Lasley dans les salons qui l'avaient jusqu'alors vainement sollicité. Lady Lasley ne craignait pas d'aborder avec Williams les sanctuaires du silence et de la solitude qui l'avaient si longtemps effrayé, ils s'aimaient et n'en faisaient point mystère. Lady Lasley était veuve, riche et belle : lord Brown, jeune, riche et beau. Je sais des amours beaucoup plus bizarres que ceux-là.

Quelque tendre, quelque assidu, quelque passionné que se montrât lord Brown, il y avait dans son amour pour Anna une réserve, un respect, une timidité craintive, qui charmèrent d'abord lady Lasley, mais qui, indéfiniment prolongés, finirent par lui sembler sinon ridicules, du moins fort étranges. L'amour purement extatique est assurément un sentiment très-pieux ; les rêveries dans les bois, lorsque les rayons de la lune se jouent à travers les branches des mélèzes ; les promenades sur les grands lacs, lorsque le silence de la nuit n'est troublé que par le bruit monotone des rames et par les murmures de la brise ; les célestes aspirations, les contemplations poétiques, la fiction des âmes, sont à coup sûr des choses bonnes et profitables, mais dont il ne faut pas abuser. Les nuits sont fraîches, les bois sont humides, les lacs sont chargés de brouillards. Certes, on ne saurait trop encourager les célestes aspirations, mais il est des aspirations plus terrestres qui ont bien aussi leur mérite, les contemplations poétiques sont un peu creuses ; nous n'aurions rien à dire de la fiction des âmes, si les âmes s'en contentaient.

La réserve de lord Brown eût ennuyé la vertu elle-même; la bizarrerie de sa conduite eût découragé un cœur moins épris que celui de lady Lasley. Lord Brown était si respectueux dans l'expression de son amour, qu'il eût été difficile à un témoin de leur intimité, de supposer d'autres liens entre eux que des liens purement fraternels. Vainement lady Lasley l'invita chastement à des caresses plus tendres : jamais leurs lèvres ne se rencontraient, et lorsqu'Anna couvrait de baisers trop brûlants le front et les cheveux de ce singulier jeune homme, lorsque leur sang à tous les deux s'embrasait, que lady Lasley se sentait près du triomphe et Williams près de céder, tout à coup le sang se figeait dans les artères de lord Brown, il tombait découragé près d'Anna, il cachait son visage dans ses mains qu'il inondait de larmes ; et la pauvre Anna, ne pouvant s'expliquer les caprices de son ami, pleurait en le voyant pleurer.

Ces scènes se renouvelaient fort souvent, et toutes avaient le même résultat. Une nuit, Williams s'oublia jusqu'à deux heures du matin dans le boudoir de lady Lasley; ils avaient tous les deux causé de leurs jours passés ; Anna avait parlé de son âme incomprise et de ses sens ignorés, jusqu'au jour où Williams s'était offert à elle pour la première fois. Toutes les femmes disent la même chose. Williams, qui décidément était un sot ou quelque chose de pire, ne s'était pas même donné la peine de répondre à ces révélations d'Anna. Parfois seulement ses yeux s'étaient levés sur elle avec une expression mêlée de douleur et de joie, de confiance et d'amour, d'abandon et de terreur ; puis ils s'étaient baissés pour cacher quelques larmes.

— Qu'as-tu ? avait dit Anna.

— Je t'aime, avait dit Williams.

— Et moi aussi, je t'aime, avait ajouté Anna avec transport.

— Malédiction sur nous ! s'était écrié Williams, qui avait lu quelques drames d'Alexandre Dumas.

— Quel est donc ce mystère infernal ? s'était écrié de son côté lady Lasley, qui avait vu jouer quelques opéras de M. Scribe.

Ce dialogue avait été suivi d'une scène extrêmement dramatique, dans laquelle la pudeur de lord Williams aurait infailliblement succombé, s'il n'eût repoussé d'une main désespérée lady Anna, qui était allée tomber, demi-morte, sur le parquet; il s'y trouvait fort heureusement un tapis.

Le lendemain, dans le jour, lady Lasley reçut un petit billet ainsi conçu :

« Le jour où je vous ai vue (c'est la nuit qu'il voulait dire)
» a décidé de ma vie. Je vais mourir loin de vous d'un amour

» sans espoir, dévoré de désirs qui ne sauraient être satis-
» faits.

» W. B. »

Rien n'irrite plus l'amour que la difficulté. Lady Lasley sonna ses gens :

— Une chaise de poste ! des chevaux ! qu'on s'informe à l'ambassade anglaise de la route qu'a prise lord Brown.

— Venise !

— A Venise ! brûlez les pavés.

Lady Lasley rencontre Williams sur la place Saint-Marc.

Ils tombent dans les bras l'un de l'autre.

— Cruel ! s'écrie Anna, ne t'aimais-je donc pas? pourquoi m'as-tu fuie ? ne suis-je pas à toi?

A ces mots sir Williams frémit des pieds à la tête. Une heure après, sa calèche roulait sur la route de Rome, et lady Anna l'attendait, le soir, à Venise, au théâtre de la Fenice.

Ce malheureux lord Brown fit ainsi le tour de l'Europe pour échapper à cette infortunée lady Lasley qui le poursuivit partout. Lorsqu'il la rencontrait, c'étaient des joies indicibles, d'ineffables transports ; puis, une heure après, des larmes, des sanglots, des craintes d'enfant, des terreurs inexplicables, — et fouette cocher, la terre est grande !

L'amour est quelque chose de si bizarre, que celui d'Anna augmentait avec les frais de poste.

Un jour Williams arriva à Saint-Pétersbourg, un peu las de cette vie errante. Le climat lui déplut, son humeur devint de plus en plus sombre. Deux jours après son arrivée, il apprit celle de lady Lasley. Il venait de se lever ; il mit le nez à la fenêtre et le retira à demi gelé ; il fit une grimace horrible ; il chercha ses pantoufles, et ne les trouva pas ; il voulut se faire la barbe, son rasoir coupait comme un genou. Dégoûté de la vie, ce misérable jeune homme, la figure encore couverte de la mousse du savon de Windsor, se mit à son bureau, écrivit un billet de quelques lignes, et le mit sous enveloppe, avec une miniature qui ne l'avait jamais quitté. Lorsqu'il eut appliqué son cachet sur la cire brûlante, et la suscription sur l'enveloppe, il prit son rasoir, et résolut gravement ce problème : — savoir si un rasoir qui ne coupe pas assez pour faire la barbe, coupe assez pour nous trancher le cou.

Après avoir pleuré sur le cadavre sanglant de Williams, comme Andromaque sur les restes d'Hector, Anna lut les lignes suivantes qui lui étaient adressées.

« Anna,

» La miniature que vous trouverez ci-incluse, vous expliquera peut-être les singularités d'un amour qui a fait votre malheur et le mien. Ce portrait est celui de ma mère. Comprenez, en le voyant, la lutte étrange que j'ai eue à soutenir ; seul il peut vous donner le secret de mon amour et de mes répugnances.

» WILLIAMS BROWN. »

Lady Anna jeta les yeux sur la miniature, et poussa un cri : il y avait entre elle et ce portrait une ressemblance si frappante, qu'il eût été impossible de ne pas prendre la peinture pour une copie fidèle des traits de lady Lasley.

— Qu'on remette les chevaux à ma chaise de poste ! dit-elle

aussitôt ; je pars pour la ville du monde où l'on oublie tout, même l'amour.

Elle ne tarda pas, en effet, à arriver à Paris, qui la citait avec raison comme une des femmes les plus aimables de ce temps.

# UNE NUIT AU COLYSÉE

# UNE NUIT AU COLYSÉE

Voici encore une nuit française, qui s'est passée sous le ciel italien. L'histoire est du réalisme le plus pur. Rome dormait.

Comment peut-il s'accomplir de pareilles choses pendant que Rome dort ?

Écoutez !

— *Mia bella !*

— *My love !*

— *Mia cara !*

— *My dear !*

— *Per la vita !*

— *For ever !*

Ainsi causaient deux amants, au Colysée, dans un lit de tigre.

La sentinelle en capote grise, et à shako plat, qui dort debout à la porte du monument, se réveilla en sursaut, et prêta une oreille attentive aux murmures de la cage à tigre.

— *Per Bacco!* dit-elle, *mi pare che si fa qualche cosa d'amore, qui vicino!* (Par Bacchus! il me semble que l'on fait l'amour dans le voisinage.)

Et la sentinelle poussa le cri d'alerte. Alors le poste du mont Aventin, ce poste institué depuis la conjuration de Catilina, pour garder la prison Mammertine et le temple de la Concorde où se rassemblait le sénat; ce poste, dis-je, autrefois composé de *hastati*, de princes, de vexillaires, aujourd'hui simple escouade à caporal, se porta lentement, le long du mur Farnèse, vers l'arc de Titus, afin de donner secours à la sentinelle de l'amphithéâtre Vespasien.

— *Che cosa?* dit le caporal tremblant.

— *Un fantasma che spasseggia intorno,* répondit la sentinelle. (Un fantôme qui rôde.)

L'escouade fit le signe de la croix, se prosterna devant les quatorze stations qui couronnent la lice des gladiateurs, et se mit à fouiller avec les baïonnettes, le podium, les præ-cinctiones, le proscenium et les bureaux de contremarques où l'on distribuait les tesseras aux abonnés des panthères et des éléphants. L'escouade ne trouva que des lézards.

La sentinelle insista et prétendit même qu'elle avait entendu le bruit que font quatre lèvres en conjonction.

L'escouade chercha les propriétaires de ces quatre lèvres,

et les découvrit enfin dans un boudoir en ruine qui avait appartenu à la tigresse favorite de l'empereur Gallus.

L'un était un jeune homme de vingt-deux ans, fort brun ; le visage encadré de favoris buissonneux ; les yeux noirs, le front déprimé ; la boîte osseuse du cervelet développée incommensurément.

L'autre était une jeune vierge de seize ans, blonde, blanche, indolente, vêtue d'une robe de soie noire. Elle portait un parasol, parce qu'il faisait clair de lune.

Le caporal leur demanda le motif que les avait conduits, à cette heure, dans ce lieu sacré, où les choses profanes sont interdites à cause des quatorze stations.

Le jeune homme répondit qu'il visitait les ruines, la jeune vierge rougit.

On entraîna le couple amateur des ruines au palais de *Buon Governo*. Là, ils furent séparés, dans l'intérêt des mœurs ; rapport fut adressé au commissaire général de police, le cardinal Somaglia, lequel voulut interroger lui-même les deux antiquaires, dont une vierge de seize ans.

L'interrogatoire commença.

— Quel est votre nom, jeune homme ?
— Fernando.
— Votre pays ?
— Naples.
— Votre domicile ?
— Caserte.
— Votre profession ?
— Bourgeois.
— A vous, mademoiselle, votre nom ?

— Jenny Flibbertiggibetty.

— Votre pays ?

— Brighton.

— Votre domicile ?

— Chiaïa, Osteria Nuova.

— Votre profession ?

—Vierge.

— Vous êtes accusés, dit le cardinal, d'avoir profané les quatorze stations du Colysée, délit qui doit vous envoyer aux galères de Civita-Vecchia. Que répondez-vous ?

— Rien, dit le jeune homme ; et il embrassa la jeune demoiselle.

Le cardinal bondit sur son fauteuil, comme le sénateur qui fut frappé par un Gaulois sur sa chaise curule.

— Impertinent, s'écria-t-il, je vais vous faire enfermer au château Saint-Ange.

Le jeune homme donna un second baiser à la jeune vierge de seize ans.

— A moi les Suisses ! à moi les lansquenets ! les hallebardiers ! s'écria le cardinal.

Le jeune homme brun lui dit :

— Si monseigneur voulait nous faire servir à déjeuner, je lui en aurais une grande obligation. Nous mourons de faim.

En ce moment l'ambassadeur de Naples, qui avait été prévenu, entrait dans la salle de l'interrogatoire. En apercevant le jeune homme brun, il pâlit ; il porta les mains sur ses yeux comme pour s'opérer de la cataracte ; enfin, après une longue pantomime napolitaine, il se précipita aux pieds du prisonnier du Colysée.

— Grand prince! s'écria l'ambassadeur, pardon, grâce, pardon, excuse pour monseigneur le cardinal !

— Ce monsieur est un prince! dit le cardinal ébahi.

— Oui, un prince immense, poursuivit l'ambassadeur, prince de la Somma, prince d'Ischia, de Misène, d'Herculapum, de Pompéia, descendant en droite ligne de la *Muette de Portici*, musique d'Auber, prince parthénopéen, et héritier présomptif de la couronne de Naples.

Le cardinal donna la bénédiction au prince, et deux petits coups sur les joues fraîches de la belle Anglaise.

— Altesse Royale, lui dit-il, vous êtes un volcan.

Le prince sourit, et donna au cardinal une bague phalléiope, trouvée dans les ruines d'Herculanum, en signe d'amitié.

Le cardinal lui octroya un chapelet, avec ce calembour latin et courtisan : « *Accipe hanc coronam, princeps.* » — *Corona*, signifie chapelet ; c'est une traduction que je donne pour les académiciens qui pourraient lire ce chapitre.

Et l'ambassadeur offrit au prince sa table et son lit : il promit, en outre, qu'il s'opposerait toujours à une guerre, si le roi de Naples voulait la déclarer au pape, à cause de l'insulte faite au prince de Salerne, dans le lit d'une tigresse au Colysée romain.

Et le cardinal dit : — *Amen.*

Janvier 1836.

## Une parenthèse.

Il en était de cet oreiller de l'hôtellerie de madame Hombert comme de l'anneau de Gygès : il conférait le don d'ubiquité. Grâce à lui, l'observateur a pu voir passer en revue à tour de rôle vingt pays divers. De Florence il menait le rêveur à Paris; d'une ville enfermée dans une ceinture d'orangers, il transportait sur le boulevard Montmartre, entre un roi tombé qui ne savait où dîner et un philosophe de la Sorbonne qui lorgnait, en passant, les actrices des Variétés qui revenaient de la répétition.

Voilà comment la scène changea tout à coup.

# LES NUITS DE FRASCATI

# LES NUITS DE FRASCATI

### Préludes.

Au commencement de l'année 1836, les maisons de jeu étaient encore debout : Frascati, le 113, le 36, maisons dorées et sinistres, qui ont changé de destination, mais qui gardent néanmoins quelque chose de leur physionomie d'alors. Ce qui suit est une sorte de voyage à travers ces lieux maudits.

### Les Primes.

Les jeunes Romains, couverts de la robe prétexte, avaient contracté l'habitude de jouer aux osselets des sommes énormes sur le tapis vert de cette belle pelouse, où s'élève aujourd'hui l'église Sainte-Françoise, *Campo Vaccino.* Les chevaliers et les matrones jetaient les hauts cris ; c'était un fleuve de sexterces qui roulait de la *meta Sudans* au porche du temple de Vénus et Rome. Les vieux puritains de l'école de Fabricius faisaient des pétitions aux pères conscrits, afin qu'ils prissent des mesures contre le fléau aléatoire. Droit fut enfin donné à ces pressantes réclamations.

Lucius Squirra, censeur, sorte de Gisquet civil, fit une ordonnance qui fut affichée au tabularium ; elle proscrivait le jeu des osselets et mulctait d'une amende énorme la contravention.

Les jeunes gens jouèrent aux dés : le censeur proscrivit les dés ; ils jouèrent aux noix, on proscrivit les noix ; ils jouèrent au palet, on proscrivit le palet. Le censeur, craignant que l'imagination des joueurs ne fût inépuisable, proscrivit en masse toutes sortes d'objets aléatoires, qu'on lance, qu'on touche, qu'on tourne avec la main. *Quodcunque aleatorium.*

Alors les jeunes gens inventèrent la *murrha*, le jeu de mourre que la tradition a conservé, encore jusqu'à nos jours, chez les lazzaroni et les facchini. La mourre se joue avec les doigts. Le censeur Squirra se pendit à la poutre du Capitole. Les jeunes gens se ruinèrent, la bataille de Philippes fut perdue, et la liberté périt. Voilà où conduisirent les noix et les osselets.

Sous Louis XIV, après l'abolition du duel, on abolit aussi le jeu, autre espèce de duel, où l'homme assassine son adversaire, par tierce et par carte, avec la pique et sans cœur. Les plus sévères édits furent lancés contre les joueurs. Louis XIV voua même à l'exécration la mémoire de son respectable et délirant aïeul Charles V, l'inventeur des cartes à jeu.

Mais les joueurs voulurent jouer à tout prix ; ils se firent un jeu des ordonnances du grand roi, et voici quel fut leur expédient :

Ils s'assemblaient dans une salle, autour d'une table et déposaient chacun dans une corbeille une somme convenue. Chaque joueur avait devant lui un rayon de miel. Le plus grand silence régnait, une mouche décidait du gain. Le tas de miel sur lequel la mouche venait se poser attirait à lui la corbeille des enjeux. Puis on chassait l'insecte mellivore et l'on recommençait la partie tant qu'il plaisait aux mouches de pomper du miel.

La police découvrit une de ces maisons clandestines de jeu ; on fit main basse sur les pistoles ; les agents mangèrent le miel ; on traîna les pontes devant le Châtelet ; l'affaire fut instruite et fit grand bruit.

L'avocat des joueurs et des mouches se leva, et soutint, d'un ton mielleux, qu'il lui était impossible d'empêcher que des Français se réunissent autour d'une table, pour regarder du miel et voir voler des mouches, pour déposer des pistoles dans une corbeille, et pour les en retirer avec le consentement de tous. Le prévôt convint que tout cela était vrai, mais il ajouta qu'il plaisait aussi à la justice d'envoyer tous ces comtemplateurs du miel à la Bastille et dans des cachots où l'on n'entendrait pas voler une mouche, comme dans le cabinet de Domitien : *Ne musca quidem*.

C'est là le beau côté du despotisme : quand il le veut bien, il est tout-puissant contre les ruses du mal ; malheureusement, il exerce toujours cette omnipotence contre le bien. Le premier cas est une exception.

Aujourd'hui le jeu est chassé de case en case, comme un roi déchu, par la morale publique. Mais le jeu est fin ; il s'abrite derrière ses tours, il dépiste les cavaliers municipaux. Vous avez tué la loterie, c'est bien : mais les numéros ne sont pas réduits à zéro ; ils sont aujourd'hui au bas de la roue, demain ils remonteront dessus. L'ingénieuse Allemagne a inventé des contes fantastiques pour accaparer le billon de nos cuisinières, elle bâtit des châteaux en Espagne avec la truelle d'or de M. Reinganum. A cette heure nos estaminets sont pleins de graves Allemands qui fument l'écume de mer, et dissertent sur Kant, sur Goëthe, sur Jean-Paul Richter ; les disciples accourent et prêtent l'oreille. A la fin de la dissertation les philosophes offrent des numéros pour gagner en bloc tous les cercles de l'Allemagne, avec leurs vassaux et leurs vassales. L'empire au complet est en loterie. Dans dix ans, si cela dure et si les joueurs ne trichent pas, la France joueuse aura conquis l'Allemagne en tirant des numéros au lieu de boulets, c'est plus économique et plus humain que le procédé de Napoléon.

La librairie souffrante et mutilée s'est également offerte pour recueillir l'héritage des quatre-vingt-dix numéros défunts.

La prime triomphante surgit de toutes parts et nous menace de nous enrichir. Nous faisons des vœux pour le succès de cette intéressante prime : d'abord l'obole de l'ouvrier n'a rien à démêler avec elle ; ensuite la prime vous donne au moins en effectif, une marchandise équivalente à l'enjeu ; la chance du bénéfice est en dehors ; lorsque le ponte aura risqué six francs sur un livre, à moins que ce ne soit un Viennet, un Vatout, un Vinet ou tout autre littérateur marqué au V, il y aura toujours équilibre entre l'achat et le débours ; puis, dans une éventualité raisonnable, vous avez le billet de cinq cents francs en perspective, la loterie ne nous faisait pas si beau jeu. D'autant qu'un jour viendra, où les auteurs eux-mêmes entreront en participation des bénéfices du libraire. Ainsi MM. Alfred de Vigny, Léon Gozlan, Frédéric Soulié, Alphonse Karr, après avoir retiré de la cession d'un roman, le prix convenu, auraient aussi droit à une prime pour leurs ouvrages qui ne seront plus mis en vente, mais en véritable loterie ; l'éditeur écoulera vingt fois plus d'exemplaires qu'auparavant, et ce procédé nouveau tournera généreusement au profit des auteurs. La France comprendra qu'il vaut mieux se faire une bibliothèque, se donner la chance d'un gros lot et enrichir ses écrivains, que de courir après les fantômes d'architecture que l'Allemagne fait danser devant nous, à la lueur de la lampe de Faust.

## La Roulette.

On a détruit la loterie, on a donc ainsi laissé dans l'épargne populaire huit ou dix millions qui en étaient extorqués tous les ans. C'est sans doute une satisfaction tardive donnée à l'opinion; mais on n'a point coupé l'arbre du mal, on s'est contenté d'en émonder un rameau parasite. Ce qui reste à faire est mille fois plus important que ce qu'on a fait.

Ainsi, il ne faut pas parler de cette colossale loterie, dont l'autel est installé dans un beau temple corinthien, orné de péristyles et de quatre colonnades,

> La Bourse, puisqu'il faut l'appeler par son nom,
> Capable d'enrichir en un jour l'Achéron.

Ce fléau, nous le savons, est regardé comme indestructible, il est passé dans le sang financier; c'est un cancer chronique et inhérent à la constitution de l'État. La Bourse est la capitale du suicide ; la main qui a enrayé la petite roue de la loterie, n'est pas assez puissante pour briser la manivelle de l'agioteur : il faut que celle-ci tourne incessamment, et que, dans sa dévorante rotation, elle change en funérailles les triomphes de la veille :

*Superbos*
*Vertere funeribus triumphos ;*

comme la roue de l'Inconstance, divinité d'Antium.

Laissons donc debout ce que nous ne pouvons démolir ; les huit paratonnerres qui se hérissent sur le toit de la Bourse, ont un sens moral qui n'a rien de commun avec l'invention physique de Franklin. La Gomorrhe de l'agiotage ne redoute pas le feu du ciel. La Bourse est assurée contre la foudre des lois. Les législateurs avaient peu de commisération pour l'ambe et le terne ; ils les ont étouffés en riant ; mais les législateurs vénèrent la hausse et la baisse ; ils adorent le veau d'or personnifié dans le cinq pour cent ; ils viennent de lui immoler quatre-vingt-dix numéros, hécatombe d'extraits déterminés qui apaise momentanément les cris de la morale, et dérobe, sous la fumée des sacrifices, le mécanisme des jeux de coulisses, et la cataracte aléatoire des millions. Du temple corinthien, descendons à la sentine du jeu. Entrons dans ce tripot dont le numéro d'indication semble multiplier cent fois le chiffre du malheur, le chiffre 13 comme pour servir d'avertissement salutaire à la superstition des joueurs ; entrons au n° 113.

Là tourne une autre roue de loterie qui n'est pas mise en

jeu par la main candide d'un enfant, sous la présidence officielle du préfet de la Seine. C'est la roue de la Roulette, on y taille des suicides à l'heure, suicides obscurs, qui ne font pas de bruit ; suicides anonymes, qui se révèlent par des haillons et des cadavres sur le registre sablonneux de la Grève, de Boulogne et de Meudon : l'article du journal qui les relate, en petit texte, emploie une phrase stéréotypée : « On ignore toujours qui a pu porter ces malheureux à cet acte de désespoir. » Ah! on l'ignore ! eh bien ! allez le demander aux zéros du 113, et on vous l'apprendra.

La loterie parisienne n'ayant que trois tirages mensuels, prenait six francs au pauvre, qu'elle donnait au riche. Le pauvre réfléchissait dix jours avant de risquer deux francs. Dix jours entiers il tenait une fortune dans sa poche ; il faisait des rêves d'or, le malheureux ! il achetait pour quarante sous, une décade d'illusions ; la décade expirée, il renouvelait son bail avec les chimères ; c'était une fièvre lente qui le conduisait insensiblement, par un chemin de châteaux en Espagne, à la ruine et au désespoir enfin ; il y avait une ombre de bien au fond de ce mal.

Mais à la loterie du 113, ni trêve, ni calcul, ni rêves, ni repos, la noire déesse y tient cour permanente. C'est pour le numéro 113 que Virgile a vaticiné ce vers :

*Noctes atque dies patet atri janua ditis.*

C'est là que la roue d'Ixion a découvert le mouvement perpétuel ; et une foule de Tantales ouvriers suivent d'un œil hagard cette éblouissante rotation qui les brûle, les consume, les tue, et les ressuscite pour les tuer mille fois. On a beaucoup applaudi à l'abolition du supplice de la roue. Ce supplice nous est rendu par la loi : au 113 on voit expirer sur la roue cent malheureux par jour.

C'est une chose atroce. Tout le monde le dit, tout le monde en convient. Celui qui soutiendrait le contraire serait un méchant, ou un insensé, pourtant elle tourne l'infernale roue, *por se muove*, comme disait Galilée, à propos du globe de la terre; eh bien, nous, moralistes, redoublons d'efforts, brisons le grand ressort de ce mécanisme odieux.

Avec de l'aide, avec des bras vigoureux, nous poserons le roc de Sisyphe devant la roue d'Ixion.

# Le 113.

*Lasciat'ogni speranza voi ch'entrate.*
(Dante.)

Hier l'esquisse ; aujourd'hui le tableau.

A quelques pas de Corcelet, des Frères Provençaux, de Véry, de Véfour, dans ce Palais-Royal où le luxe ruisselle dans un lit de haillons, vous trouvez le 113. Un crochet de fer, simulant une potence, vous dit avec ses lettres de sang : « C'est ici. » Le bandit des Abruzzes vous arrête en vous demandant la bourse ou la vie ; la main ferrée du 113 vous demande les deux choses à la fois. Le dilemme du bandit est plus humain, il donne à choisir.

— Êtes-vous vêtu ? entrez. Êtes-vous nu ? entrez aussi. Il y a un vestiaire. On vous donnera en location une redingote banale qui vous couvrira, pour vingt sous. Pourvu que vous apportiez de l'argent, depuis le billon jusqu'au billet de banque, vous serez hospitalièrement reçu, on ne vous demandera ni votre âge, ni vos vertus, ni vos crimes, ni votre profession; vous êtes joueur. Il suffit.

Voyez ces deux salles jumelles, c'est le pandémonium des joueurs. Là, le jeu se révèle dans son laid idéal. Autre part le monstre se vernisse, se farde, se lustre, met du taffetas anglais sur ses ulcères. Ici on le contemple nu et vrai. Faites-vous dénombrer le personnel, on vous dira : — Voilà le domestique qui a volé son maître; voilà le commis échappé du comptoir, son enjeu est une recette. Voilà l'ouvrier qui risque sa fortune du samedi, et qu'une famille attend, bouche béante, devant une table vide. Voilà le commerçant qui fera faillite demain. Voilà celui qui l'a faite hier. Voilà tous ces êtres que la morale a déjà flétris, et qui n'attendent qu'un double zéro de plus pour franchir la borne qui les sépare de l'accusateur public.

Toutes ces figures se sont ridées dans cette caverne, toutes ces mains se sont ossifiées, en se crispant, comme des griffes, sur ce tapis vert; tous ces yeux se sont éteints devant l'apparition flamboyante des numéros spoliateurs. Ces hommes n'ont rien conservé de l'homme, pas même le nom. Ce sont des pontes. Leurs cheveux se sont hérissés tant de fois, qu'ils se sont desséchés à la racine. Le ponte est chauve. Une couche de parchemin flasque recouvre ses os. Un anévrisme perpétuel gonfle ce qui lui reste de cœur. Dans ses veines, se décompose un sang tout en putréfaction. Trente numéros, gracieusement arrondis autour d'un cylindre, ont amené ces résultats, et on a laissé vivre ces numéros assassins!

La Fortune, cet être fabuleux et vrai, conduit parfois adroitement une de ces mains calleuses et convulsives, qui sèment les jetons sur les numéros. Un malheureux bonheur livre un instant quelques pièces d'or à un ponte favorisé. Alors, il faut voir quelle horrible convoitise éclate sur toutes ces figures de spectateurs ruinés ! Chacun d'eux rêve de la même espérance, chacun d'eux entrevoit son quart d'heure de bonne veine, mais la mise première manque pour s'inscrire parmi les futurs élus. Il faut la trouver cette mise.

C'est cette Chimère que les Persée maudits ne parviennent jamais à rencontrer, à moins que ce ne soit peut-être sur le chemin du bagne du côté de Brest ou de Toulon.

## Le Salon (1).

> Heureux qui n'a point vu ce dangereux séjour,
> Où le Jeu, cousu d'or, tient sa brillante cour,
> Où la chance du gain, sans cesse poursuivie,
> Fantôme du salon, brûle et ronge la vie !

Calculez la distance du 113 au Salon ; c'est le diamètre du globe. Le billon n'est pas plus éloigné du quadruple d'Espagne ; la mine d'Anzin, de la mine d'or ; Montmartre, du Mont-Blanc ; madame Saqui, de l'Opéra. Le 113 et le Salon, c'est l'alpha et l'oméga du royaume de la fortune. Eh bien ! ne vous fiez pas aux apparences. Le Salon, tout salon qu'il est, n'est souvent que l'antichambre du 113. On a vu passer au 113 un ambassadeur, un ministre des finances et de ces deux maisons, antre ou palais, qu'importe ! tout relève du même dieu. Ce sont deux fleuves, fils du même berceau, c'est le

(1) Le salon est synonyme de Frascati.

Tacase, frère jumeau du Nil. L'un se perd obscurément dans les sables de la Nubie ; l'autre fait éclater promptement ses cataractes sonores. Il ne caresse que des Pyramides, ne baigne que des colosses, n'admet sur ses ondes orgueilleuses que des caravanes de lords anglais ; voilà le 113 et le Salon.

Dès qu'un de ces voyageurs qu'on appelle un personnage, descend à l'hôtel des Princes, ou à l'hôtel de Castille, il trouve sur son guéridon une invitation polie qui l'appelle au Salon. C'est vis-à-vis, il n'y a qu'un ruisseau à franchir. Le personnage qui s'ennuie, comme tous les personnages, saute le ruisseau. Ce ruisseau, c'est le Rubicon. Il entre, et trouve excellente compagnie. L'aristocratie européenne est assise là, ses martingales à la main. Voilà des généraux qui ont gagné des batailles, ou qui en ont perdu ; voilà des princes sans principautés ; voilà des ambassadeurs sans ambassades ; des pairs de France qui jugent les coups et la fortune par contumace ; des voyageurs illustres qui piquent des cartes qui n'appartiennent pas à la géographie, des académiciens qui étudient les mots techniques du jeu, dans l'intérêt du Dictionnaire, et se ruinent par amour de la langue. Voilà des banquiers de la Haye, d'Amsterdam, de Vienne, de Berlin. C'est ici que deux hommes d'État, naguère célèbres, ont composé, entre deux taillse, le Statut royal. Le bonheur du peuple espagnol a été médité, au Salon, sur un tapis de trente et un.

Le personnage arrivant risque avec négligence quelques pièces d'or, puis il chiffonne le billet de cinq cents francs et le joue ; je n'ajoute pas qu'il le perd, pour éviter le pléonasme. La perte l'a mis en goût ; mais sa bourse est vide. Il faut rentrer à l'hôtel et chercher la réserve. Rentrer à l'hôtel, ce serait un ennui. Il vaut mieux renvoyer la revanche au lendemain, et se promener dans les salles du Salon pour étudier les mœurs. Alors un monsieur, élégamment vêtu, se présente au personnage et lui offre de l'argent. Le prêteur est tout simplement un serviteur de la maison. On accepte l'offre. Le personnage, enchanté d'avoir trouvé un large crédit sur sa bonne mine, emprunte, joue, s'échauffe, emprunte encore, joue, perd la tête, et sort furieux à minuit, endetté de quelques milliers d'écus. Une voix polie le rappelle sur l'escalier.

— Qui me rappelle? dit le personnage.

— Le maître des cérémonies.

— Et que me veut le maître des cérémonies?

— Vous êtes invité au souper, monsieur.

— Quel souper?

— Le souper du Salon.

— On soupe au Salon?

— Oui, monsieur.

— Je n'ai pas faim.

— Eh bien, vous tremperez un biscuit dans un verre de Laffitte. Vous trouverez excellente compagnie, on va se mettre à table. J'ai fait placer un couvert pour vous, nous avons un chevreuil que monsieur le baron de Cussy a soigné. Vous connaissez monsieur le baron de Cussy, un aimable gentilhomme, c'est le commissaire de nos petits festins, le premier gastronome de Paris; Brillat Savarin lui a légué sa fourchette; c'est le sceptre de la dynastie épicurienne. Allons, laissez-vous tenter, monsieur; vous avez pour voisins deux convives de grande gaieté, d'excellent ton ; monsieur le comte de M.... et M. William J..., membres de la Chambre des communes. Vous n'avez pas été favorisé au trente et un, peut-être ?

— J'ai perdu six mille francs.

— Tant pis ! tant pis ! M. Hope a gagné mille louis.

— M. Hope ?

— Oui, le célèbre banquier hollandais, il est au creps d'un bonheur insolent ; il a gagné cent mille écus en deux semaines.

— Au creps ?

— Au creps ; connaissez-vous le creps ?

— Non, monsieur.

— C'est un jeu tout à l'avantage du ponte, l'administration se ruine au creps. M. de..., le petit-fils de l'*Esprit des lois*, de la *Grandeur et de la décadence*, etc., a gagné hier soixante-dix mille francs au creps. C'est un jeu que l'on taille, au Salon, uniquement pour favoriser les honorables habitués. Le creps coûte un million par an à la Ferme.

— Bah !

— Un million et quelques brimborions de centaines de mille francs.

— Mais, pourquoi tout le monde ne joue-t-il pas au creps ?

— Ah ! les fantaisies des joueurs sont inexplicables ; les émotions, voyez-vous, les émotions ! Je connais des habitués du Salon, qui seraient au désespoir de gagner ; ils ont en horreur le creps ; les Anglais, surtout, oh ! ne leur parlez pas du creps !... Mais voilà M. le baron de Cussy qui donne le signal... Avez-vous vu sa charge par Dantan? Oh ! excellente ! Demain, chez Susse, regardez-la... Voilà le souper... Je vais vous présenter à votre voisin, sir Williams J..., c'est un tory, mais modéré ; il a voté pour la réforme.

## Le 154 et le 129 (1).

Deux gouffres voisins : Charybde et Scylla.

Au 154, M. Désirabode, ce dentiste dont le nom est plombé dans toutes les bouches, tient atelier d'hygiène : il enlève les dents à la baïonnette ; sur la porte sont écrits ces mots : *Ici, on entend des pleurs et des grincements de dents.*

Eh bien ! M. Désirabode n'est que l'emblème innocent du jeu, son locataire. Au 154, heureux celui qui ne laisse que ses dents sur le carreau. Les grincements de dents retentissent au premier étage ; c'est sous les pieds de M. Désirabode qu'on arrache les écus de la poche des joueurs.

Le 154 est ce qu'on appelle un lieu décent. Effectivement, il est rare qu'on s'y brûle la cervelle, séance tenante, et que le chef de partie s'y couvre en signe de détresse. La spolia-

(1) Ces deux maisons de jeu se trouvaient au Palais-Royal.

tion a une figure assez polie, un maintien assez calme. C'est le chat-tigre badinant avec grâce, et emportant, à chaque caresse, un lambeau de chair à son voisin.

Cette maison jouit d'un magnifique privilége, elle ouvre ses portes à midi précis. La taille commence, dès que le canon du Palais-Royal tonne comme le pistolet du suicide. Au 154, on compte trois abattoirs, à savoir : une roue à roulette, et deux échafauds de trente et un ; c'est merveilleux à voir comme tout cela fonctionne de verve pour donner à la police ses vingt-cinq francs de cadeau quotidien ; à la ferme, ses hôtels, ses rentes, ses chevaux; à l'hôpital, ses ruines ; à la Morgue, ses cadavres ! A deux pas de là, le sergent de ville arrête un affamé qui vole un sou de pain d'épice, le livre à la sixième chambre de police correctionnelle, et le fait condamner à six mois de prison et aux frais. L'opulent trente et un, personnification heureuse, est autorisée, par une loi votée, à nous prendre vingt-cinq mille francs tous les jours. O incompréhensible chaos de nos lois, de notre morale, de notre civilisation !

Le 129 partage avec son voisin le privilége de commencer ses excursions à midi. Victimaires et patrons sont exacts au rendez-vous. Au 154 et au 129, la loi est évidemment violée. Voici comme : Par une de ces demi-mesures, familières aux gouvernements, il avait été décidé que le jeu ne commencerait ses dilapidations publiques qu'après trois heures, afin de donner au commerce plus de sécurité dans les recettes ; on supposait que les jeunes commis n'allaient en recouvrement qu'avant trois heures, et qu'il fallait, de toute nécessité paternelle, tenir closes les maisons de jeu, tant qu'un commis de recette arpentait le pavé de Paris, le portefeuille en poche et la sacoche à la main.

Alors le fermier, violant ingénieusement la loi qui se laisse violer (car la loi sur les jeux est une Danaë qui s'amollit sous certaine pluie), le fermier, dis-je, a fermé prudemment aux commis de recettes son 113 et son 36. Ce n'est qu'au coup de quatre heures que ces maisons s'ouvrent. Donc, les négociants peuvent être tranquilles, jamais une recette ne sera déposée dans les caisses du 113 et du 36. Le commis, égaré par la passion, le commis infidèle dépositaire qui se rendrait aujourd'hui au 36 pour doubler sa recette, trouverait cette maison fermée, en vertu de la loi morale qui prend la fortune des industriels sous sa protection. Mais en traversant le jardin du Palais-Royal, tout en face précisément, il aurait à son choix, pour déposer l'argent de son patron, trois caisses de roulettes et quatre gouffres de trente et un.

Ainsi le 129 a été inventé avec beaucoup d'art pour neutraliser la fermeture du 36, aux heures de tentation, qui sonnent dans un sac de recette, sous le bras d'un malheureux commis. La police connaît cela aussi bien que nous, mais elle s'amuse à poursuivre sur les boulevards les roulettes où l'on joue des pastilles de chocolat et des bâtons de sucre d'orge.

Pierre Fraissinous.

Nous ne parlons pas de l'évêque d'Achmounein, la ville d'Hermès, d'Hermopolis; c'est un homonyme qui n'a de diocèse qu'au Palais-Royal; et de brebis, que des pontes qu'il écorche en les tondant.

C'est un de ces nobles professeurs qui neutralisent le trente et un, les zéros, les 5 et 16 du passe-dix, les numéros verts du biribi. Avec l'aide de ces grands mathématiciens et de leurs conseils algébriques, on ne joue plus au hasard; on attaque la ferme à armes supérieures; on se moque de ses prétendus avantages; on démolit le colosse de Rhodes, on avale une pyramide de Gizeh, on ruine les montagnes.

Ordinairement ces professeurs sont ruinés.

Nous avons fait leurs portraits souvent; nous avons cité un jour ce fameux chevalier Desbaignoirs qui, après avoir perdu son patrimoine et son indemnité au trente et un, en jouant au hasard, se ravisa tout à coup, après sa ruine, et embrassa le professorat au 36 : il a eu cent soixante pontes tués sous lui; enfin, il est mort lui-même au tapis d'honneur, l'épingle à la main.

Pierre Fraissinous appartient à cette Sorbonne de professeurs; il tenait chaire au 129, il composait, pour la consolation des joueurs ruinés, des *Mémoires* où il prouvait qu'ils avaient perdu contre les règles; il démontrait mathématiquement que la cause première des catastrophes du jeu, résidait dans la folle confiance que les joueurs donnent à la fatalité du hasard.

Et les joueurs ouvraient de grands yeux et l'écoutaient. Un baron, qui s'était fait ponte, pour perdre la dernière tourelle du dernier château de sa baronnie, se mit entre les mains de Pierre Fraissinous, et contracta société commerciale avec lui.

Le baron avait quatorze mille francs, Pierre Fraissinous n'avait rien.

Pierre Fraissinous prit les quatorze mille francs, et remit à son associé une lettre de change de la moitié de cette somme, afin que la mise des fonds fût égale des deux côtés. Le baron admira la bonne foi du professeur, et encaissa le billet. La campagne commença.

Fraissinous s'assied à la table du festin de l'or; il tailla ses crayons, raya ses cartes, pointa ses martingales, plaça devant lui sa tabatière de buis à l'image de Poniatowski, et attaqua vivement la banque avec la progression de d'Alembert.

Le baron remercia le ciel, et se vit, dans un proche avenir, en possession de ses châteaux; il plaignait même la banque qui venait de se mettre à dos un jouteur comme Fraissinous.

Le baron se disait en lui-même : Si j'étais la banque, je ferais une pension de six mille francs à Fraissinous, afin d'acheter, à ce bas prix, ma tranquillité.

Pendant qu'il disait cela, Fraissinous perdait le dernier des quatorze billets de mille francs.

— Voilà, s'écria-t-il, ce qu'on n'a jamais vu. Regardez cette taille, monsieur le baron ; regardez-la ; j'ai chez moi la levée des quarante mille tailles approuvées par l'académie ; je vous défie d'en trouver une comme celle-là. Quinze coups de deux !

Le baron leva les yeux au plafond à défaut du ciel, et dit avec sang-froid :

— Heureusement, il nous reste votre billet de sept mille francs.

— C'est juste, répondit Fraissinous, mais mon billet ne vaut pas sept deniers.

Le baron leva de nouveau les yeux au plafond, Fraissinous retira sa tabatière et son épingle du jeu, et descendit jusqu'au jardin du Palais-Royal pour dresser un plan avec son associé.

— J'ai une sœur à Perpignan, dit Fraissinous au baron ; elle a de l'or et beaucoup ; allez à Perpignan, et prenez-lui ce que vous pourrez ; au retour, nous rejouerons, et je vous promets que cette fois la banque sautera.

Le baron répondit :

— Eh ! bien, je vais à Perpignan.

Il prit une tasse de café chez Lemblin, et partit pour les Pyrénées.

La sœur n'était pas un être fantastique ; elle existait en chair, en os et en argent ; le baron lui soutira huit cents francs pour la confection d'une machine hydraulique ; il ne put rien avoir de plus.

La machine hydraulique s'étant fondue en eau claire, la sœur de Fraissinous a intenté un procès en escroquerie au baron, lequel a été condamné à un mois de prison.

Le professeur continue son cours au Palais-Royal.

## Un bal à Frascati.

> « Les grâces décentes, mêlées aux nymphes,
> frappent la terre d'un pied alterné, pendant que
> le feu brûle les cœurs et les cuisines. »

Horace chantait ainsi à Frascati, lorsque les grâces décentes dansaient au clair de la lune; Horace prédisait, dans ces vers, Frascati, rue Richelieu, 108, au coin du boulevard Montmartre, à Paris. Le poëte est un devin, *poeta vates*.

Arrivez, étrangers! arrivez, graves Allemands qui étudiez la philosophie; Anglais qui étudiez nos mœurs; Hollandais qui n'étudiez rien du tout, arrivez! On danse à Frascati. Les grâces décentes et les nymphes domiciliées aux gynécées parisiens, dansent les quadrilles de Musard dans les salles de la roulette et du trente et un ; c'est vraiment une soirée de délices, comme le carnaval n'en donnera plus.

— En avant deux. — Double zéro noir. — La pastourelle. — Neuf et quarante. — L'or est une chimère. — Un ; un après. — Pantalon. — Tout va aux billets. — Chaîne anglaise. — Zéro rouge. — Quadrille danois. — Vingt-cinq rouge, impaire et passe. — Queue de chat. — Moitié à la masse. — Allemande à gauche. — Dix louis à la rouge en dehors. — Chassez huit. — Vingt francs à la transversale du milieu. — La trenitz. — Le billet est employé pour cinq cents francs. — Balancez vos dames. — Tout va, or et billets. — Le galop de *Gustave*. — Les cartes passent. — L'été. — Rien ne va plus.

Tous ces cris, toutes ces voix se heurtent, se croisent, se mêlent, se confondent. Le violon exécute un duo avec le rateau d'acier. Tout ce qui vient de la flûte s'en va par le rateau, les napoléons tombent en mesure dans les sébiles; les écus pirouettent, les quadruples valsent, les billets volent, les fortunes galopent, les danseurs crient : — « En avant deux ! » les joueurs crient : — « En avant tout ! »

Délire, orgie de femmes et d'or ! Satan n'a rien vu de plus beau sur la terre. Entendez ces acclamations :

— Madame, la nuit vous êtes belle comme le jour !

— Deux refaits de trente et un ! Malédiction !

— Cette robe vous sied à ravir.

— Le 36 est en retard de cinquante boules !

— Mon ange, vous dansez comme Taglioni !

— Une martingale et saute !

— Vos pieds sont si petits que je les ai pris pour vos mains !

— Essayons la progression de d'Alembert.

— Vos épaules sont ravissantes sur ce satin noir.

— Voilà trois tiers et tout que je tente, sacrebleu !

4.

— Demain je vous attends à l'ombre du jour.

— La série à rouge est déclarée.

— Loin des jaloux.

— L'intermittence revient.

— Je vous aimerai !

— Je me pendrai.

— Femme charmante !

— Banquier maudit !

— Brune et blanche !

— Rouge et noire !

— Mon premier amour !

— Mon dernier écu !

C'est le bal des sept péchés capitaux. On dansait ainsi à Ninive. C'est le bal des jeunes Sardanapales de la chaussée d'Antin, les richesses sont amoncelées sur les femmes, les femmes sur les richesses : le bûcher de la passion brûle dans tous les cœurs, l'or tombe en cascades, les mets fument sur les tables, les ouvriers chantent le vin, le jeu, les belles ; musique de Meyerbeer ; le champagne coule à flots, les pâtés s'échancrent comme le Colysée. Evohé ! Evohé ! Mané, Thécel, Pharès, Io, Bacche ! Io, Vivez ! Femme, à toi les piastres ! Jeune homme, à toi les baisers ! La nuit est sombre au dehors ; la garde nationale veille, l'épicier moral protége l'orgie. Dansez, jouez, buvez, aimez ; la nuit est faite pour la veillée, le jour pour le sommeil. Vive la nuit ! A bas le jour ! Qu'avons-nous besoin de soleil ? Le soleil est un traître ; c'est l'espion de Dieu. A nous les cent lustres ! les candélabres ! les girandoles ! Les femmes sont ravissantes aux bougies, leurs épaules brûlent, leurs beaux bras ont une sueur douce et luisante, rien de délirant comme de danser aux bougies entre des monceaux de femmes et des monceaux de napoléons d'or.

Au milieu de ce fiévreux entraînement, Cyrus est calme, Cyrus ne danse pas à Ninive, Cyrus détruit et ruine les jeunes Sardanapales; Cyrus, c'est le banquier : il est impassible comme un roi de trèfle, et hardi comme un valet de carreau. Il est sourd à toutes les séductions; son métier est de tailler, il taille; c'est lui qui écrit : Mané, Thécel, Pharès, sur trois rangs de cartes. La foule regarde et ne comprend pas. Daniel se présente pour expliquer; un huissier du bal le met à la porte. Il ne faut pas être grand prophète pour deviner l'avenir qui attend les joueurs de ce bal, les Daniels les abandonneraient au besoin. Quand l'aube vient à blanchir les ardoises de l'hôtel de Castille, on voit passer sur les boulevards, une longue file de beautés pâles et endormies, et vingt groupes de danseurs aléatoires et ruinés, qui se cotisent pour prendre une tasse de chocolat, par actions, au café de la rue Richelieu.

Horace était plus heureux à Frascati, avec sa médiocrité d'or qu'il n'a jamais jouée au trente et un; au bal des nymphes, où il était invité par son illustre ami, le dieu Pan.

**Un épisode.**

Les histoires de jeunes étudiants qui se corrompent, sont vieilles comme la Sorbonne.

Voici la dernière.

Je vous prie de l'écouter.

Son inscription prise et payée, il lui restait cent trente-cinq francs de superflu à cet excellent jeune homme, arrivé à Paris le 2 novembre, le jour des Morts.

— Je veux devenir l'aigle du barreau, se disait-il en descendant de cette montagne où l'on fait des avocats, des grands hommes et des exécutions.

Et il réfléchissait sur la tournure qu'il se donnerait quand il serait aigle.

En ce moment on l'arrêta au vol sur le pont des Arts, pour lui demander cinq centimes en vertu du décret de 1804.

Il tira sa bourse, et donna cinq francs à changer.

— Si vous pouviez payer mon passage par la même occasion, lui dit un jeune homme qui avait des yeux d'un gris terne.

— Volontiers, répondit l'étudiant ; et il donna deux sous.

— Je n'ai pas le temps de faire un long détour par le pont Neuf, poursuivit l'inconnu ; trois heures sonnent et on m'attend au 36.

— Qu'est-ce que le 36 ? demanda le candide étudiant.

— C'est une maison où je donne des conseils aux jeunes gens de famille. Sans moi, ils seraient perdus. Vous comprenez qu'il faut que je me hâte. Voulez-vous m'accompagner ?

— Je le veux bien. J'ai encore un jour à dépenser avant de me mettre à l'étude.

— Vous allez donc vous mettre à étudier?

— Oui.

— C'est bien ennuyeux. Vous trouverez au 36 des camarades qui ont planté là l'École de droit, et qui s'en trouvent bien. Ils gagnent cent francs par jour, dînent chez Prévot, et entretiennent une danseuse de l'Opéra.

L'étudiant aimait beaucoup les danseuses de l'Opéra.

— Mais comment trouve-t-on tout cela au 36 ? s'écria-t-il, la joue en feu.

— Vous verrez.

— Voyons.

En causant ainsi, ils étaient arrivés dans la galerie de Foy, n° 36.

Ils montèrent l'escalier du suicide, et le jeune homme aux

yeux gris terne, présenta l'étudiant à Messieurs les portiers.

— Ah! c'est une maison de jeu! dit en tremblant le studieux provincial.

— C'est-à-dire une maison où l'on joue, autorisée par le gouvernement... et par la Charte qui assure à chacun le libre exercice de ses droits. Or, comme vous avez le droit de jouer, il faut bien qu'il y ait des maisons qui vous concèdent cet exercice. Sans cela la Charte serait illusoire, et on ferait une seconde révolution de Juillet.

— Au fait, cela paraît juste.

— Eminemment! Je vais vous présenter à M. Dangot et à M. le chevalier Desbaignoirs, deux professeurs.

— De droit?

— De trente et un. Ce sont deux hommes qui ont obtenu un brevet d'invention de Charles X, pour avoir tué le refait, par la progression raffinée.

— Ils doivent être millionnaires?

— Ils n'ont pas le sou; mais c'est leur faute. Il ne tient qu'à eux de faire sauter la banque tous les jours; ils s'en abstiennent par délicatesse. Leur bonheur est de conseiller les jeunes gens.

— Allons, je vais risquer cinq francs.....

— Comment risquer! Etourdi! On ne doit rien risquer ici, entendez-vous? Je ne souffrirai pas que vous jouiez au hasard.

— Ce n'est donc pas un jeu de hasard?

— Pour nous, non... Voyons, combien avez-vous de mise de fonds?

— Cent trente francs.

— Vingt-six masses, bien... Attendez... je vais piquer la carte, il y a trois intermittences ; c'est un tiers et tout décidé, jetez dix francs... perdu, bien... jetez un louis... perdu, tant mieux ! J'avais peur de gagner... Deux louis... Jetez deux louis... Gagné, c'était sûr... Nous jouons contre le coup de trois... C'est un tiers et tout élargi... C'est moi qui l'ai inventé... Reprenons à la masse première... perdu, à merveille... Martingalez... Encore perdu, ça va bien, je m'y attendais. Deux louis encore... perdu ; de mieux en mieux... Je me disais, à part moi, nous sommes perdus, si nous avons le malheur de gagner..... Voyons, que vous reste-t-il ?

— Soixante francs.

— Plus qu'il n'en faut... Mettez vos soixante francs... c'est un nouveau système, vous allez voir... Mettez donc... gagné, c'était sûr ; la série ne pouvait pas s'établir... Que faites-vous donc ?... Laissez tout, paroli ; vous êtes en veine... encore gagné... Retirez vos deux cent quarante francs... Cinq louis et demi de bénéfice ; c'est le taux.... assez pour ce matin... Allons dîner chez Prévot.

Le candide étudiant ne se sentait pas de joie.

— Venez que je vous embrasse, lui dit-il, mon cher monsieur... Comment vous appelez-vous ?

— Comme vous voudrez... Ordinairement on m'appelle Adolphe.

— Mon cher monsieur Adolphe... Ah çà, que ferons-nous de tout cet argent ?

— D'abord, nous allons dîner.

— Et après ?

— Après, au théâtre du Palais-Royal.

— Et après?

— Après, nous allons encore gagner cent francs. Vous devez avoir dix louis de gain par jour; six mille francs par mois; soixante-dix mille francs par an. Il faut retrancher Pâques, Noël, l'Ascension, le vendredi saint et le 29 juillet, cinq jours perdus; c'est égal, il vous en reste encore trois cent soixante de bénéfice.

— Avec cela, je crois qu'on peut avoir la danseuse.

— Toutes les danseuses possibles, et un cabriolet. Allons dîner.

M. Adolphe fut embrassé une seconde fois.

On dîna joyeusement; on avala du champagne et quatre vaudevilles, et à onze heures on remonta au 36.

— Soyons prudents, dit M. Adolphe, et à cette heure ne jouons que des coups sûrs... la taille est hachée en diable; c'est dangereux, attendons.

— Qu'attendons-nous?

— Nous attendons que la chance se prononce. Est-ce que vous voudriez jouer au hasard, par hasard?

— Oh mon Dieu! non.

— Eh bien! attendez la chance... Ordinairement elle vient à onze heures trois quarts.

L'étudiant croisa les bras et attendit.

— Cette fois, dit M. Adolphe, après un repos, cette fois nous martingalons au louis... jetez un louis... perdu, bon!... deux louis!... ne faites pas attention... Quatre louis!... perdu. Ce qui vous reste... perdu!... comment perdu?... Attendez, monsieur le banquier! laissez-moi compter le point... il est impossible que nous ayons perdu... Vingt et un, vingt-trois, vingt-sept, trente-sept... Dix, vingt, vingt-neuf, trente-neuf... Oui... sept et neuf! perdre de sept et neuf! Cela n'est jamais arrivé!

— Eh bien! qu'allons-nous faire maintenant?

— Nous allons nous coucher... sept et neuf! Il ne vous reste rien?

— Il me reste deux francs.

— Deux francs... donnez-les-moi... je vais les jouer à la roulette sur le 17... voyons... diable! c'est le 27... 17, 27... j'avais deviné la finale... Vous n'avez pas encore deux francs?

— Non.

— Minuit et demi... Allons nous coucher.

— Ah! mon Dieu, on ferme ma maison à minuit, je loge rue Contrescarpe, hôtel de l'Ange-Gardien.

— Eh bien! venez coucher avec moi rue de la Bibliothèque (1), ici près.

— Oh! vous êtes mon sauveur, cher monsieur Adolphe.

Et M. Adolphe fut embrassé une troisième fois.

Ils montèrent au sixième étage d'une maison branlante. M. Adolphe poussa une porte qui n'avait pas de serrure, et entra le premier dans une mansarde. Les deux amis se couchèrent côte à côte.

M. Adolphe s'est endormi en disant : Sept et neuf!

Le jour tombait d'aplomb sur le lit, quand le jeune étudiant se réveilla.

(1) Sorte de cloaque, qui a été détruit dans les démolitions pour l'achèvement du Louvre et de la rue de Rivoli. — P. A.

Tout ce qu'il vit autour de lui ne servit qu'à lui rappeler sa cruelle aventure.

— Que dirait ma mère, si elle me voyait ici ? s'écria-t-il en larmoyant, et il jeta un regard sur son compagnon de lit.

Sa chemise s'éparpillait en charpie; c'était la misère nue avec ses haillons ; le jour, un habit brossé et vernissé recouvrait un peu toutes ces turpitudes de la mansarde. Il dormait encore d'un profond sommeil, le malheureux, et l'étudiant le contemplait avec tristesse.

Tout à coup le naïf provincial se dressa sur ses pieds, comme s'il eût été piqué par une couleuvre ; il venait de découvrir, sur l'épaule de M. Adolphe, ces deux lettres : T. F (1).

Il courut au pont des Arts et se noya de honte et de désespoir.

(1) *Travaux forcés.* Il y avait encore des forçats marqués en 1836...

### Dernières paroles (1).

Réduction pour réduction, celle des suicides devrait passer avant la rente. C'est le Jeu surtout qu'il faut réduire à zéro. Un ministère nouveau qui débuterait par la réduction des catastrophes, donnerait déjà une assez belle garantie de moralité. Jadis, lorsque les rois montaient sur le trône, ils signalaient leur joyeux avénement par l'extinction d'un abus; c'est le contraire aujourd'hui. Il faudrait donc que tout ministre, qui arriverait au fauteuil de la rue Grenelle, n° 104,

(1) Au moment où ces articles paraissaient dans un journal épigrammatique (*Le Corsaire*), les jeux publics étaient, sinon protégés ouvertement, du moins tolérés favorablement par le gouvernement d'alors. Des existences officielles se trouvaient bien de cet état de choses, qui les enrichissait, et, à vrai dire, lorsqu'on demanda l'abolition de cet abus, il n'y eut guère de résistance que dans quelques traditions administratives. — P.-A.

fût tenu de guérir une blessure morale faite à la société. On gagnerait toujours alors quelque chose à un changement de ministère. Nous ne savons point encore quel sera le Colbert qui prendra la succession de M. Thiers d'Aix. Mais il pourrait bien compter d'avance sur nos applaudissements, s'il tuait le Jeu d'un coup de plume ; nous permettrions même à ce ministre de tomber ensuite dans quelques erreurs gouvernementales, en considération du service immense qu'il aurait rendu aux familles, aux petits et aux grands, *pusillis et majoribus*. Ce trait seul suffirait à la gloire d'un homme d'État; il pourrait se reposer le lendemain, sa journée n'aurait pas été perdue. Ce ministre arrivera, nous pouvons l'affirmer, et grâce peut-être à notre voix, à notre persévérante excitation, un député sera ce ministre ; un député rempli d'une glorieuse ténacité, et qui trouvera son *delenda Carthago* dans cette mesure, un député qui sera notre Caton le Censeur.

Les sept plaies d'Egypte, les sept ministres qui tombent, toutes les heptarchies flagellantes du monde ne sont rien auprès des sept maisons de jeu qui rongent Paris. On écrase les sauterelles, on chasse les mauvais ministres, mais on ne peut écraser le trente et un qui nous prend notre argent ; le trente et un est placé sous la sauvegarde des lois et la protection des gardes municipaux. Le trente et un qui viole notre bourse, notre santé, notre réputation, est inviolable de sa nature, en vertu du cahier des charges et du traité d'alliance offensive et défensive formé entre la rouge et la noire et le gouvernement constitutionnel. Il y a solidarité d'honneur entre le ministre et le banquier. Le ministre a dit au

banquier : « Quiconque t'insulte, m'insulte; quiconque te
» menace, me menace; quiconque te frappe, me frappe;
» tout ce que tu auras lié sur ton tapis, je le lierai sur le
» mien ; tout ce que tu auras délié, je le délierai. » C'est la
parodie de Jésus-Christ et de l'Apôtre. Ensuite, le ministre
dit à M. Gisquet : « Élève un mur d'airain, une file de sabres
» et de chevaux de frise autour des croupiers. Le croupier
» est l'image du budget sur la terre. » C'est pourquoi nous
voyons la garde municipale aussi vigilante au seuil des antres
aléatoires, qu'à la porte des hôtels ministériels. On est
louable, si on tire un bon coup de pistolet sur le croupier
qui fait son jeu dans les Abruzzes. Mais son confrère du Biribi est l'oint du Seigneur et de M. Gisquet.

Cette question est la seule en France qui ne soulève aucune contradiction. Quand on parle de supprimer les jeux
on ne trouve que des approbateurs, jamais d'adversaires.
Quelques-uns osent pourtant hasarder, avec timidité, cette
observation banale :

— Mais si vous supprimez les jeux publics, ne craignez-
vous pas que les jeux clandestins s'établissent ? Aujourd'hui,
on joue en face du soleil, c'est une garantie contre les escrocs;
si vous fermez ces portes ouvertes incessamment à l'œil vi-
gilant et paternel de la police, on jouera dans les caves ou
dans les greniers ; on jouera dans la banlieue, dans les bois,
car la passion est indestructible, et les joueurs voudront la
satisfaire à tout prix. Les fripons succéderont aux croupiers;
les joueurs ne défendront plus leur argent; ils seront impu-
nément volés. Cartouche et Mandrin se feront tailleurs de
Biribi.

Cette observation est la seule qui ait cours ; elle fait même des dupes quelquefois ; mais elle n'est pas nouvelle, elle ne date pas d'hier. Dussault l'a consignée dans son excellent livre et la combat timidement : cela se conçoit. Au temps de Dussault, la police avait peu d'action ; aujourd'hui la police est partout ; c'est une population dans une population ; il ne peut pas plus y avoir aujourd'hui de jeux clandestins, que toute autre chose clandestine ; le premier perdant de mauvaise humeur, personnage assez commun, irait dénoncer, en sortant, le tripot secret où il aurait consommé sa ruine. De terribles amendes, de fortes peines correctionnelles, la crainte des délations, la vigilance d'une police endémique, tiendraient en grande réserve les souteneurs d'étouffoirs et leurs bailleurs de fonds.

Autre chose encore. Est-on de bonne foi quand on établit une similitude entre les maisons publiques et les tripots souterrains ? Y a-t-il vraiment parité de chances dangereuses contre la fortune du passant ? Quelle dérision ! Aujourd'hui, c'est un fléau patent ; une perdition accessible à tous, à ceux qui la recherchent et à ceux qui veulent l'éviter. Le jeu tient enseigne, comme le limonadier et le restaurateur ; c'est au rez-de-chaussée, tournez le bouton. Avez-vous un billet de mille ? Entrez. — Avez-vous deux francs ? entrez aussi ; tout est reçu de midi à quatre heures du matin. Toutes les difficultés sont aplanies ; le Jeu ne parlemente pas avec le joueur ; il n'y a point d'antichambre à faire, point de carte à présenter. On se ruine avec une aisance qui fait plaisir. Croiriez-vous qu'il en serait de même pour ces tripots qu'il suffit de nommer clandestins ? L'étranger, le jeune homme étourdi, le commis de recettes, le passant oisif sauraient-ils tout à coup le chemin des caveaux aléatoires, comme ils connaissent aujourd'hui les enseignes transparentes des maisons de jeu ? Dans ces tripots souterrains, s'ils pouvaient s'établir, on ne trouverait que de vieux joueurs, ruinés et incurables, entre eux se disputant le dernier billon de leur fortune du temps passé. Certainement la friponnerie directe n'existe pas dans les maisons publiques, comme elle existerait, à coup sûr, dans les étouffoirs ; mais qu'importe ? Est-il bien nécessaire de filer la carte, ou de biseauter un sixain, lorsqu'on a pour soi un témoignage matériel, mathématique, à l'épreuve de toute martingale ; un avantage qui arrive au même but que la friponnerie, sous un certain vernis de franche probité ? Le refait du trente et un, les zéros de la roulette, le 5 et 16 du pair-impair, les sept numéros verts du Biribi, les creps du jeu de dés, peuvent bien remplacer la science du filou. Comptez au bout de l'an, et voyez si le résultat n'est pas le même ; tout l'argent du joueur est tombé dans la caisse du banquier. La filouterie ferait-elle mieux ?

Voltaire qui connaissait fort bien la stratégie de la démolition ; Voltaire, l'ingénieur de la philosophie, avait posé en principe qu'une excellente chose, plusieurs fois répétée, n'amenait aucun résultat ; qu'il fallait immobiliser la même attaque sur sa plume ; qu'il fallait la crier incessamment à toutes les oreilles de l'univers, afin que le jour du triomphe fût assuré, après un laps de temps, plus ou moins long.

C'est un bon principe ; et, sur la foi du maître, nous l'avons adopté, à l'endroit des maisons de jeu. Déjà bien des voix sont les échos de nos paroles. N'est-ce pas un véritable encouragement à persévérer ? La presse quotidienne, distraite par de hauts intérêts politiques, avait perdu de vue, depuis assez longtemps, la question morale de l'impôt des jeux : voilà que nos incessantes plaintes réveillent notre fraternelle amie ; voilà que dans les Chambres, dans les comités, dans les associations philanthropiques, partout, grâce à l'impulsion de nouveaux venus, on travaille sérieusement, à cette heure, au renversement de ces échafauds qui dévorent la fortune et la vie des citoyens.

Le *Corsaire* (1) a déjà donné quelques assauts à la citadelle du jeu :

> Encor deux ou trois tours ; au son de la trompette,
> Aux éclats de sa voix que tout un camp répète,
> Jéricho tombera.

La ville de Paris est obligée de mentionner chaque année, sur le compte rendu de son budget, l'énorme impôt qu'elle retire des maisons de jeu. Ces jours derniers, ce travail a été livré à la publicité. C'est avec un vif sentiment de douleur que nous avons vu ce chiffre de l'impôt du sang ; et notre douleur a été partagée par plusieurs de nos confrères qui l'ont énergiquement exprimée. Il y a vraiment une hideuse auréole autour de ce chiffre, malgré le flegme municipal dont on s'efforce de l'envelopper : il n'est pas un écu de cette immorale recette qui n'entraîne après lui son cortége de larmes, de désolation, de ruines, de désespoir. Il faudrait que cet or qui entre dans la caisse municipale, tout imprégné d'une

(1) En 1836, le *Corsaire* était un organe de l'opposition radicale. — P.-A.

sueur agonisante, fût marqué d'un coin spécial, afin que la main, qui le reçoit en salaire, tremblât d'une magnétique convulsion. Les billets de banque extorqués par le vautour du jeu, sont au moins reconnaissables : la ville de Paris a beau les soumettre à son polissoir, afin de leur donner une physionomie calme et décente, ils portent toujours avec eux l'indélébile empreinte des doigts frénétiques qui les ont froissés dans le plus fiévreux des délires, le délire infernal du jeu.

Certains économistes de bonne composition vous disent : — Mais remarquez combien est louable la destination donnée à l'impôt perçu sur le jeu. Il vient en aide aux dépenses publiques ; il pave la ville ; il paie l'huile des réverbères ; il équarrit les pierres de nos monuments au chantier. — Ah ! vraiment, l'or du jeu nous rend tous ces bons offices-là ! Eh ! de cette manière, puisque la fin sanctifie les moyens, vous êtes bien bons de ne pas vous procurer quelques impôts, encore du même genre. Dévalisez tous les passants, sous le prétexte qu'il faut mettre de l'huile aux réverbères. Nous ne savons pas s'il est d'une immuable nécessité d'équarrir les pierres et de paver les rues plus ou moins bien : mais nous savons qu'une ville doit avoir sa moralité, comme un individu ; qu'elle ne peut, sans déshonneur, s'approprier un or gagné moins légitimement que l'or récolté, avec le concours des quatre circonstances, dans la forêt de Bondy.

La dernière campagne aléatoire a été heureuse, la ville de Paris doit s'en féliciter ; nous y verrons plus clair aux réverbères. De grandes fortunes se sont écroulées dans le dernier trimestre de 1835, et elles ont couvert le tapis vert d'immenses débris. On cite M. L..., comme la plus intéressante victime de ces derniers mois. Trois cent mille francs lui ont été arrachés, billet à billet, avec une vivacité qu'on ne trouve que dans une fatalité mystérieuse, alliée à l'action invincible du refait et des zéros. En trois semaines, cette somme énorme a passé du portefeuille du ponte opulent dans les sébiles et les cassettes à baguettes de cuivre de l'administration. La ville de Paris a prélevé deux cent soixante-quinze mille francs sur les cent mille écus perdus. Ceci n'est point un conte arabe, c'est une déplorable histoire connue de tout Paris, quoiqu'elle n'ait eu aucun retentissement dans les journaux. Cette réserve de la presse doit avoir son terme. Nous la briserons, nous, les premiers : c'est un service que nous rendons aux familles. Tant pis pour la ville de Paris ! Qu'elle cherche ailleurs que dans les veines des citoyens, l'huile sanglante de ses lanternes, et le ciment de ses pavés (1).

(1) On ne compte pas moins de quinze ans depuis que les abus contre lesquels Méry se révolte si énergiquement ont tout à fait disparu. Sur la motion d'un député de gauche, qui lisait le *Corsaire* chaque matin, les jeux publics ont été enfin supprimés dans les premiers jours de l'hiver de 1837. Était-ce une raison suffisante pour ne pas exhumer la brillante et courageuse Ménippée du poëte ? De toute manière ces Études si colorées devaient revivre. Si, d'une part, la richesse de leur forme les sauve de l'oubli, on peut dire que, d'un autre côté, elles n'ont pas cessé de tenir en réserve une moralité des plus utiles. Le Salon de Frascati, le 36, le 154, le 156 et les autres stations du chemin de croix des joueurs ont été supprimés ; la ville de Paris s'est purifiée, mais l'abus n'a pas été tué entièrement ; il n'a fait que se déplacer. A peine l'avait-on mis hors la loi qu'il émigrait en Allemagne ; le Jeu donne maintenant rendez-vous à ses victimes à Baden, à Wiesbaden, à Aix-la-Chapelle et à Hombourg. Il n'y a donc qu'un nom de ville à changer dans les Philippiques de Méry. — P.-A.

# LES LUNARIENS

# LES LUNARIENS

> A quoi sert donc d'aimer la lune ?
> Elle est trop haut et nous trop bas.
> (*Chanson populaire.*)

## I

### Premier coup d'œil.

Le docteur John Herschell continue ses admirables découvertes lunaires au cap de Bonne-Espérance, en compagnie de deux ou trois de ses amis qu'il appelle ses associés. Ce sont les éditeurs-unis de la Lune.

On sait qu'ils ont déjà découvert des lacs verts, des montagnes cramoisies, des vallées grises, des arbres roses, des mers d'un seul diamant, des rivières d'une seule pièce en améthystes, des moutons qui ont des visières de chair pour se garantir des coups de terre, des hommes avec des ailes qui ressemblent à des conscrits, et dont les pieds sont petits à l'extrémité et renflés au talon, comme s'ils avaient des bottes vernies.

On ne s'arrête pas en si beau chemin. Le télescope merveilleux, à l'aide de trois cents hommes, a été remué de place, et tourné vers la partie de la lune qu'on appelle Blagavion.

Les éditeurs-unis de la lune ont été frappés de stupeur en voyant des hommes courant dans le champ du télescope vêtus en pantalon de prime. Sur le dos, ils avaient écrit 75,000 francs (1.) Ils broutaient de l'herbe comme des bêtes.

Plus loin, ils ont plongé le regard dans une vallée qui n'était ni d'or, ni d'argent, pas même de rubis fin. C'est la vallée des actionnaires; elle était pleine de dividendes placés à des hauteurs perdues, à l'extrémité des arbres. Les dividendes sont de couleur blanche. On ne savait pas encore leur couleur sur la terre.

Mais ce qui a ravi les éditeurs-unis de la lune, c'est la vue du pays de la Vertu. C'est un petit pays, à peu près de la grandeur des États du roi de Sardaigne. Les hommes n'ont pas de main, et ils sont de couleur d'or à dix-huit carats; les femmes n'ont que le buste, et elles sont très-laides, quoique de couleur bistre tirant sur la suie : femmes et hommes paraissent pourtant faire bon ménage, peut-être à cause d'une bizarrerie de leur nature. Les femmes y voient pour les hommes, et les hommes y parlent pour les femmes; les enfants sont en pierre fine. Ceux qui sont sages, on les taille à facettes.

Ce fut un coup de foudre pour les éditeurs-unis de la lune, quand sur la place publique d'une ville qu'ils venaient de découvrir, ils aperçurent un homme cramoisi qui les re-

(1) En 1836, ce chiffre de 75,000 francs représentait la prime qu'une loterie organisée par des libraires promettait à ses souscripteurs. — P. A.

gardait au bout d'un télescope. Cet homme paraissait être un astronome de bonne maison. Sur un papier placé près de lui, il se moquait, par des caricatures ingénieuses, de la physionomie des astronomes anglais. Il paraît que les astronomes de la lune ont de l'esprit, et que la caricature y est permise. L'arc-en-ciel ayant passé entre les deux télescopes au moment des observations mutuelles des astronomes, ceux de la lune écrivirent que les terriens ont un anneau tricolore sur la tête. Ceux de la terre notèrent que les lunariens portaient pour cravate un nuage coloré. La lingère de la lune est l'aurore boréale.

La ville lunarienne dont il est ici question, est bleue; les trottoirs y sont au milieu de la rue, et les voitures passent à l'entresol. Les entresols sont roux. Les enseignes sont placées de manière à ce que les caractères y soient contre les murs, position qui fait supposer qu'on ne lit pas les enseignes dans cette ville. Mais à quoi servent-elles alors?

Les toits des maisons sont à la cave. M. Herschell assure encore que la ville ne paie pas d'impôt, mais qu'elle en reçoit au contraire. Le roi de la lune paie à chaque habitant le personnel, les contributions directes et les droits d'entrée.

Le roi de la lune est en perles fines.

## II

#### Un drame dans la lune.

Assurément, M. Arago est un homme d'un éminent savoir, mais il nous semble avoir nié un peu légèrement la découverte de M. Herschell : aussi, sommes-nous assurés que lorsqu'il aura pris connaissance des nouveaux renseignements qui nous ont été transmis, il reviendra sur la déclaration qu'il a cru devoir faire à l'Académie des sciences. M. Herschell vient de lire en langue lunatique, et de traduire en français un drame tout entier.

Il a pu se livrer à ce magnifique travail, tandis qu'un habitant de la lune lisait son œuvre aux comédiens qui devaient la représenter. M. Herschell a suivi page à page et dictait à six sténographes, pendant que l'auteur tournait les feuillets.

Il paraît, du reste, qu'il n'y a pas de manuscrits à la lune; les hommes ayant des ailes de chauve-souris et n'ayant pas de plumes, à mesure qu'un livre se compose, on l'imprime; c'est d'autant plus commode qu'on tire, d'un seul coup de presse, soixante mille exemplaires d'une feuille.

Le moyen est facile à s'expliquer : les lunariens ont un papier d'une finesse telle que notre papier de banque passerait pour un ignoble carton. On comprend que la lune, n'ayant pas d'atmosphère, on n'a pas peur que le vent emporte les feuilles, si légères qu'elles soient.

Les caractères avec lesquels on imprime sont des emporte-pièces qui n'ont pas moins de trois pieds de relief. Cela ressemble, à la longueur près, à un peigne à peigner du chanvre. On place sous cet emporte-pièce de cent à cent vingt rames du papier dont nous avons parlé, et on fait mouvoir la presse au moyen d'une force de deux mille chevaux : aussitôt, les emporte-pièces percent le tout de part en part, et on obtient une impression à jour d'une délicatesse et d'une légèreté infinies.

Ce procédé est beaucoup plus propre que le nôtre, bien plus expéditif, et n'entraîne aucune dépense d'encre.

On lit ces imprimés en regardant au travers, ce qui donne encore, aux coquettes du pays, l'avantage de pouvoir lorgner leurs amants sans lever les yeux de dessus leur livre, ce qui est une supériorité marquée sur notre civilisation terrienne.

Au moment où M. Herschell a pu suivre l'auteur lunarien dans la lecture qu'il allait faire, il paraît que le théâtre était assemblé. En effet il y avait une espèce d'être, assez ressemblant à la sarigue, mais bien plus complet que cet intéressant animal. Au lieu d'une poche que la sarigue a sous le ventre, cet être lunarien en avait par tout le corps. M. Herschell a remarqué que toutes ses poches étaient vides, et il en a conclu avec raison que ce devait être le directeur.

A côté de lui se trouvait une autre créature, ressemblant davantage à la guenon qu'à la sarigue; celle-ci était moitié couchée sur une sorte de singe fluet, ayant des jambes et des bras en forme de Z, et dont la partie chevelue était si magnifiquement frisée que M. Herschell n'a pas douté un instant que la guenon ne fût l'amoureuse de la troupe, et la sorte de singe fluet l'amoureux de l'amoureuse.

Un peu plus loin, une espèce de boule de chair qui n'a point d'analogue dans notre monde, si ce n'est parmi les grosses caisses de nos orchestres, a semblé devoir être à M. Herschell le *basso cantante* ou le père noble de l'endroit. Une autre petite guenon qui embrassait tous ceux qui étaient là et qui quittait même la lecture pour embrasser ceux qui passaient, était évidemment l'actrice à argent du théâtre, celle qui fait recette. D'abord, M. Herschell a été fort embarrassé de l'emploi qu'elle tenait; mais voyant qu'à tout propos elle se couchait sur l'herbe, il l'a judicieusement rangée dans les Dugazon.

Derrière toutes les autres, on voyait une figure ridée comme une vieille pomme, percée de deux yeux ardents, grimaçant comme un paillasse, se démenant, se tordant, se posant, et il n'a plus douté que ce ne fût le comique en chef. Au regard qu'il lançait sur une autre figure en pomme d'api rouge et tendue, froide et immobile, il a deviné celle-ci pour le comique en second.

Un grand gaillard fort membré et qui montrait incessamment des dents superbes et une jambe passable, mais qui n'avait pas plus l'air de comprendre l'auteur qu'un âne ne comprend un sermon, a été rangé par M. Herschell dans les troisièmes rôles.

Avant la lecture, lesdits habitants se sont livrés à toutes sortes de caquetages, ce qui était visible par le mouvement redoublé de toutes les mâchoires de l'assemblée. Quand l'auteur est arrivé, les premiers rôles l'ont salué du doigt, et les petits rôles l'ont salué jusqu'à terre; l'auteur a salué du doigt les petits rôles, et jusqu'à terre les grands rôles.

Enfin le directeur a fait un geste, et la lecture a commencé.

Cette lecture serait aussi peu facile à analyser que l'Apocalypse.

# III

## Un amour.

Les journaux anglais, arrivés aujourd'hui, contiennent des articles élégiaques sur le jeune et beau Blifil Morton, neveu du gouverneur du cap de Bonne-Espérance; infortuné jeune homme, touchante victime de la lunette d'Herschell. Ces récits attendrissent. Depuis Paul et Virginie, on n'avait rien appris de pareil, à l'école romanesque de l'Océan indien. La censure, établie au Cap et exercée par quatre Hottentots, comme à Paris, avait d'abord exigé la suppression de l'épisode de Blifil Morton, dans le long voyage lunaire que nous avons lu. Les censeurs, disait-on, avaient voulu ménager la sensibilité de l'oncle gouverneur; puis l'oncle s'étant consolé, on a permis à la presse de l'endroit, de raconter l'anecdote qui suit :

Blifil Morton, s'étant approché de la lunette, au moment où elle laissait apercevoir le Colysée de rubis, et la délicieuse vallée des *Vespertilionum hominum*, découvrit sous un arbre qui ressemble beaucoup au magnolia grandiflora, et au *pinus italica gigans*, ou au *fagus linnensis*, ou au *quercus spongiosa fluviatilis*, à côté d'une autre foule d'arbres à forme conique assez ressemblant au

*Qualis populea mœrens Philomela sub umbra;*

Ou aux

*Quantum lenta solent inter viburna cupressi.*

Non loin d'un petit rocher de forme basaltique, peu différent du *silex tertiæ formationis*, ou du *saxum igniferum*; sur une couche de gazon qui rappelle le *formix vitrea* ou le *gramen aphrodisiaticum* ou le *ligustrum eburneum* ou le *citisus capreolus*...

Il était une heure du matin; la croix du sud scintillait sur la montagne du Lion. — Ah! mille pardons, j'avais oublié de vous dire ce que Blifil découvrit sous cet arbre qui ressemble beaucoup à tous les autres; il découvrit une jeune vierge de seize ans; elle dormait dans l'attitude de l'Androgyne de Farnèse, et n'était ni plus ni moins habillée que cette ravissante statue, dont le marbre semble s'être amolli sous quinze siècles de désirs. Elle dormait, la belle enfant!... On voyait aussi sa figure. Quelle figure! La Vierge Raphaëlienne de la Seggiola en serait morte de jalousie. Le corail est moins corail que ses lèvres; la pureté, moins pure que son front; sa joue gauche, légèrement enflée par la respiration du sommeil, ressemblait à la pleine lune, lorsqu'elle se vermillonne pour annoncer le vent.

*Pallida luna, pluit; rubicunda, flat; alba serenat.*

Elle se réveilla, et secoua sa splendide chevelure d'or; elle prit un bain de gazon (il n'y avait pas d'eau dans la lune); elle folâtra, l'innocente! comme si sa pudeur n'avait rien à craindre d'un regard indiscret. Quelle leçon pour nos dames terrestres qui parlent d'amour, dans nos parcs, au clair de lune!

M. Herschell, fils aîné, de la maison astronomique Herschell, remarqua une grande agitation dans la poitrine du jeune Blifil.

— Que voyez-vous donc là? lui demanda-t-il.

— Moi! rien... Je... vois... Laissez... encore... une... minute... mille livres sterling pour une minute de plus!

Telle fut la réponse de Blifil.

M. Herschell, fils aîné, lui fit observer qu'il n'était pas décent de faire ainsi le monopole de sa lunette. Blifil, sans se déranger, tira de sa poche son portefeuille, et dit à M. Herschell.

— Voilà deux mille livres, en bank-notes; cinq minutes de monopole.

M. Herschell, en sa qualité de savant désintéressé, prit le portefeuille, et fredonna l'air: *Au clair de la lune* avec les variations de Weber.

Malheureux Blifil! l'amour lui tombait des nues, et quel amour! En ce moment, une ombre légère passa sur le canevas de la lunette; les divines formes de la vierge céleste s'amoindrirent, Blifil s'aperçut qu'elle allait lui échapper.

— Lunarina, s'écria-t-il, adieu!

Et il donna un baiser à la lentille concave. L'infortuné tombait sans connaissance sur le gazon, qui ressemble beaucoup au *gramen saxicolum Alpense*.

Le lendemain, Blifil avait un vrai délire. Comme il regarda le soleil avec pitié ! Qu'il lui parut terne, ce soleil qui mûrit les vignes de Constance !

— Oh ! mon cher oncle, disait-il au grave gouverneur anglais ; mon cher oncle, je meurs si je n'épouse pas Lunarina ! et il pleurait, l'infortuné.

De son côté le gouverneur disait :

— Je ne connais point de demoiselle de ce nom au Cap. C'est une Italienne, sans doute.

— Oui, une Italienne, qui habite le Colysée de rubis.

— A Rome ?

— Dans la lune.

— Pauvre enfant ! ajoutait le bon gouverneur, le vin de Constance a brouillé son cerveau.

Le soir, Blifil prit un fusil à deux coups, du papier et des plumes, et il escalada la montagne de la Table, pour se rapprocher de sa bien-aimée. Il fut contrarié par les lions, mais il arriva au sommet. Là, il écrivit ce quatrain :

> J'avais deux maîtresses au Cap.
> Je n'aime ni l'autre, ni l'une ;
> Je viens, armé de pied en cap,
> Pour ravir celle de la lune.

Il avait préparé une échelle de corde, faite avec du scolopendre qui ressemble beaucoup à la liane, et un peu à la javelle, *flagellum vitium*. En ce moment la lune se leva sur l'incommensurable horizon de la mer indienne. Alors, Blifil, qui avait dérobé adroitement la lunette d'Herschell, la plaça sur son pivot, et il se jeta, tête première, dans la lune. Il vit d'abord passer trois quartiers insignifiants : Endymion, Cléomène, Langrenus ; il s'arrêta un moment au bord du puits de Galilée, afin de donner quelque fraîcheur à son sang de feu. Chemin faisant, il coudoyait quelques hommes chauves-souris, et une espèce d'animaux qui ressemblaient à des Kangourous ; il se promena, malgré lui, dans une vallée où voltigeaient une multitude d'êtres sans nom, qui ne ressemblaient à rien. Quelques-uns, seulement, paraissaient avoir une certaine analogie avec des objets terrestres ; c'était une troupe de têtes chauves, qui se promenaient sur des pattes de lézard et une quantité de paires d'yeux noirs, liés par un trait d'union, avec de jolies ailes de papillon, attachées au point lacrymal. Ces yeux voltigeaient autour des têtes, et paraissaient prendre beaucoup de plaisir à ce jeu.

Blifil détourna bientôt ses yeux de ces yeux.

— Oh ! Lunarina, s'écria-t-il, où donc es-tu ?

Il furetait chaque montagne, chaque vallon ; il entr'ouvrait les roseaux qui bordaient les lacs, il descendait au fond des cratères éteints. Orphée ne mit pas tant de soins à la recherche d'Eurydice. Enfin, Morton vit dans un brouillard le Colysée de rubis qui s'avançait assez vite, emporté par le mouvement de rotation. Lorsque Blifil ne fut plus qu'à cinquante pas du Colysée, il eut un si vif serrement de cœur, qu'il faillit tomber. C'était là que vivait Lunarina. Oh ! les hommes qui ont vraiment aimé, comprendront l'extase de Morton ! il buvait de l'atmosphère de Lunarina, il dévorait le Colysée, il prenait la lune avec les dents, il était heureux.

Elle apparut bientôt encore, sur son lit de gazon, la ravissante vierge. Qu'elle était belle ! Que d'amour, que de volupté, que de parfums autour de ce corps si souple et si gracieux ! Aphrodite, sortant des flots ioniens ; Hélène, toute humide de l'eau du Scamandre ; Nérée, endormie dans son palais de corail ; notre première maîtresse à sa première révélation ; rien n'égalait Lunarina, couchée sur le gazon du Colysée de rubis. Morton n'osait respirer, de peur que la moindre imprudence ne lui donnât l'éveil et ne la fît courir, sous la forêt voisine, formée d'arbres touffus, qui ressemblent beaucoup à la salade de pourpier, *hortolaia*.

Hélas ! le malheur est toujours sur cette terre l'ennemi juré du bonheur ! L'amoureux Blifil Morton savourait ces délices et ne se doutait point, l'imprévoyant jeune homme, de la catastrophe qui lui tombait du ciel.

— Ah ! mon Dieu, s'écria-t-il..., et ses bras frissonnèrent, ses cheveux se hérissèrent et se plaignirent à la brise de la montagne du Lion. — Ah ! mon Dieu !

Il ne pouvait en dire davantage. Que voyait-il donc, l'infortuné ?

D'une arcade du Colysée de rubis venait se désencadrer une figure de six pieds de haut, assez semblable à l'Apollon, dans son costume du Belvédère. Toutefois cette figure était encore plus belle que l'Apollon ; d'ailleurs, elle marchait, elle vivait, elle aimait. Blifil lui lança un regard de mépris, elle eut l'air de ne pas s'en apercevoir.

La figure colyséenne se pencha vers la belle Lunarina, la jeune femme sourit et se laissa regarder, il était facile de voir ce que se disaient les deux amants.

La figure disait : — « Tu es plus belle que la pleine terre, quand elle se lève à midi. »

6

Lunarina répondait : — « Tu es plus beau que le Madroglion (1). Je veux vivre pour toi, je cesserai de t'aimer, le jour où l'on m'enlunera (enterrera).

La figure s'assit à côté de Lunarina, et jeta ses bras autour de son cou. Blifil était mourant; le délire égara son cerveau, une orageuse jalousie bouleversa son cœur; il céda à une inspiration horrible, tant il est vrai que l'amour conseille souvent le crime, même aux plus vertueux ! Blifil prit dans la poche latérale de sa redingote un pistolet de tir; il ajusta son rival, et fit feu... Un épais nuage se répandit tout à coup dans le vallon du Colysée. Lorsqu'il fut dissipé, tout avait disparu. Blifil ne vit plus que le gazon, mollement creusé par les suaves inflexions du corps de Lunarina. Tout près, il remarqua un champ de gramen qui ressemblait à la saxifrage, *saxifraga*, ou à la cochenille, ou au vermillon. Blifil regarda mieux. Ce qu'il avait pris d'abord pour des plantes rouges, hélas ! c'était du sang ! Au même instant, il vit sortir du Colysée, une escouade de chauves-souris qui ressemblaient beaucoup à des sergents de ville. A cet aspect, Blifil se troubla; l'horreur de son crime confondit ses idées, il vit l'échafaud se dresser pour lui.

— Non, non ! dit-il d'une voix sourde, je prouverai qu'il n'y a pas préméditation... Grand Dieu ! pardonnez-moi !

Il s'était laissé tomber sur le roc. La fraîcheur de la nuit apaisa son délire; il s'endormit sous la garde d'un vieux lion qu'il avait connu particulièrement chez son oncle, et auquel il avait rendu la liberté et quelques services.

(1) C'est peut-être une planète que nous ne connaissons pas.

Il eut un songe... l'infortuné Morton, un rêve qui ne sortait pas de la corne d'ivoire, ni de la corne d'ébène ; rêve comme n'en ont jamais entrevu les oreillers des lits terrestres. Pour en avoir un pareil, il faudrait rêver que l'on rêve, et s'être endormi en avalant une décoction de verveine, de pavots, de nénufar, de houx, de mauvaise tumulaire, de mandragore, d'orange vénéneuse, de basilic et d'opium.

Dans ce rêve, il habitait l'inhabitable ; une région où les pieds nus coulent sur des flocons d'ouate nuageuse, où le corps est habillé de lumière, où la vie est légère à porter, comme la brise du soir qui court dans la chevelure, après un bain d'été, au golfe de Baïa. Il flottait dans le voisinage des soleils ; ces astres chantaient un inouï concert qui désennuie Dieu de son éternité ; hymne qui vient expirer à trente millions de lieues des oreilles terrestres. Blifil demandait leur nom aux étoiles qui passaient devant lui ; les étoiles lui disaient en souriant : « Je suis Ibis, à la flamme bleue ; je suis une des vingt-cinq mille roues du char d'Éloë ; je suis Immério ; j'ai des rayons d'opale ; je suis Abrida ; je me déguise quelquefois en comète, au carnaval du ciel ; je suis Piéria, l'étoile annulaire du petit doigt de Sabaoth. Je suis Bimmo, le diamant incrusté sur l'escabeau, où se pose l'orteil de Dieu ! »

Et Blifil les saluait de la main, et sa main recevait un rayon en échange du salut.

Et il entendit une voix qui lui dit : Blifil, assieds-toi là ; et les sept étoiles de la grande Ourse qui se dessinent comme un fauteuil, lui offrirent leur lumineux dossier ; il s'assit.

D'un abîme du ciel, il vit alors rouler une cataracte de

jeunes filles, enlacées à des chérubins. Ce fut bientôt un bal immense, dansé sur un tapis de nuages roses, avec les soleils pour lustres, et pour limites les horizons de l'infini. L'orchestre invisible qui enivrait ce bal donnait à chaque note autant de sons mystérieux qu'il s'en élève au golfe de Tissian, lorsque les oiseaux, le vent, les palmiers et les vagues exécutent leur magnifique quatuor pour les plaisirs solitaires de l'océan du Sud ; la céleste bacchanale allait, se roulant sur les zones vermeilles, et chaque fois qu'un baiser de chérubin tombait sur le front d'une danseuse, Blifil sentait courir sur sa poitrine ce frisson du jeune époux, auquel la matrone vient de dire :
— Elle vous attend !

Par degrés, une vapeur sombre descendit des profondeurs de l'infini ; les teintes roses se fanèrent ; les divins fantômes du bal se fondirent en fumée ; les soleils s'éteignirent ; Morton n'entrevoyait plus que leurs cadavres qui flottaient lourdement au hasard, comme des montagnes sphériques de charbon ; la grande Ourse qui lui servait de fauteuil se retira, et il tomba sur une tige épineuse de nopal. Il entendit une voix lugubre qui disait : Où est l'assassin de Gremio ? Il vit de larges mains qui cherchaient à tâtons. — Le voilà ! le voilà ! dit une voix douce. Morton reconnut la belle Lunarina qui rayonnait dans l'ombre, comme un ver luisant. A côté de Lunarina était un procureur du roi, et le bourreau de Jane Gray. Celui-ci prit Morton et le conduisit vers un échafaud. Le malheureux plaça son cou sous la demi-lune...
Il se réveilla, la lune était encore dans son plein.

Vous figurez-vous l'attitude de Morton, à son réveil ? Jamais plus de fièvre ne désola le cerveau d'un homme. Il avait un vieux lion à ses côtés ; il sortait d'un bal, par-dessus les étoiles ; il avait vu plus de femmes que tous les sérails de l'Orient n'en verraient, si Dieu donnait l'éternité à l'empire et à la religion de Mahomet. Il avait été exécuté par le bourreau de Jane Gray ; il s'était assis sur le fauteuil de la grande Ourse ; il était assassin ; il se réveillait à deux mille toises au-dessus du niveau de la mer, il ne se souvenait plus de la veille ; il brouillait la terre, les nuages, le ciel. Le souvenir de son crime le secouait par intervalles de sa léthargie ; il n'osait regarder ses mains, de peur de les voir teintes du sang de Gremio : le fantôme de Gremio se levait devant lui, et il fermait les yeux pour ne pas le voir. C'est au milieu des angoisses de cette crise terrible que Morton vit poindre l'aube sous ses pieds, dans une rivière du Swart-Land. Quel lendemain cette aube lui promettait !

---

Blifil Morton ne put consentir à vivre au Cap. On l'a revu en Europe, après dix ans de pérégrinations insensées à travers les quatre points cardinaux. Un jour, en Nubie, il ouvrit son calepin de voyage, et vit qu'il avait déjà parcouru trois millions cinq cent mille trois lieues. (Les kilomètres n'étaient pas encore arrivés jusqu'à lui.) Blifil se dit : J'ai vu assez de pays. — Il repartit pour l'Angleterre où il arriva sur la frégate *le Coroner*, en 1846, le 1$^{er}$ avril, mois des poissons. Six semaines après, il se mariait avec une blonde et blanche quakeresse, fille de cette suave Kitty-Bell, dont M. Alfred de Vigny a célébré la chasteté orageuse dans un drame en prose tempérée.

— Blifil Morton, prolifique comme tous les vrais Anglais, a déjà six enfants qui sont tous du même caractère, de la même taille et vêtus de la même manière. Il ne passe pas un jour sans leur faire cette invariable recommandation :

— Mes enfants, ne lorgnez jamais la lune.

## IV

#### Adieu à la poésie lunarienne.

Que de beaux noms, que d'apostrophes n'a-t-elle pas reçus des poëtes et des amants ! L'astre des nuits, l'astre du silence, l'astre de la méditation ; Phœbé, Diane. Homère lui a consacré plus de vers qu'il ne l'avait vue de fois; Virgile l'a chantée de mille manières. Et la peinture ! On couvrirait les murs de Paris de tous les levers et couchers de lune dont les toiles se sont blanchies ; on en couvrirait la lune elle-même.

C'est encore une poésie qui s'en va. La lune est désormais déshonorée, depuis les découvertes du savant M. John Herschel.

Vous figurez-vous un amant osant dire à sa maîtresse :

— Ce soir, je vous attendrai sous le grand chêne, quand le département de la lune se trouvera perpendiculaire au département de la Seine.

Et sur quelle discrétion pourront-ils compter maintenant,

quand ils penseront que des régions lunaires, les ajusteurs de leurs télescopes, les suivront partout dans leurs tendres épanchements.

Il y a plus : si les maris de la lune viennent à correspondre avec les maris de la terre, par voie télescopique, dans le but de se révéler réciproquement les promenades solitaires de leurs femmes, l'adultère deviendra presque chimérique. La pleine lune aura vengé le croissant.

Voyez encore un poëte Lakiste écrivant cette phrase avant les découvertes dans la lune : « Les deux rayons de Phœbé argentaient le feuillage mourant des sycomores ; sa pâleur glissait sur les lacs en réseaux chatoyants. » Et le même poëte écrivant sur la même idée cette autre phrase imposée par les récentes observations de M. John Herschell, un des éditeurs-unis de la lune : « Les maisons bâties à la chaux, en grand nombre dans la lune, argentaient de leur reflet sur la terre le feuillage mourant des sycomores ; l'éclat des murs lunaires glissait sur les lacs en réseaux chatoyants. »

Comment invoquer la lune, cette sœur d'Apollon, quand le statistique aura confirmé qu'elle se compose de montagnes cramoisies en quartz siliceux ; de plaines couvertes de cresson de fontaine, et de villes de trois mille âmes de moutons !

# APRÈS CONSTANTINE

# APRÈS CONSTANTINE

Le 24 novembre 1836, une petite armée française, grande comme sa mère impériale, échelonnait sa retraite de Constantine à Soma. C'était le désastre de Moscou en miniature. Les soldats, épuisés par des marches infinies et tous les fléaux de l'univers, soutenaient une lutte de désespoir contre les nuées d'Arabes amoncelés aux quatre horizons, comme le plus formidable des ouragans africains. La nature, qui, dans ses secrets de destruction, vient souvent servir d'auxiliaire homicide et prendre son rang de bataille dans l'une ou l'autre armée, la nature implacable avait déchaîné toutes ses horreurs contre nos soldats ; elle grossissait les torrents ; elle ouvrait les réservoirs des pluies et le trésor des neiges elle mugissait dans le tonnerre des vents comme une immense voix de désolation ; et nos légions, comme celles de Varus en Germanie, ne voyaient que la mort sous mille formes, et tous les périls irritants, contre lesquels le courage est inutile dans un jour sans lendemain. Il y avait là quelques-uns de ces hommes que la circonstance élève à l'héroïsme, et qui soufflent aux soldats cette énergie rayonnante dont ils ont au cœur l'inépuisable foyer ; et, au-dessus de tous, le brave Clausel, drapeau vivant de l'armée, superbe dans son calme stoïque, et grand comme Marius l'avait été dans ces mêmes lieux après le siége inutile de Cyrta.

Lorsque ces calamités se consomment, on ne distingue, dans cette confuse mêlée de sang et de deuil, que les têtes illustres ; seules elles se recommandent au burin de l'histoire, et le voile de l'oubli enveloppe à jamais les actes modestement sublimes, accomplis dans les rangs inférieurs. C'est une chose qui paraît injuste au premier abord ; mais, après réflexion sage, on est forcé de convenir que les historiens et les livres n'auraient pas suffi, si la plume eût enregistré scrupuleusement, détail par détail, tous les traits particuliers d'héroïsme qui ont honoré les armées malheureuses depuis la retraite des dix mille jusqu'à la retraite de Constantine, depuis Xénophon jusqu'à Clausel.

Il est pourtant convenable quelquefois d'exhumer de cet oubli un obscur soldat, afin de prouver aux autres qu'il y a chance d'acquérir un peu de renommée tardive, même sous les épaulettes de laine et le havre-sac.

C'est ce qu'il faut faire pour le brave Ambroise Vernier, du 63e de ligne.

Au passage de la Seybouse, les Arabes venaient de tenter des efforts surhumains pour couper notre retraite; là se couvraient de gloire le commandant Changarnier, le lieutenant-colonel Duvivier, le capitaine Mollière, le jeune Bertrand, blessé à Constantine, et tant d'autres officiers qui préludaient à leur gloire africaine. Cette lutte prodigieuse acheva d'épuiser la force et le courage de beaucoup d'hommes; et quand la nuit vint encore ajouter ses horreurs à tant de glorieuses misères, il y eut des soldats qui s'avouèrent vaincus par excès de découragement, et qui attendirent la mort dans cette immobilité de résignation, suprême vertu des guerriers sauvages devant leurs inexorables vainqueurs.

Après avoir passé la Seybouse, dans une dernière dépense de force, le jeune Ambroise Vernier se coucha sur un lit de plantes marécageuses, à l'entrée d'une petite grotte creusée par le cours de l'eau. Personne ne remarqua ce malheureux piéton voyageur, qui prenait son gîte de mort pour s'épargner d'autres frais de route. L'armée passa, les Arabes passèrent. Amis et ennemis étaient déjà bien loin, et Vernier n'entendait plus que le sourd fracas du fleuve et les harmonies lointaines et lugubres qui sont les voix de la nuit dans le désert.

Il y a, dans certaines organisations, un merveilleux mécanisme physiologique qui bouleverse l'ordre des sentiments et des idées avec une promptitude étonnante. Vernier avait, depuis bien des heures, accepté la mort comme un remède plein de charmes, et comme la cessation d'une lutte impossible; la vie ne lui paraissait pas digne d'être achetée au prix de tant de souffrances, d'angoisses, d'efforts surhumains. Eh bien ! quand il se vit seul au bord de ce fleuve sans nom, seul dans un désert, avec l'étrange orgueil de peupler une solitude, et n'ayant sur la tête qu'un groupe d'étoiles qui ne luisaient que pour lui, il se cramponna de nouveau à l'existence ; il rougit d'avoir désespéré de Dieu dans une double désertion, lâche transfuge de la vie et des armées ; et ce mouvement de révolte opéré contre lui-même le rendit brave et fort comme le soldat levé à l'aube pour le combat.

Ce changement de résolution étonnera moins lorsqu'on saura que Vernier était un enfant de nos contrées méridionales, où les phénomènes de la nature impriment aux âmes des contrastes moraux inexplicables : le calme et la tempête, l'excitation et l'abattement, la vie et l'aridité, les ombres et les rayons. Vernier avait été payé comme impôt de sang par le village de La Cadière, qui se cache non loin de la mer, dans des masses confuses de collines, de vallons, de bois, de torrents, de montagnes, de jardins. Il y a, dans ces agrestes résidences, si paisibles vues de loin, il y a des rivalités orageuses, des haines vives, pétries avec le mistral et le soleil, et qui ont pris naissance un jour de fête, au milieu d'un concert, ou dans le gymnase des jeux renouvelés des Romains. La musique, le chant, les trois sauts, le ballon, la lutte sont quelquefois des éléments de discorde, qui amènent des duels au pugilat, et des ressentiments vivaces, qui n'ont de chance de s'éteindre que dans les agapes générales d'un jubilé sous les rameaux pacifiques de la croix. Vernier avait quitté son village en emportant, incrustée au fond du cœur, une de ces haines, sous son habit de conscrit.

Un jour, à la fête de Saint-Alban, il fut vaincu, malgré sa force incomparable, au jeu de paume, par Olivier, du Bausset, village d'ailleurs assez hostile à La Cadière ; et le coup de quinze, qui décida de sa défaite, ne lui ayant pas paru joué de franc jeu, il en résulta un défi, à la mode romaine, sous les vieux remparts du Castelet. Une seconde défaite mit le comble au désespoir de Vernier. Il lui sembla que l'honneur de son village natal, remis entre ses mains, dans le jeu de paume et le pugilat, venait de recevoir deux atteintes mortelles le jour de la fête de Saint-Alban.

Dès ce moment, Vernier voua une haine immortelle à son équivoque vainqueur, et le numéro 17, qu'il tira de l'urne du Minos de la conscription, ne suspendit qu'un instant cette longue pensée de vengeance, entretenue avec une braise infernale contre son ennemi Olivier.

Sur les rives de la Seybouse, Vernier trouva dans cette pensée un motif d'excitation de plus. Il fallait vivre et revivre à tout prix, parce que la honte de la défaite de Saint-Alban n'était pas effacée et que le village de La Cadière réclamait son vengeur.

La nuit de novembre avait ajouté à son voile habituel un supplément de nuages, voûte plate et ténébreuse que trouaient à peine quelques étoiles. Vernier attendait le jour, comme on attend, au fond d'un cachot, un ami libérateur. Un petit bruit de broussailles, ménagé trop prudemment pour être attribué à la brise du fleuve, ouvrit l'oreille du jeune soldat, et le mit dans l'attitude du qui-vive. Le bruit approchait, et les feuilles frissonnaient à peu de distance. Vernier allongea, dans la direction du danger, la baïonnette de son fusil, et attendit, comme font les chasseurs de son pays, le gibier à *l'espère.* Ce n'était pas un gibier; au contraire, c'était un chien de l'espèce intelligente des caniches : Vernier le classa du moins ainsi; car la pluie, le feu, la neige, la famine avaient traité le pauvre animal comme un soldat, dévasté sa chair et son poil, et le classaient dans l'histoire naturelle de l'Apocalypse.

Vernier releva subitement son fusil et tendit la main à cet ami malheureux, seul être vivant que lui laissait l'armée de Constantine. Le chien, sans perdre son temps à se laisser flatter de la main, regarda fixement Vernier, avec cet air qui veut dire qu'on aurait quelque chose d'important à communiquer, mais que la pantomime est la seule langue commandée par la prudence en pays ennemi. Vernier regarda le chien, et lui fit signe qu'il ne le comprenait pas : ce qui étonna singulièrement l'animal; et une plainte sourde murmura dans son gosier. Pareil dialogue n'était pas du goût du quadrupède. Il fit un mouvement de pitié assez insultant pour l'homme, et lui tourna le dos, mais sans avancer d'un pas. Seulement son museau et ses oreilles tendus dans une autre direction, semblaient dire :

— Levez-vous et venez là.

Après plusieurs invitations de ce genre, Vernier frappa son front, et le chien, frissonnant de joie sur toute l'épine de son dos aigu, fit deux pas et tourna brusquement la tête pour dire :

— Enfin vous avez compris !

Quand un chien et un homme marchent à travers champs, c'est toujours le chien qui conduit l'homme; comme c'est flatteur pour l'intelligence du dernier! Donc notre jeune soldat marchait après son conducteur, lequel ne témoignait aucune hésitation, et cheminait en bête qui connaît son terrain. Tout à coup le guide quadrupède s'arrêta ; et tournant la tête avec une lenteur mélancolique, il sembla dire :

— C'est ici, regardez.

Vernier regarda.

Le terrain était un fond de ravin marécageux, jalonné çà et là de quelques arbustes dont le feuillage de fer avait été tordu par le vent. Une petite sorte d'eau saumâtre se démenait à travers des arêtes de ronces vives pour s'élargir dans un bassin naturel, et s'offrir comme dans une coupe, à la soif du pèlerin. Là gisait un corps ou un cadavre. Vernier ne devina pas au premier coup d'œil. Le chien pourtant semblait attester, par son maintien inquiet et non désespéré, que la vie était encore dans ce soldat, et qu'il fallait le secourir.

Vernier avait un très-grand besoin d'être secouru, lui, mais il était debout, l'autre était couché avec la roideur de la tombe.

Il n'y avait donc pas de doute à élever sur l'égalité de l'infortune. L'apparence du vivant devait venir en aide à l'apparence du mort. C'est ce qui fut fait. Vernier tâta le front et les mains du soldat immobile, et il acquit la certitude que ce malheureux pouvait être sauvé. Tous les soins qu'un pareil état réclame furent prodigués. Le chien, qui, dans son oreille subtile, recueillait les premières pulsations du sang dans les artères, tressaillit de joie, et lécha les mains de Vernier. En toute autre circonstance il aurait éclaté en aboiements joyeux ; mais il connaissait mieux qu'un général, la carte du pays, et il se méfiait des Arabes plus rôdeurs que les chacals dont ils sont les élèves carnassiers.

Après avoir eu la consolation d'arracher un camarade à la mort, Vernier comprit, hélas ! qu'il était beaucoup plus difficile de l'arracher au désert. Le pauvre soldat ressuscité avait reçu une balle à l'artère de la cheville, le sang s'était épanché à flots comme par une incision de saignée ; et le froid glacial et la soif brûlante l'avaient paralysé au fond de ce ravin, où il se traînait sans doute pour chercher de l'eau.

Vernier prenait conseil de lui-même pour agir, mais le chien voulut donner son avis. Il allongea le museau vers l'horizon, et, flairant les émanations de l'air, il conseilla de marcher sur cette direction de salut. Cependant il replia modestement son cou et ses oreilles et baissa les yeux dans une pose philosophique, comme pour dire :

Si vous avez un meilleur moyen de vous tirer d'ici, faites ce que vous croyez le mieux.

Vernier regarda le ciel, comme font tous les malheureux abandonnés de la terre : le ciel était toujours noir, comme la voûte d'un immense souterrain sans issue à l'autre horizon ; il avait même éteint ses deux étoiles du zénith, comme s'il eût voulu fermer les yeux sur les misères humaines et les vouer à un abandon trop mérité. Vernier, se donnant une excitation avec cette flamme de charité qui rayonne autour d'une bonne œuvre, pansa la blessure de son camarade, avec l'aide du chien, qui léchait le sang, et, l'appareil mis, il chargea le soldat sur ses épaules, et fit signe au chien de reprendre son rôle de conducteur.

L'animal (que le chien m'excuse d'employer ce terme de Buffon) ne se fit pas répéter deux fois le même ordre. Il était sûr de son fait, il savait sa province de Constantine sur le bout de sa patte ; il aurait pu commander une armée contre des soldats de son espèce, si son espèce était assez folle pour raccourcir par la guerre une vie d'un jour. Vernier suivait son guide avec une lenteur forcée, qui ne lui donnait pas trop d'espoir d'arriver à quelque gîte hospitalier. Mais ce qu'il faisait était encore la seule chose qui dût se faire, quel qu'en fût le résultat. Seul, il eût volontiers redonné sa démission de vivant au milieu de ce désert ténébreux qui semblait vouloir éterniser la nuit ; mais il portait la vie d'un autre, la vie d'un chrétien, la vie d'un fils, pour lequel une mère priait peut-être en ce moment dans quelque cabane de laboureur. Cette idée lui donnait une joie intérieure, douce à savourer comme une récompense : et si deux accidents survinrent ensuite, portant avec eux le caractère des miracles, Vernier les attribua au charitable mouvement qui l'avait porté à essayer de faire une bonne action sans l'espoir de l'accomplir jusqu'au bout.

Le chien, qui pensait à tout, venait de faire une découverte. Il s'était arrêté devant une chose informe, à demi submergée dans l'eau massive d'un petit étang. Vernier déposa un instant son fardeau et attendit son guide, trop intelligent pour faire une halte inutile et perdre un temps précieux. La chose informe était un fourgon abandonné dans la retraite, et que des charges d'Arabes n'avaient pas permis probablement de dégager. Ce fourgon, à peu près vide, gardait encore dans ses profondeurs un peu de ce pain consacré par un verset de l'Oraison dominicale. Le chien avait flairé cette petite provision, qui était une aubaine pour lui et un miracle pour ses deux compagnons. Il fut d'abord très-délicat dans ses procédés de quadrupède poli : il enleva un à un tous les pains et les apporta aux pieds de ses maîtres; arrivé au dernier, il crut pouvoir se permettre d'en faire un *media noche*, comme les voyageurs qui ont le ventre à l'espagnole, entre Séville et Madrid.

Les animaux qui nourrissaient les anachorètes de la Thébaïde sont très-vraisemblables. Telle fut la pensée de Vernier, qui savait par cœur, comme tous les paysans provençaux, l'histoire des ermites. Il accepta le repas offert par le chien, apaisa modestement sa faim, but trois creux de main d'eau, et, liant le reste de la provision au cou de l'animal, il prononça le mot du cheval de Job : *Allons !*

A cette halte, le soldat blessé demanda de l'eau, en but avec modération et prononça quelques paroles sourdes, qui étaient sans doute une expression de reconnaissance, mais que l'oreille de Vernier ne put recueillir distinctement.

Cependant le blessé reprenait ses forces et demanda un peu de pain à Vernier qui, tout joyeux, courut aux provisions et lui servit son repas, assaisonné d'eau pure. *Ah ! s'aviou eici la fouen d'aou Baoussé* (1) ! telles furent les premières paroles distinctes que le blessé prononça et qui firent tressaillir Vernier, comme s'il eût entendu le mugissement d'un lion. La figure du jeune soldat eut des contractions inconnues à Lavater ; il regarda fixement le visage de son camarade, et, sous la triple couche de soleil, de sang et de fumée, il reconnut Olivier le Baussétan, son ennemi mortel.

(1) Ah ! si j'avais ici la fontaine du Bausset.

C'était bien Olivier; le hasard fait de ces choses pour s'amuser un peu; on appelle cela invraisemblable en style bourgeois. Heureux les hommes qui ne connaissent pas et n'ont jamais subi les atroces plaisanteries du hasard !

Vernier croisa les bras et regarda longtemps son ennemi avec des yeux étranges, et le souvenir de la fête de Saint-Alban se réveilla dans toute la fraîcheur d'une insulte de la veille. Quel beau moment pour se venger, mais aussi quels remords après la vengeance, et quel pardon attendre de Dieu après une si monstrueuse lâcheté !... Il décroisa les bras, et une réaction de pitié adoucit les traits de son visage. Il est vrai qu'en ce moment Olivier avait perdu cette hideuse physionomie de vainqueur qui provoquait d'éternelles représailles. On aurait pu dire de lui, avec Virgile : « Oh ! combien il est changé ! comme il ressemble peu à cet Olivier qui s'en revint un jour couvert des dépouilles du vaincu ! »

Enfin, comme la plus longue des nuits a son terme, le jour parut et éclaira tristement une plaine horrible et des montagnes insurgées à l'horizon, comme les barrières du désert. Vernier demanda un conseil au chien, et l'œil oblique de l'animal répondit par une pensée d'inquiétude. La nuit protége la fuite, mais le jour la trahit; tel fut le résumé de la pensée du philosophe quadrupède. Aussi l'animal ne tarda pas de mettre sa théorie en action. Il flaira l'air, secoua les oreilles, tint une patte suspendue, en signe de méfiance, et, cherchant autour de lui, il découvrit une grotte voilée de feuillage, la visita d'un pas de précaution, et lorsqu'il eut acquis la certitude qu'elle ne recélait aucune bête fauve, et qu'elle était plus habitable que l'antre de Malchus de saint

7.

Jérôme, il s'accroupit en sphinx, avec une confiance sereine, qui invitait ses compagnons à s'abriter.

Vernier suivit ce conseil de prudence, et il déposa son camarade blessé au vestibule de la grotte, sur un lit de feuilles sèches.

Le chien approuva tout avec un regard bienveillant et se posa en sentinelle derrière un massif d'aloès qui décorait le portique ; de là, son regard embrassait le désert jusqu'aux limites de l'horizon. On n'y voyait d'autre être vivant qu'un chameau égaré, qui cherchait au loin sa route...

Une fois lancé dans la voie de la commisération, Vernier ne garda plus de ménagement charitable. Dans une réaction vertueuse, il n'y a aussi que le premier pas qui coûte.

— Je ne crois pas, se dit-il à lui-même, lui donner un meilleur remède qu'une phrase en provençal.

Cela pensé, il prononça d'une voix claire cette phrase dans l'idiome chéri :

— Je donnerais bien cinq sous pour être à présent sur la colline verte du vieux Bausset.

Un soupir de joie éclata dans la poitrine d'Olivier ; ses yeux s'ouvrirent et rayonnèrent ; il se dressa, en s'étayant de ses mains, et regarda Vernier, mais il ne le reconnut pas ; le climat d'Afrique et les toilettes des batailles, des retraites et des bivouacs font subir de grandes variations aux figures européennes. Tel qui part blond s'en revient brun, et le blanc passe en quinze jours à l'état de noir.

— Vous êtes un pays ? demanda Olivier avec un sourire de résurrection.

Vernier affirma de la tête, et tendit la main au blessé.

— Oh ! c'est mon patron, saint Alban, qui vous a conduit ici !... poursuivit Olivier.

Vernier eut la faiblesse de retirer sa main ; un nom avait rouvert sa vieille blessure d'Europe ; mais cet éclair de vengeance ne fit que traverser son cerveau et ne descendit pas au cœur.

— Et de quel pays êtes-vous ? demanda le blessé.

Vernier hésita ; il n'osait prononcer le nom de son village natal, de peur de réveiller d'anciennes haines et de détruire l'effet de son remède provençal. Cette idée généreuse lui fit renier son pays.

— Je suis de Saint-Cyr, dit-il en souriant à son ennemi.

Le village de Saint-Cyr a toujours vécu en bonne intelligence avec le Bausset ; mais, à cette époque, La Cadière et Le Bausset, aujourd'hui fraternellement unis, étaient comme Albe et Rome.

— De Saint-Cyr !... dit Olivier avec une voix faible et pleine de tendresse... Quel doux pays ! comme les arbres y sont beaux !... J'y ai vu une fête charmante le 15 août 1831. Il y avait les filles d'Ollioulles, de Signe, de Six-Fours, de Castellet ;... nous dansions sous des tamaris, tout près de la mer... On chantait une chanson qui disait :

A ma droite, — j'ai le rosier.

Je gagnai un plat au jeu de paume, et une écharpe aux trois sauts... Étiez-vous à cette fête, mon ami ?

— J'y étais... dit Vernier d'une voix étouffée par les larmes.

— Et maintenant, où sommes-nous?... demanda Olivier avec inquiétude.

— Je n'en sais rien, répondit l'autre sur le même ton ; mais le bon Dieu le sait, cela vaut mieux.

En ce moment le chien se rapprocha tête basse du groupe causeur, et ses pattes, délicatement posées une à une sur les feuilles sèches, semblaient recommander le silence. La sentinelle quadrupède venait sans doute de découvrir quelque chose d'alarmant au désert.

Vernier regarda, et vit, dans le lointain, un long nuage blanc qui sillonnait au vol la plaine. C'était un retour d'Arabes à cheval ; météore vivant, qui disparut bientôt dans les profondeurs de l'horizon du Midi.

Olivier caressait le chien, qui pantelait de joie en regardant son maître ressuscité.

— En voilà une de bonne bête ! dit Vernier ; parlez-moi d'un chien comme ça ! il fait son métier d'éclaireur mieux qu'un vieux soldat du 63e... Comment l'appelez-vous votre chien ?

— Alban..., dit Olivier.

— Encore ce nom ! pensa Vernier ; et il fut de nouveau obligé d'apaiser le trouble de son âme.

— Alban, répéta Olivier, c'est un chien que j'ai ramassé à Bone, dans la rue, et que j'ai fait inscrire sur le contrôle du régiment... Allons, Alban, va... va... en faction !

Ce chien reprit son air grave, et fut s'accroupir derrière sa guérite d'aloès.

— Mais vous ne m'avez pas demandé de quel pays j'étais, moi, dit Olivier... Je suis du Bausset, le plus joli village du

Var, et je m'appelle Olivier, comme à peu près tous les gens du Bausset, du Castellet et de Sainte-Anne.

— Mon nom est Ambroise, dit Vernier.

Ils se serrèrent affectueusement les mains, et comme ils avaient besoin de repos l'un et l'autre, ils s'endormirent sous la garde du fidèle Alban.

Ce sommeil fut très-long, comme on le pense bien ; mais il répara les forces des deux soldats. La sobriété bien connue des payans provençaux est une vertu fort utile en campagne. Ambroise et Olivier s'applaudirent d'avoir été élevés à une table moins que frugale. L'eau et le pain leur suffisaient, comme aux solitaires du Nil. Quand la nuit abaissa ses ténèbres sur les crêtes du col de Mouara, Vernier reprit son fardeau vivant, le chien se mit à l'avant-garde, et les trois pèlerins continuèrent leur route avec ce courage qui vient de l'espoir.

Dans cette nuit, le fidèle Alban fit une nouvelle découverte, il amena un cheval aux deux infortunés soldats. Ce n'était pas, fort heureusement, un cheval arabe ennemi, mais un bonhomme de cheval du train, blessé au pied gauche de derrière, et, tout boiteux qu'il était, pouvant prêter un grand secours à deux fantassins brisés de fatigue. Le chien avait rencontré cet ami au bord d'une source, et se désaltérant à bride flottante. Les deux animaux, après avoir, sans doute, échangé quelques paroles dans une langue inconnue chez les humains, étaient venus se rallier à l'arrière-garde, composée de deux soldats.

Quand le chien vit ses deux maîtres à cheval, il ne put comprimer une légère exclamation d'orgueil satisfait, bien excusable chez un animal. Aussitôt la caravane se mit en marche, et traversa un ex-pays très-florissant sous Jugurtha ; les vieux débris romains s'y montrent de toutes parts, et attestent le passage d'une civilisation militaire fort puissante. Ambroise et Olivier prêtèrent peu d'attention à ces ruines. Cependant, à la nouvelle aurore, ils trouvèrent un asile dans les décombres d'un château fort, que Siphax avait pris la peine de bâtir pour eux ; et ils donnèrent au cheval pour étable le gynécée d'une villa de Scipion l'Africain.

Enfin, après quelques nuits de marche et quelques jours de repos, ils atteignirent le pays de Bonafra : et à leur dernière étape, un peu avant le lever du soleil, ils éprouvaient ce saisissement de joie dont parle Xénophon dans sa *Retraite des dix mille ;* ils découvraient la mer. Bone, l'hospitalière, ouvrit ses portes à cette arrière-garde de l'armée de l'héroïque et malheureux Clausel.

Olivier entra tout de suite à l'hôpital, pour y achever sa guérison un peu compromise et retardée par les fatigues de la retraite. Ambroise Vernier attendait avec impatience le rétablissement complet de son camarade pour se faire reconnaître comme le vaincu de la fête de Saint-Alban. La bonne action d'Ambroise avait couru dans la garnison, et ne rencontrait que des éloges : un jour, à la revue d'inspection, le général lui mit la croix d'honneur. « Voilà, dit le soldat de La » Cadière à son ennemi du Bausset, voilà la croix qui com- » mande le pardon des offenses, embrasse-moi et reconnais- » moi, je suis Ambroise Vernier et je suis ton ami. »

Olivier poussa un cri composé de toutes sortes de sentiments, et embrassa méridionalement le bon Ambroise. Le chien, qui n'avait plus d'Arabes à craindre, fit éclater une salve d'aboiements. Peut-être venait-il de comprendre les dernières paroles de ses deux amis, et il applaudissait à cette touchante réconciliation.

# JOURNAL D'UN HUMORISTE

# JOURNAL D'UN HUMORISTE

---

Sommaire. — Les rois et les princes en 1836. — De M. Thiers et du génie de la France. — Encore M. Thiers. — L'hôtel de la Fontaine-Saint-Georges. — La Société sanitaire. — Piété de don Miguel. — Le café de betterave. — Un mot sur don Manuel Godoy, prince de la Paix. — Un portrait de Saint-Jean Baptiste. — L'antiquité au jardin des Tuileries. — La religion à Paris. — Un vaisseau brûlé. — La frégate *la Muiron*.

Ils ne sont plus tirés à quatre épingles, les princes et les rois : la philosophie gagne les cours, et l'étiquette s'en exile. D'étranges choses se passent, et si nous n'étions blasés sur toute émotion depuis que nous avons vu que l'impossible seul est praticable, nous nous mettrions chaque jour aux croisées pour voir voler des phénix. Une seule nouvelle a secoué un instant notre torpeur : malheureusement elle était fausse, n'importe ! la crédulité a tenu bon ; si ce n'avait été qu'une simple merveille de ce bas monde, on n'aurait pas pris la peine de la ramasser, mais elle nous tombait de la lune, comme un Aérolithe, après avoir doublé le cap de Bonne-Espérance. Oh ! alors, nous nous sommes jetés dessus pour la dévorer. En vain, M. Arago nous criait du haut de l'observatoire, que le télescope d'Herschel en avait menti par ses lentilles; nous persistions dans notre beau songe lunaire ; le soir, en passant sur les quais, nous cherchions à l'œil nu, le Colysée de rubis, nous touchions la main à l'astre comme à un voisin ; sur les boulevards, nous regardions sans rire, les admirables lithographies qui représentent les hommes chauve-souris causant aux bords des lacs de Sérenitus. Que d'argent n'ont-ils pas gagné ces industriels qui braquent des télescopes sur le Pont-Neuf et la place de la Bourse ! on faisait queue autour du pivot, il n'en coûtait que trois sous pour voir la lune à cent cinquante pas; on cherchait les boucs à cornes d'ivoire poli, les arbres à feuilles dentelées, le vallon du Colysée : on trouvait tout cela ou à peu près, la lune était l'astre à la mode, cela n'a duré qu'un quartier; on n'y pense plus.

Il est fâcheux que le vieil Homère ait inventé la mythologie trois mille ans trop tôt ; nous consommerions un dieu ou une déesse par jour ; nous chercherions des Naïades dans toutes les fontaines de Paris et des Hamadryades sous l'écorce des arbres du boulevard Italien. Des phénomènes viennent de passer incognito, ou du moins, on ne s'en est occupé qu'un seul instant : les grands journaux les ont enregistrés en petit texte, dans la colonne des événements ordinaires.

Un prince catholique, un fervent adorateur de Dieu et de saint Janvier, un élève royal du père Isidoro Maglione de la société de Jésus, une Altesse ultramontaine, a enlevé une belle huguenote, une jeune femme qui ne reconnaît pour pape que l'anti-pape Henri VIII, une blonde et joyeuse hérésiarque anglicane, que le concile de Trente a foudroyée avec la batterie mystique du Vatican. Conçoit-on un pareil cataclysme ? Est-il besoin d'aller chercher des merveilles dans la lune, lorsque nous pouvons en apercevoir de pareilles sur notre globe, avec des lorgnettes d'opéra ?

Autre phénomène. Le petit-fils d'un pape, et même de deux papes, Hildebrand et Paul V, s'éprend d'un vif amour pour la fille d'un mécréant breton qui pourchassait la sainte pucelle d'Orléans. Le mariage arrive après l'amour. Cet étonnant hyménée se célèbre tout près des ruines du temple où on adorait l'Hymen, ce petit dieu, vêtu d'une tunique jaune, *crocco velatus amictu*, lequel dieu a donné sa livrée aux infortunés époux. Remarquez les étourdissantes coïncidences de cet incroyable mariage ; le sang des papes, le sang de Henri VIII, le sang de Borghèse et de Luther ; le paganisme, le calvinisme, le catholicisme, tout cela croisé, confondu, mêlé, sans aucun souci des bulles de dispenses, ni des bulles d'excommunication, ni de la joie de l'enfer, ni de la tristesse du ciel. Puis voici don Miguel qui vient, brochant sur le tout ; don Miguel, autre fils aîné de l'Église qui, dans Saint-Pierre, la paroisse du monde, porte des mains violentes sur le sang croisé d'Hildebrand et de Henri VIII : on ne revient pas de sa stupéfaction.

Nous vivons à une époque où les peuples se regardent

entre eux et ne lèvent plus la tête ou ne l'abaissent pas pour voir ce que font les princes. En d'autres temps, on aurait fait des chansons et des poëmes épiques sur ces événements. L'automne dernier, l'empereur François, chevauchant à Kalisch, envoya des madrigaux à une danseuse ; personne n'a recueilli ces madrigaux. Nous avons de l'autre côté du Rhin (1), un roi qui fait des poëmes français en vers blancs ; hors le roi qui les a composés et son imprimeur, personne n'a lu ces vers. Un autre roi (2) se débat depuis deux ans au fond d'un puits de montagnes, en tirant un coup de canon par mois et par actions ; aucun poëte vivant n'a fait une ode à ce roi : il est vrai que ce roi n'a pas un maravédis. Il est encore un prince, dont personne ne parle et qui me paraît bien phénoménal ; c'est le jeune Othon qui parle bavarois au Parthénon et au Pirée. Il vaut mieux encore, quand on est prince, enlever des Anglaises ou donner à leurs maris des déplaisirs mortels, ou faire des vers blancs, ou jouer du tambour de basque au fond d'un puits, que de régner sur les Grecs, quand on est Bavarois. A cette heure, Othon est le plus malheureux de tous ses collègues ; son jeune trône est déjà une ruine, dans le pays des ruines.

Un jour, M. Thiers, ministre de l'intérieur, manda un statuaire et lui dit :

— J'ai besoin d'un Génie de la France, faites-m'en un petit de douze à quinze pieds de haut.

L'artiste se prosterna humblement et lui dit :

(1) Le roi Louis de Bavière. — P. A.
(2) Don Carlos. — P. A.

— Monseigneur, cette divinité n'existant pas dans la mythologie, je vous prierai de m'en donner le signalement.

A quoi le ministre répondit :

— Faites mon portrait en pied, et drapé à la grecque ; mettez-moi des ailes au dos ; attribuez-moi des cheveux blonds, et voilà tout.

L'artiste fit poser le ministre, et le Génie de la France fut fait.

On peut voir cette statue sur la place de l'École de Droit ; une sentinelle la garde pour la préserver des épigrammes des passants. On se prépare à hisser ce Génie sur la coupole du Panthéon. Il y avait une croix jadis. La statue de M. Thiers remplacera la croix. Jamais l'ambition n'aura élevé un homme si haut ; Napoléon n'est qu'à cent vingt-cinq pieds au-dessus du niveau de la Seine, trois cents pieds de moins que M. Thiers. C'est raisonnable.

Tous ceux qui ont vu le Génie de la France au repos sur le sol, sont émerveillés de cette ressemblance frappante. Lorsque les brouillards auront fait grisonner les cheveux de la statue, et que l'élévation l'aura réduite de dix pieds, on reconnaîtra trait pour trait M. Thiers sur la lanterne du Panthéon : c'est la lanterne de Diogène qui a trouvé son homme. M. Thiers, désespérant d'entrer dans le Panthéon, s'est placé dessus.

Mais l'architecte Soufflot lui a joué un singulier tour. On sait que rien n'est moins solide que la coupole du Panthéon. Quelquefois le vent la fait trembler ; elle se lézarde ; on la barde de ceintures de fer ; on l'étançonne à grands renforts de pilastres. Si le ministre en chair et en os pesait sur la coupole, la coupole n'en souffrirait peut-être pas davantage, le ministre est si léger! Malheureusement sa copie est lourde comme un budget, l'estrapade est menacée d'une avalanche : le collége Henri IV est dans la même position que Pompéi sous le Vésuve ; Saint-Etienne du Mont s'attend à être écrasée comme son patron par une pluie de pierres. Les propriétaires voisins se font assurer contre le Génie de la France. A. C. L. G. D. L. F., voilà l'inscription que la Compagnie du Soleil met sur les plaques de leurs maisons. L'hôtel de l'*Ange gardien* est le seul qui n'ait pas pris cette précaution ; il compte sur son Ange. Tous les locataires l'ont déserté.

On a fait une pétition au ministre, afin qu'il lui plaise de renoncer à son génie de quinze pieds. C'est une affaire de salubrité publique. Le ministre a menacé de se faire couler en bronze; il tient bon. Le Génie actuel n'est que de simple tôle : si le bronze s'en mêle, la catastrophe est inévitable. Je défie sainte Geneviève de la conjurer avec sa houlette et ses moutons.

Maintenant l'archevêque de Paris intervient, et veut baptiser le Génie de la France. Le ministre s'y refuse, et donne pour raison que ce Génie est une allégorie, et qu'une allégorie est anabaptiste de sa nature. Le curé de Saint-Etienne du Mont, qui a déjà attaqué le Diorama en contrefaçon, et qui se plaît aux procès, a organisé une conspiration contre le Génie de la France : il est venu nuitamment et l'a béni à l'improviste; il en a fait un saint : — saint Thiers. M. Thiers ne se doute guère de sa canonisation ; M. Guizot, qui est huguenot, serait furieux contre saint Thiers, s'il venait à savoir l'affaire, la division se mettrait encore dans le cabinet, et les rentiers béniraient le Génie de la France, qui serait béni deux fois.

En l'état, nous faisons des vœux pour que M. de Broglie, qui est païen en sa qualité de Jupiter, et que M. d'Argout, qui descend de Scipion Nasica, interviennent et mettent en magasin le Génie de la France (1), parce qu'il compromet les vivants qui rôdent autour du Panthéon, et les morts qui veulent y entrer. Par amendement, on pourrait fabriquer un génie en carton peint, comme l'esprit de M. Thiers.

Je reviens à M. Thiers.

Montez la rue Saint-Georges ; c'est une colline à pente douce qui aboutit à l'opulente villa de M. Welhs, le banquier américain, et le créancier, pour un quart, de vingt-cinq millions votés en faveur des Etats-Unis.

Devant la villa du banquier, est une fontaine sans eau ; M. Dosne la fit construire pour abreuver les passants qui vont à la barrière Blanche sous les chaleurs de l'été. M. Dosne s'est rappelé le trait de ce vertueux Archiménide, banquier grec, qui fit une saignée à l'Eurotas, pour désaltérer le voyageur spartiate ou thébain. Tous ceux qui s'abreuvent à la fontaine de M. Dosne bénissent le nom de l'Archiménide parisien ; malheureusement la fontaine Saint-Georges ne coule jamais.

Tout auprès de la fontaine s'abaisse l'hôtel de M. Dosne. Il est assez étroit ; mais comme la maison de Socrate, il peut renfermer tous les amis de la famille ministérielle de M. Dosne : mais on y est assez au large ; l'amitié ne s'y

(1) On sait que le Génie de la France n'a pas été placé sur la coupole du Panthéon, mais bien sur le sommet de la colonne de la place de la Bastille. — P. A.

étouffe pas. Ordinairement cet hôtel est désert, les portes sont closes; les fenêtres ont les bras croisés. Le seuil du perron se verdit de graminée, les grilles se rouillent, les arbres du jardin meurent poitrinaires; on ne trouve qu'un obstiné rosier de Bengale qui ne porte pas de roses, mais de petits boutons auxquels la botanique triviale donne un nom assez peu décent.

A peine le *Journal de Paris*, (1) annonce-t-il une des nombreuses démissions de M. Thiers, que l'hôtel Saint-Georges entr'ouvre deux croisées, comme pour dire aux passants :

— Passant, Dioclétien va cultiver ses laitues à Salone; Cincinnatus retourne à la charrue; Tarquin, à ses pavots; Charles-Quint, à son ermitage; M. Thiers, à son jardin. Attendez cinq minutes, vous allez voir le ministre en habit bourgeois, son *Histoire de la Révolution* à la main, sonner à la grille, comme un simple particulier; il vient réaliser le plus cher de ses vœux : *O rus, quando te aspiciam !*

Il passe fort peu de monde devant l'hôtel Dosne; aussi le petit bruit qui se fait, dans cet asile de la vertu, ne produit pas une forte sensation. Les croisées ont beau s'ouvrir, les grilles se dérouiller, les plantes reverdir, personne n'en fait la remarque. M. Thiers en est pour sa diplomatie mesquine d'intérieur. Sous le ministère tridien de M. de Bassano, l'hôtel Saint-Georges ouvrit toutes ses croisées, toutes ses grilles, toutes ses portes; les écuries seules restèrent closes, pour montrer que le ministre était sorti, pauvre et piéton, du faubourg Saint-Germain. Au bout de trois jours, M. de Bassano,

(1) Ce journal, alors dirigé par M. Léon Pillet, était à la dévotion de M. Thiers. — P.-A.

le seul homme qui porte la poudre et la queue, rentra dans la vie privée ; M. Thiers, qui était ressuscité le troisième jour pour copier Jésus-Christ, se mit en voyage pour la rue de Grenelle. A peine parti, l'hôtel Dosne se replongea dans le deuil ; l'escalier vit germer, entre ses dalles, de jolies plantes pariétaires ; le lierre et le lichen croisèrent leurs arêtes sur la couche nuptiale. Depuis M. Bassano, l'hôtel Dosne a conservé cette élégiaque physionomie, qui ressemble à une comédie de M. Casimir Bonjour arrivée à l'état de pétrification.

Il y a bientôt une semaine que M. Thiers n'est plus ministre, pourtant il n'a pas quitté la rue de Grenelle. Dès que le *Journal de Paris* eut annoncé la dissolution du cabinet, un page est monté en omnibus, et courant à la fontaine Saint-Georges, il a derechef préparé l'hôtel du ministre déchu. Nous l'avons remarqué. Depuis huit jours, on frotte les appartements, on bat les tapis, on chasse les insectes usurpateurs, on lave les vitres, on habitue la pesante grille à s'ouvrir légèrement sous la main débile du ministre. Nous avons même cru distinguer quelques gouttes d'eau sur les lèvres de la naïade épuisée, fille du beau-père ministériel. Eh bien ! tout cela n'est encore, cette fois peut-être, qu'une ruse de Talleyrand II. M. Thiers compte ne pas bouger de place ; c'est un Parthe qui fuit et tue celui qui marche sur ses brisées, c'est le saint Georges de la chaussée d'Antin, il monte sur son cheval blanc et il écrase le dragon à double tête : l'hydre révolutionnaire et le tiers parti.

On vient de fonder une Société sanitaire, société conservatrice de la santé des citoyens.

Tout abonné à la médecine à vingt-deux francs, devra :

1° Donner vingt-deux francs.

Ensuite :

Il ne mangera que deux fois par jour, ne boira que de l'eau rougie, n'absorbera ni truffes, ni gibier, ni aucun mets épicé, savoureux, capable d'exciter un appétit trompeur ; il s'abstiendra de vin de Bordeaux, de vin de Champagne, de café, de liqueurs, de glaces, de sorbets, de punch, etc. Si cependant il tient à ces funestes excès, il augmentera sa cotisation de 120 francs par an. Il évitera toute émotion de peine ou de plaisir, n'ira ni à l'Opéra, ni au bois, ni dans les cercles. Il ne se promènera ni à pied, ni à cheval, évitera de sortir par un temps humide, par un temps chaud ou par un temps froid, ou bien, pour compenser les nombreux dangers auxquels il exposera volontairement sa santé, il versera de surplus une somme de cent francs. Il ne fumera pas, ne mangera pas chaud, ne boira pas froid, ne fera pas d'armes, ne patinera pas, ne chassera pas, ne dansera ni ne valsera, sous peine d'ajouter encore 30 francs par an. Il ne mettra que des bottes à double semelle, jamais de souliers, moins encore de bas de soie. Il sera chaussé trop large du double, portera un gilet, un caleçon de flanelle l'hiver ; l'été deux gilets et deux caleçons : ou bien il donnera 75 francs.

Il invitera le plus souvent possible à dîner un docteur, membre de la société, lequel surveillera, utilement pour lui, le repas du malade, du futur malade. Cet article ne peut être compensé.

Il ne veillera pas ; il ne sera ni amoureux, ni jaloux, ni ambitieux, ni violent, ni joueur, ou bien, il payera 100 francs par chaque passion à laquelle il s'obstinera à se livrer.

Il ne se battra sous aucun prétexte, fût-il insulté, conspué, souffleté, sans l'assentiment de la Société qui se réserve de ne jamais le donner à moins de cent écus par duel formulé par un combat, et de 15 francs par déjeuner, vu le danger d'indigestion de son malade que court la société.

N. B. — Quelques rares exceptions pourront être faites dans le seul cas où le duel aurait lieu avec un député, à deux cent trente pas, avec des pistolets que la Société chargerait elle-même avec de la poudre d'ipécacuana ; ou encore au sabre à trente-cinq pas : l'abonné marchera contre les murailles.

Il n'écrira pas, ne lira pas, ne dissertera pas ; il ne sera ni magistrat, ni député, ni homme de lettres, à moins d'un tribut qui sera fixé relativement aux bénéfices que pourront rapporter au malade ces divers excès.

Il ne nagera pas ; il n'aura ni femme ni enfants, ni parents, ni amis, ni ennemis ; en un mot il ne fera rien qui puisse le moins du monde compromettre sa santé, activer ou ralentir la circulation du sang, troubler les digestions, surexciter les nerfs, provoquer la transpiration. Il devra surtout obéir à tout ordre d'un médecin quelconque qui le rencontrerait au bal, dans la rue, au spectacle ; se coucher, se faire saigner, purger, etc., sans mauvaise grâce.

Au moyen de ces petites précautions et en payant la cotisation avec exactitude, le malade n'aura qu'à prier le ciel de le maintenir en bonne santé.

N. T. B. — Aussitôt l'époque du renouvellement passée seulement de dix minutes, sans qu'une nouvelle somme de vingt-deux francs ait été déposée, le malade, jusqu'à ce qu'il ait fait un nouvel abonnement, peut se casser le bras et les jambes, se noyer, s'asphyxier : la Société s'en soucie comme de ses vieilles bottes de l'année dernière. Une fois l'abonnement renouvelé, la Société ne donnera pas ses soins à toute maladie prenant de près ou de loin, directement ou indirectement, son origine ou ses causes entre deux abonnements.

Paul de Potter raconte sur le neveu du pape Paul II une histoire que je ne vous raconterai pas ; mais je vous engage à la lire dans l'ouvrage de ce grave et consciencieux écrivain.

En voici pourtant le fond. Il m'est impossible d'en décrire la forme.

Paul de Potter lui-même a eu recours à la langue latine pour se tirer d'affaire décemment. Ce neveu pontifical, jeune et fou, s'en allait, de ville en ville, avec une bande de mécréants, et frappait des contributions indirectes sur la chasteté des infidèles. Un jour il entra dans la cathédrale de Pistoïa, au moment où l'évêque officiait ; l'évêque avait vingt-cinq ans. Impossible de vous dire l'idée qui traversa le cerveau du neveu papal, et encore moins l'effet qui suivit l'idée. Le scandale fut grand à Pistoïa : plainte fut portée à l'oncle, le pape Paul II, lequel, après avoir entendu tranquillement raconter la chose, dit en souriant :

— Il faut bien que jeunesse se passe !

Paul de Potter, homme éminemment sérieux, frémit, sous son latin allemand, en racontant le flegme du pontife, et l'inconcevable équipée du neveu.

L'Italie n'en voit pas d'autres depuis qu'elle a été inventée par Janus. Don Miguel, ce Tarquin le Superbe, chassé de Lisbonne, continue aujourd'hui, à Rome, l'histoire de Lucrèce et de Collatin ; seulement il s'y prend à rebours, et dans une église ! Néron violait les prêtresses dans l'enceinte du temple de Vesta ; Néron doit être, en toutes choses, le patron de don Miguel. Il paraît que le parfum d'un temple, ou d'une église, est un aphrodisiaque sous le climat italien ; témoin Néron, le neveu de Paul II et don Miguel.

C'était le 20 mars, le dimanche de la Passion, voyez le calendrier : quelle passion embrasait don Miguel ? Ce jour-là, il était dans cette tribune qui avoisine le tombeau de Paul II, près du sarcophage où se couche cette femme divine qui aurait été épousée par tant d'Anglais, si l'on épousait des statues de marbre. Don Miguel, prince catholique, donnait fort peu d'attention à l'évangile dominical, il dévorait de ses yeux portugais madame Aldobrandini Borghèse, jeune huguenote qui venait étaler ses charmes provocateurs aux yeux des chantres efféminés de la chapelle Sixtine. Le pape Grégoire XVI officiait sous le baldaquin de bronze, devant le tombeau de saint Pierre ; les pèlerins baisaient les pieds de Jupiter Stator, devenu le prince des apôtres, après la métamorphose de la foudre en clefs ; don Miguel ne voyait que madame Aldobrandini ; vous ne connaissez pas cette femme, vous qui lisez son nom ; ah ! Rome entière est morte d'amour pour elle ! figurez-vous la Vénus du Musée secret de Naples ; mais avec un pied de plus, des cheveux blonds, et une taille à faire expirer les satyres dans les bois. Don Miguel ardait ; il écoutait le frottement du satin anglais, et ce duo voluptueux que chante le gant d'une femme, en caressant les plis onduleux de sa robe. Oh ! si j'étais à Lisbonne ! disait Miguel, à voix basse et en patois portugais. A force de contempler la taille souple de sa belle voisine, il se crut transporté à Lisbonne ; il laissa couler une de ses mains royales sous les épaules de madame Aldobrandini.

— My lord ! s'écria madame Aldobrandini, touchée au vif. Le gonfalonier pâlit, Grégoire XVI suspendit la cérémonie, et le prince Aldobrandini Borghèse entraîna don Miguel au pied de l'obélisque qu'Auguste avait dédié au soleil.

— Monsieur, dit l'époux outragé, je descends en droite ligne d'Hildebrand qui fit fustiger les cardinaux français Ossat et Duperron, représentants de Henri IV ; je descends de Paul Borghèse, le pape qui a terminé cette basilique, et si vous en doutez, lisez cette inscription-là... *Paulus Borghesius*, etc. Je suis au moins votre égal ; venez croiser votre épée avec la mienne, tout près d'ici, sous les pins de la villa Negroni. Venez !

Don Miguel lui répondit :

— Je suis roi, et l'oint du Seigneur ; je suis assez bon pour vous épargner un sacrilége et une excommunication. Bonsoir.

Sur ces entrefaites, le commissaire de police, le cardinal Somaglia, arrivait avec trente Suisses, habillés en valets de carreau.

— Grand prince et grand roi, dit-il aux deux messieurs, c'est aujourd'hui le dimanche du pardon ; tendez-vous mutuellement la main ; Sa Majesté le roi de Portugal est jeune : il faut que jeunesse se passe ; je vais vous raconter l'histoire du neveu du pape Paul.

Et les trois interlocuteurs descendirent vers la rue de Borgo Nuovo, en riant du neveu de ce grand pape, et en oubliant leur histoire ; et le prince Aldobrandini invita don Miguel à dîner dans cette belle villa qu'on trouve à gauche avant d'entrer à la porte del Popolo.

Il y a dix ou quinze ans la betterave rougissait en paix dans nos plaines ; les bœufs la mangeaient l'hiver, et nous l'été en salade ; mais ni les bœufs, ni nous, ne prévoyions qu'un jour la roue de l'industrie saisirait la betterave pour la rompre, la moudre, et nous la transformer en sucre blanc, léger, doux, et frappé d'un impôt. De ce qui avait lieu à ce qui se passe aujourd'hui, il y a toute la distance qui se trouve dans une salade et une demi-tasse, entre un bœuf et un député.

Il ne faut jurer de rien. Prenons bien garde surtout aux carottes, aux navets, aux panais, aux pissenlits, au cresson, à la barbe-de-capucin, aux épinards qui croissent dans nos potagers. Malheur à nous si un homme, habile dans l'industrie, découvre le secret de faire du sucre avec du pissenlit, du tabac à fumer avec du cresson, de la poudre avec des panais ! Dès demain des Solons de cuisine frapperont d'un impôt nos utiles légumineux, et non-seulement nous n'aurons pas le sucre pissenlit, le tabac cresson, le panais poudre à canon; mais nous ne mangerons plus même de cresson, ni de panais. Des mouchards végétaux inspecteront tous les potagers et tous les potages; il y aura un douanier par pot-au-feu.

C'est à ce sujet, et par rapport à la question de betterave, que nous augurons mal et fort mal de l'industriel parisien, qui, marchant sur les traces du racahout, du palamoud et du panalès, du zulma, du nafé, du kaïfa, du théobrome, annonce qu'il vend du café betterave, supérieur au café moka, au café chicorée, et même au café châtaigne !

Il nous semble que le malheur qui a frappé le sucre betterave n'épargnera guère le café betterave ! A moins qu'une moitié de la betterave soit privilégiée aux dépens de l'autre moitié ; et à moins encore que les colons n'aient point encore eu connaissance de la nouvelle propriété acquise à la betterave de devenir café quand elle n'est pas transformée en sucre, ou celle d'être café et sucre tout à la fois.

Tout porte à croire que lorsque messieurs les colons, ces hommes auxquels on doit porter un si vif intérêt, à cause de leur philanthropie et de leurs bambous, apprendront que la betterave renferme du café, ils en écriront aux chambres, lesquelles s'empresseront d'accueillir une nouvelle loi. Cette nouvelle loi défendra de boire du café betterave, comme elle défendra également de boire du rhum extrait du suc de betterave. D'où plus de punch betterave, plus de grog betterave ! Mort aux betteraves et à toutes leurs races !

Où s'arrêtera le développement du végétal ? Et si à la porte du sucre betterave on pose un douanier debout comme un sucrier, il importera pareillement de fixer sur sa base, à la porte du café betterave, un douanier debout comme un petit verre. A eux deux, ils formeront une demi-tasse complète pour satisfaire la loi.

O divine nature !

O nature humaine !

Dieu fait la betterave, et il cache dans ses flancs le café, le sucre et le rhum.

L'homme qui ne fait rien, au lieu de profiter de ce gloria céleste, le frappa d'un impôt ! O législateurs, vous méritez de boire votre café froid !

La fortune a ses caprices, nous ne le nions pas, mais on abuse un peu de sa légèreté. De ce qu'un homme a eu le tort

de faire fortune en quelques années, il ne faut pas affirmer et écrire : « qu'il est des hommes favorisés des astres qui, ne
» s'étant donné aucune peine, trouvent parfois en se levant
» cent mille écus en quadruples d'or cordonnés au fond de
» leur pot à eau. » L'eau de Seine ne dépose pas de quadruples.

La calomnie, en revanche, dépose beaucoup.

Un homme qui a laissé un impérissable nom dans les fastes de la monarchie espagnole, don Manuel Godoy, prince de la Paix, vient de publier des *Mémoires*. Ne parlons pas de ce livre. Nous nous bornons à signaler le parfait accord établi parmi les opinions qui attribuent l'élévation inouïe de ce courtisan, issu au reste d'une famille des plus nobles de l'Espagne, à son unique talent de musicien.

Le premier critique avance que don Manuel Godoy parvint à toucher le cœur de la reine, comme chacun sait, par son rare et divin talent de jouer de la flûte, et la réflexion philosophique suivant l'assertion historique, ce même critique ajoute : « Ainsi le plus beau royaume du Midi, le plus fertile, le
» plus glorieux par ses conquêtes, tomba sous la puissance
» d'un joueur de flûte!! Pauvre liberté ! »

A merveille.

Arrive un autre critique, plus disert, mieux instruit, qui a remonté aux sources de la vérité, où remontent, c'est convenu, tous les grands critiques, et qui s'écrie :

« Libre de faire pencher son cœur vers les gentilshommes
» les plus beaux, les plus remarquables de son royaume, l'é-
» pouse couronnée de Charles IV, reine infidèle, femme sans

» goût, amante sans esprit, s'abandonna à un joueur de gui-
» tare. »

— Et de deux !

— La flûte et la guitare.

— Non ! s'écrie un homme d'État dans ses papiers (les hommes d'État laissent toujours des papiers aux libraires Mame et Delaunay); non ! ce n'est point à un soldat, à un prêtre intolérant, à un homme efféminé, que la reine d'Espagne, imitant Catherine de Russie et Christine de Suède, se livra tout entière, malheureuse et coupable femme, mais ce fut, la postérité rougira de le croire, à un vil joueur de violon. »

Ainsi don Manuel Godoy aurait captivé le cœur de la reine, ou par la flûte, ou par la guitare, ou par le violon, si ce n'est par ces trois instruments à la fois.

Le quatrième critique jettera peut-être quelque lueur sur la question de savoir si don Manuel Godoy était enfin un musicien ou plusieurs musiciens; et s'il était obligé de jouer de trois instruments aussi lassants, chaque jour, pour se maintenir dans les bonnes grâces de sa souveraine; sacrifice qui aurait bien mérité, selon nous, toutes les faveurs imaginables. Joueriez-vous de la guitare pour rien ? Joueriez-vous de la guitare à moins d'être prince de la Paix ? Mais écoutons le quatrième critique.

« Fausseté de dire, erreur de croire, mensonge d'écrire,
» que don Manuel Godoy, prince de la Paix, ait jamais ré-
» gné sur le cœur de la femme de Charles IV, par l'influence
» de son talent sur la guitare, la flûte ou le violon : don Ma-
» nuel n'eut pas tant de peine à prendre pour être le favori

» le plus puissant qui eût jamais existé devant lui. Il em-
» ploya, et ce fut là tout son mérite, les ressources d'une
» belle voix, à charmer les oreilles trop faciles de la reine.
» Excellent chanteur, il fit de la voix un instrument..., l'ins-
» trument de sa fortune. »

On voit que le quatrième critique a singulièrement éclairci la question, en préférant son opinion à celles de ses confrères. Pourquoi préférerions-nous la sienne, nous ?

Fatigué de ne savoir, au juste, sur quelle faculté musicale du prince de la Paix m'arrêter, pour en parler à mon tour dans mon article sur ses *Mémoires*, je résolus d'aller chez lui et de lui demander, comme une dernière grâce de sa vie, à lui qui en a tant accordé, l'excellent et noble vieillard, quel était l'instrument dans le corps duquel il avait trouvé son titre de prince, ses joies de favori et sa réputation colossale.

Je montai six étages, et je trouvai le prince.

— C'est pour cela que vous venez ? me dit-il.

— Oui, prince.

— Mon enfant, je n'ai jamais joué d'aucun instrument, parce que je ne sais jouer d'aucun ; je n'ai jamais chanté non plus, parce que je n'ai pas l'ombre de voix ; ayez foi maintenant à ce qu'on a publié sur les causes de mon élévation. Croyez plutôt que si un homme joue de la flûte, la calomnie dira qu'il excelle sur la guitare.

— Elle dira davantage, prince. Elle dira, s'il n'est ni chanteur, ni musicien, qu'il a été l'amant d'une reine, parce qu'il avait une belle voix, et qu'il jouait à la fois de la flûte, du violon et de l'exécrable guitare. Ce dernier trait peint l'humanité.

Ce sont deux hommes d'un caractère opposé; l'un est saint de religion, et l'autre curé de profession.

Or il advint qu'un jour M. Champmartin exposa, au Salon, entre l'amante délaissée, et l'amante abandonnée de M. Dubuffe, un saint Jean prêchant dans le désert.

Le désert était représenté au naturel, par des femmes qui n'écoutaient pas le prédicateur, et un jeune berger tout nu qui se préparait à dormir, ainsi qu'il est d'usage, au bord du lac de Génésareth, à deux heures après midi, surtout lorsqu'on prêche sous un palmier.

Tout Paris profana ce tableau de son million de regards athées ou impies; les dames remarquèrent que saint Jean était d'encolure athlétique et de douce carnation; mais personne ne parla de sa sainteté; on aurait été bien aise de contempler la figure de ce jeune et agreste saint, mais le peintre qui n'avait jamais vu saint Jean, et ne voulait pas mentir par le pinceau, avait eu recours à l'artifice de cet artiste qui peignait le fameux masque de fer, vu de dos. Tout était visible dans le saint Jean de Champmartin, excepté le front, les yeux, la bouche et le menton, choses d'ailleurs assez inutiles dans un portrait en pied.

La liste civile de Louis-Philippe n'achète pas les tableaux de saints, ce qui ne veut pas dire qu'elle achète les tableaux profanes; la liste civile n'achète rien, hormis les croûtes enfouies dans les caves de Fontainebleau et du Louvre : elle achète ces croûtes à grands frais, parce qu'elles ne coûtent pas une obole et elle les envoie à Versailles, ville encroûtée, s'il en fût, depuis l'érection de son Musée national, ainsi nommé parce que c'est la nation qui le paye.

Alors M. Olivier (1), curé de Saint-Roch et patron du 13 vendémiaire, fit une quête dans sa paroisse, et acheta le saint Jean de M. Champmartin. Depuis on a admis les fidèles à l'adorer; M. Champmartin dut être bien content, parce qu'à tout prendre, il lui revient toujours quelque chose de ces adorations.

Si j'étais peintre, je voudrais être adoré, dans mon ouvrage, par les dames qui assistent à la messe de midi. Il est toujours charmant d'être adoré.

Hier, j'ai vu ce tableau, transfuge du Louvre, cloué au pilastre de la maison d'ascétisme Olivier; je l'ai adoré, parce que j'aime saint Jean, attendu qu'il a inventé le 25 juin, le plus grand, le plus beau, le plus doux, le plus voluptueux jour de l'année. Quant à ses sermons, je suis de l'avis du désert.

M. Olivier parodie Léon X et Sixte-Quint. Ces honorables papes commandaient au Sanzio une douzaine de vierges; et le Sanzio les créait; ces vierges, belles, pures, idéales, catholiques. Aujourd'hui, M. Olivier, curé de Saint-Roch, va se promener au Louvre, il trouve un jeune homme tout nu, et de tournure assez mondaine, qui parle à de jolies filles qui ne l'écoutent pas. M. Olivier se dit alors : « Voilà qui fera bien ton affaire ! » et il achète ce jeune homme concave, il le baptise, lui donne le nom de Jean. Jean-Baptiste,

---

(1) M. Olivier est mort en 1854, étant évêque d'Évreux. — P.-A.

qui baptisait tout le monde, est baptisé par M. Olivier. O Raphaël ! toi qui as créé le Jean précurseur, le Jean inspiré, le Jean sublime de ton immortelle toile de Foligno, que dois-tu dire, dans le ciel, du Jean hérétique que M. Olivier a exposé à la vénération des anabaptistes de la rue Saint-Honoré ?

Dans un pays mal administré, le vice s'insinue dans tous les détails. Un mauvais ministre porte malheur à tout ce qui le touche. Si par hasard il a des idées, ses idées sont gauches, et sentent l'écolier d'une lieue. On ne sait quel boiteux génie habite les mansardes de l'hôtel ministériel de la rue de Grenelle, et souffle d'en haut ses burlesques inspirations au département des Beaux-Arts. Depuis six ans il ne sort de là que des bévues. Au moins, sous la Restauration, ce département travaillait suivant l'esprit de son époque : lorsqu'il plaçait une douzaine de vastes et gras colosses, marins ou terrestres, sur le pont Louis XV, il n'oubliait pas d'entremêler à ces héros profanes et damnés, un certain abbé Suger, qui venait en corps et en marbre, donner l'absolution à Duguesclin et au Bailli de Suffren. La Restauration savait son métier : elle avait une idée fixe, et elle marchait sur cette idée. Aujourd'hui, les Beaux-Arts recommencent à se faire Grecs ou Romains, lorsqu'ils devraient être Français. Notre jardin des Tuileries est un véritable Élysée, où ne sont admis que des dieux ou des héros païens. Tout ce qui a eu le malheur d'être baptisé, de son vivant, est repoussé par le garde national de la grille. Cette sentinelle est placée pour interdire le jardin aux héros français, et aux individus coiffés de casquettes. Tout ce qui porte chapeau ou casque grec a le droit d'entrer. D'abord la mythologie a été épuisée aux angles, aux hémicycles, aux ronds-points des pelouses et des plates-bandes. C'était d'ailleurs dans le projet de Le Nôtre et de La Quintinie, rien de plus juste : ces messieurs ne concevaient pas un boulingrin sans un dieu, ou au moins un demi-dieu. Nous avons eu, depuis Louis XIV, Daphné changée en laurier, Flore, Pomone, Cérès; les quatre saisons; Hippomène et Atalante, qui vivent de bonne intelligence avec tous les Hercules possibles, avec Énée, Anchise, Lucrèce, Cléopâtre, et quelques allégories, comme le *Temps découvrant la Verité*.

A la Révolution de Juillet, qui ne fut pas une fable, les Beaux-Arts français demandèrent leur droit de cité, dans le jardin royal. Spartacus arrive le premier, et se pose fièrement devant le château. Ce marbre était une pensée; sans doute il y avait du faux dans cette pensée, puisque le peuple noble qui brise ses fers ne peut se reconnaître dans le vil gladiateur romain; mais on ne découvrit, dans le simulacre de marbre, que la personnification de l'intelligence opprimée qui reconquiert sa liberté. A la bonne heure. Au reste, c'était mieux déjà qu'un Faune, un Sylvain, un Pan, un Égipan. On tailla des socles, des stylobates, des piédestaux, et l'on se disait entre artistes :

— Nous allons voir arriver enfin un peuple français de marbre. Spartacus est son précurseur; c'est le dernier chaînon qui lie la statuaire antique à la moderne.

Fausse alerte! Nous vîmes arriver Cincinnatus, beau vieillard, sans contredit, noble personnage, mais usé jusqu'à la charrue; nous avons cent généraux de la République et de l'Empire qui ont fait cent fois plus que Cincinnatus, et qui ont encore, sur lui, l'avantage d'avoir existé.

Pour eux, pour les nôtres, pas le plus petit bloc; mais ne savez-vous pas, ministres que vous êtes, que les Grecs et les Romains peuplaient leurs plus obscurs carrefours des statues de leurs guerriers? Un centurion avait la sienne après une action d'éclat. Il est tel consul ou tel général, oublié aujourd'hui, qui s'est vu tailler en marbre sur toutes les places publiques.

J'aime beaucoup Thémistocle, quoique ses compatriotes ne l'aimassent pas. Le vainqueur de Salamine est grand dans l'histoire. Je vous avoue pourtant que je l'ai vu entrer avec peine, à côté de moi, au jardin des Tuileries. La flotte navale, victorieuse devant Athènes, m'inspire moins d'intérêt que notre vaisseau le *Romulus*, luttant contre trois navires anglais; que le *Pluton* ou le *Neptune* à Trafalgar; que l'*Orient* à Aboukir. Le roi Othon de Bavière doit réhabiliter Thémistocle dans les jardins d'Académe : notre devoir à nous, c'est d'oublier la marine du Péloponèse pour songer à la nôtre. Qui se souvient aujourd'hui de Cosmao, de Lucas, de l'Infernet, de Casa-Bianca, de Du Petit-Thouars? Thémistocle a le pas sur eux.

Vous intronisez Phidias au jardin des Tuileries, grand nom sans doute, talent immortel; mais où sont les statues élevées à Jean Goujon et à Puget? En prenant tout aux anciens, nous avons laissé leur devise : *Celebrare domestica facta*. Voilà ce qu'il fallait nous approprier. Notre nation, si justement orgueilleuse, descend chaque jour, sous le doigt ministériel, à un degré bien bas d'abnégation et d'humilité chrétiennes. On dirait que nous sommes au dépourvu de grands hommes, de grands noms. Il n'est pas jusqu'au roi de Macédoine qui ne s'apprête aussi à conquérir le jardin des Tuileries; son marbre est taillé. Alexandre est représenté tel qu'il était au siége de la ville de Malliens, c'est un fait assez peu connu ; à moins qu'il n'y ait erreur et qu'on ne veuille parler de la ville des Oxidraques, dans l'Inde, ville qu'Alexandre prit seul d'assaut; fable indienne, s'il en fut. Quoi qu'il en soit, place encore au vainqueur d'Arbelles et d'Issus. Est-il possible que M. Panckoucke ait publié vingt-cinq volumes de *Victoires et conquêtes*, à défrayer les ateliers de vingt générations d'artistes, à épuiser le granit des Cordillières? On dirait que la France en est réduite à l'indigence de gloire du royaume de Monaco.

On fait grand bruit, depuis quelque temps, d'une réaction religieuse qui s'opère à Paris. Je l'ai cherchée partout, cette réaction; je ne l'ai trouvée nulle part. Paris est aujourd'hui, en fait de religion, ce qu'il a toujours été; il n'est ni dévot, ni impie; il est indifférent.

— Voyez, dit-on, comme la foule se porte aux sermons du R. P. Lacordaire et de l'abbé Cœur, et aux cérémonies de Saint Roch.

A Paris, la foule va toujours quelque part.

En ce moment, le désœuvrement des hautes et riches familles les pousse à Notre-Dame; le peuple ne se mêle point à ces solennités aristocratiquement religieuses; elles ne sont pas faites pour lui; il reste à son travail, et prie en travaillant. Les oisifs vont faire cercle autour de la chaire; on n'entend l'orateur que dans un rayon de nef très-étroit. Hors de ce rayon, les auditeurs regardent les dames, comptent les ogives et caressent leurs cheveux. Est-il possible de choisir, pour la conversion des âmes, un vaisseau comme Notre-Dame? Les vices de l'acoustique y neutralisent toujours l'éloquence; le prêtre crie, et sa voix expire à bout portant. Lorsque Jean le Précurseur haranguait au désert six mille catéchumènes, un miracle centuplait sa voix. Le miracle est mort avec Jean.

A Paris, ville de profonde indifférence religieuse, la semaine sainte est profane à l'égal de ses cinquante sœurs; nous venons de la voir s'éteindre au milieu des giboulées, entre les patrouilles des gardes municipaux, les équipages infernaux et les concerts profanes du grand damnateur Musard.

Le peuple prend ici fort peu d'intérêt aux cérémonies religieuses; le clergé ne les comprend pas, et les célèbre très-mal. Il n'est pas de ville au monde où les prêtres soient moins sacerdotaux qu'à Paris. Ils ont une allure mondaine, ils négligent la tonsure, ils portent des favoris; la *tunica talaris* leur est pesante et gauche; ils ont échangé les larges et canoniques souliers bouclés contre les bottes libertines, ils chantent faux le plain-chant, ils n'ouvrent jamais leur bréviaire, ils apportent à la stalle du chœur un maintien ennuyé. Sans doute, sous ces apparences anticléricales, le devoir et la vertu peuvent résider; on peut être un excellent vicaire et porter des bottes; mais nous ne nous occupons que des effets extérieurs momentanément. Dans les villes du Midi, un prêtre qui porterait des favoris scandaliserait toute une paroisse; rien d'innocent pourtant, comme des favoris, même noirs. Le Midi religieux se scandalise de tout. Il est façonné, de longue main, au véritable type sacerdotal : tout ce qui s'en écarte est frappé de réprobation. Aux vives imaginations de ce pays, les apparences suffisent toujours. Quelques écarts de conduite se dissimulent dans le huis-clos du presbytère; les bottes et les favoris sautent aux yeux. A ces soins minutieux donnés à la forme, avec peu de souci du fond, vient conséquemment se joindre un culte extérieur de cérémonies, empreint quelquefois d'une certaine majesté. Ainsi le Jeudi-Saint est, dans le Midi, un jour à part, un jour embaumé d'encens et de fleurs; la poésie de ses reposoirs franchit le seuil des églises, elle court les rues, elle est dans l'air.

On a supprimé les processions de la Fête-Dieu, à Paris, et l'on a bien fait, non pas à mon avis, par intérêt pour les cultes dissidents, mais par intérêt pour la religion. Quand on avait vu les magnifiques théories catholiques du *Corpus Domini* dans les grandes villes d'Italie et de nos provinces méridionales, on regardait en pitié ces processions si mesquines, si maigres, si mal vêtues, si mal fleuries, qui barbottaient dans de sales et étroites rues, avec de grotesques chantres, des suisses avinés, avec tout leur luxe indigent, avec leur cortége municipal et leur bordure de grenadiers. C'est qu'à Paris, le clergé n'a aucune passion pour organiser de belles cérémonies, le peuple ne s'en soucie pas.

Le catholicisme est méridional : hors de son pays, il sera toujours froid et mal fait; pour attirer la foule blasée aux églises, il lui faut, à Paris, les journaux et la mode; il lui faut aussi savoir revêtir la livrée mondaine, comme à Saint-Roch, et recruter quelques profanes fidèles par l'attrait d'une musique d'opéra. Le catholicisme qui commence à mépriser le plaint-chant, qui laisse Palestrina pour Rossini, et saint Ambroise pour Boïeldieu, est une religion compromise qui semble ne pouvoir plus vivre par ses propres ressources, et marche à son extinction totale, sans avoir la force d'être hérétique ou de se retremper à la piscine de son berceau.

J'ai encore à vous parler du *Trocadéro*.

Depuis l'expédition d'Espagne, ce nom a toujours eu une tournure comique; aujourd'hui seulement, il s'encadre de noir.

Le *Trocadéro!* un vaisseau de 120 canons, une ville flottante, une citadelle de bois, mais terrible comme Lamalgue et Faron, le *Trocadéro* brûle dans l'arsenal de Toulon; à cette heure, il ne reste plus rien sans doute de ce magnifique vaisseau.

Ce n'est pas un boulet rouge de l'Angleterre qui l'a incendié; il a péri probablement comme un vieillard endormi devant son feu. Son nom lui a porté malheur. Voilà trois millions, dernier trésor de la guerre d'Espagne qui viennent de s'évaporer en fumée. Il ne reste plus que le *Trocadéro* de Saint-Cloud; c'est une colline de gazon. Elle avait été bâtie par le duc d'Angoulême; la colline artificielle rappelait au héros sa conquête; il y montait par un sentier de fleurs et sans danger.

Mais qui donc a incendié le *Trocadéro?* Je parle du vaisseau. Est-ce encore un mystère? Remontera-t-on jusqu'à la main qui porta l'étincelle? Certainement, le cas fortuit peut être admis dans cet incendie comme dans tout autre, mais c'était d'abord un cas fortuit qui incendia l'arsenal de Toulon en 1793; on se ravisa plus tard : on découvrit la main de Sinon. L'arsenal de Toulon est la merveille de la France, merveille enviée. On a longtemps parlé d'armements, on a parlé de mer Noire, de Dardanelles, de guerre maritime, je ne sais que vous dire ; mais il me semble que le cas fortuit est peu rassurant toutes les fois qu'on l'applique, avec complaisance, aux incendies de l'arsenal de Toulon.

C'est du Nord aujourd'hui que nous vient l'incendie.

La perte est grande sans doute, mais elle aurait pu être immense, irréparable; l'arsenal est sauvé. L'arsenal avec ses vastes fonderies, ses parcs, ses musées, ses cales couvertes, ses magnifiques magasins, ses chantiers, ses corderies, ses forêts de sapins abattus, ses vaisseaux au radoub dans ses bassins; la flamme du *Trocadéro* n'a pas touché à ces trésors. C'est encore une leçon donnée à ceux qui veillent sur eux. Pour ruiner la France, il ne faut, à Toulon, qu'un nouveau cas fortuit et un jour de mistral.

Certains noms emportent avec eux leur fatalité; le *Trocadéro* a péri : il semble que cela devait être, que c'était dans l'ordre ; le port de Toulon voit depuis trente-six ans une frégate immortelle qui est destinée à voir naître ses sœurs et à leur survivre, celle-là porte un nom heureux : elle est filleule du premier Consul. Elle avait déjà une belle vieillesse de frégate lorsque le *Trocadéro* naquit : elle a vu mourir le *Trocadéro*, elle verra bien d'autres incendies encore, et sera toujours, elle, préservée par son nom et son glorieux parrain. Cette frégate est la *Muiron*.

Muiron, brave et jeune officier, que Napoléon aimait et

qui fut tué sous ses yeux ; une de ces nobles et modestes existences, comme nos guerres de la République et de l'Empire en ont tant dévoré, et qui sont presque toutes oubliées aujourd'hui, parce que les pages ont manqué à nos fastes héroïques ! Il y avait trop de noms à enregistrer. Chaque bataille donnait une auréole à quelques-uns et en ensevelissait des milliers dans l'oubli. Muiron avait couvert Napoléon de son corps ; Napoléon se souvint de lui : il nomma *Muiron* la frégate qui le ramena d'Égypte ; Ganthcaume la commandait.

Depuis ce jour, la *Muiron* s'est retirée de la mer comme un vétéran blessé ; elle a jeté l'ancre à la chaîne du port de Toulon, et elle donne le salut aux navires qui rentrent en rade ; *Muiron* sert d'amiral. Une verte jeunesse semble encore la revêtir, cette noble frégate ; seule de toutes ses sœurs, elle peut nous parler des deux Aboukir, la défaite et la victoire ; c'est la planche de tremplin qui lança Bonaparte du pied de la colonne de Pompée aux plaines de Marengo. Qu'elle vive encore vingt siècles, cette touchante relique ! Les Anglais ont conservé le bois sacré du *Victory*, le vaisseau tumulaire de Nelson. Songeons aussi, nous, à notre frégate historique, à cette arche de pont volant qui n'a pas tremblé sous le pied du vainqueur des Pyramides. Donnons sa retraite à *Muiron*. Il faudrait la suspendre aux voûtes de quelque temple, comme un de ces vaisseaux votifs apportés par les naufragés : il faut la délivrer enfin de ce flot corrosif qui mine incessamment sa quille vénérable. Une étincelle peut aussi tomber sur elle. Que l'incendie du *Trocadéro* nous fasse bien songer à *Muiron* !

# UNE NUIT DE HENRI IV

# UNE NUIT DE HENRI IV

---

On est émerveillé à l'aspect des prodiges qui s'accomplissent aujourd'hui dans Paris. La grande cité change de forme du matin au soir et du soir au matin. Vous diriez que la baguette d'une fée fait mouvoir et range ensuite, suivant les lois de l'architecture, les pierres, les poutres, le marbre et le fer. Mais savez-vous d'où date ce grand mouvement? Tout simplement d'une nuit de Henri IV.

En 1597, la France était calme, et Paris n'ayant plus à donner à tout moment le plus pur de son sang aux sinistres fantaisies de la guerre civile, se sentait aller à un redoublement de prospérité. On démolissait pour rebâtir, on agrandissait les hôtels, on ornait les monuments,

Dans la nuit du 9 au 10 janvier, Paris dormait, Sully dormait, tout le monde dormait. Seul le roi veillait. En tisonnant, au Louvre, il disait :

— Ma grande ville devient belle comme une jeune épousée !

Après cette exclamation, il écrivait ce qui suit sur une pancarte qu'il collait ensuite au chevet de son lit :

— *Me promener demain incognito dans Paris avec d'Epernon.*

Le 11 janvier 1597, l'hiver avait déployé toutes ses rigueurs sur la ville de Paris. Le ciel était noir, la terre blanche, le vent glacé ; la rue attendait des passants, la boutique des acheteurs, l'église des fidèles. Mais les Parisiens se chauffaient tous chez eux ; si le thermomètre eût été inventé à cette époque déjà lointaine, il aurait marqué 15 degrés au-dessous de zéro.

Sous le porche de Saint-Germain-l'Auxerrois, on voyait pourtant quelques pauvres mendiants caparaçonnés de haillons et attendant en frissonnant une aumône qui ne tombait d'aucune main.

Deux cavaliers, couverts d'un manteau brun, de la tête aux éperons, passèrent devant l'église.

— Duc d'Epernon, — dit l'un des cavaliers, — quand un gentilhomme sort du Louvre par un jour pareil, il lui est défendu d'oublier sa bourse.

— Je vous comprends, Sire, répondit l'autre cavalier.

Et il jeta sa bourse aux pauvres de l'église en leur disant :

— Partagez-vous cela.

— Voilà une promenade qui commence bien, dit le roi ; si jamais je deviens riche, je me promènerai en hiver, tous les jours, dans Paris.

— Alors, Sire, dit d'Epernon, permettez-moi de rentrer au Louvre, car il ne me reste plus un denier dans l'escarcelle, et si nous visitons encore quelques églises...

— Duc d'Epernon, interrompit le roi, je ferai ma visite aux églises un autre jour. Ce matin, je veux me promener dans Paris avec un autre but... vous verrez... Approchez vous, duc d'Epernon; nous pouvons chevaucher côte à côte; les passants ne nous gênent pas.

— Sire, vous auriez peut-être pu choisir un jour plus beau pour visiter vos domaines que vous ne connaissez guère.

— Il n'y a pas de mauvais jours à Paris, duc d'Epernon; il n'y a pas même d'hiver pour l'enfant des montagnes du Béarn. Quand on a couru pieds nus sur la neige, on peut s'y promener à cheval. Grand merci à ma noble mère qui m'a donné l'éducation d'un paysan! il est plus facile ensuite d'être roi.

— Vraiment, sire, je me réjouis fort de voir le roi de France supporter si vaillamment la froidure de ce matin. Quant à moi, je le jure par la tête de monseigneur saint Denis, notre patron, j'aimerais mieux être à Ivry, où il faisait si chaud.

— Ah! duc d'Epernon, si la plaine d'Ivry était en Angleterre, quel beau souvenir pour nous! mais il y avait des Français vis-à-vis!

— Ce n'était pas votre faute, Sire.

— Non, pardieu! j'ai fait tout mon possible pour nous mettre tous du même côté, mais il y a eu des récalcitrants alors, je m'en suis remis au jugement de Dieu, et Dieu a jugé.

Le roi et le duc, dont les chevaux marchaient lentement sur la neige toute fraîche, s'arrêtèrent quelques instants devant le Pont-Neuf, et le duc d'Épernon, pour détourner l'entretien des souvenirs de la guerre civile, dit au roi :

— Sire, voilà des lignes de maisons parfaitement belles ; les bourgeois de Paris se logent fort bien et prennent grand souci de leurs propriétés.

— Duc d'Epernon, dit le roi, voilà justement ce que je viens voir ce matin.

Et Henri jeta un long regard de satisfaction sur ces lignes d'édifices élégants et soignés qui bordaient la rivière.

Puis, avisant à sa gauche, dans l'éloignement, un vaste hôtel délabré, dont la toiture avait perdu la moitié de ses ardoises et la façade la moitié de ses contrevents, il dit avec le plus gracieux des sourires :

— Duc d'Epernon, voilà un gentil palais que je ne connais pas ; mais, ventre-saint-gris ! je consens à perdre la Navarre si je ne devine pas le nom de son propriétaire.

— Vraiment, Sire, je vous crois, dit d'Epernon, et vous avez fait bien d'autres merveilles en votre vie.

— Duc d'Epernon, poussez votre cheval jusque sous l'auvent de ce marchand de ferrailles, et demandez-lui à qui appartient cette masure ?

Le duc obéit, et, en se retournant, il vit le roi qui appuyait la pointe de son doigt indicateur sur sa poitrine.

Ce geste fut suivi de ces deux mots :

— A moi.

— Sire, vous avez deviné, dit d'Epernon en éclatant de rire ; cette masure est à vous.

Les deux cavaliers poursuivirent leur route sur la berge, qui servait de quai à cette époque, et le roi, s'arrêtant au coin de la place du Châtelet, remarqua une espèce de léproserie labourée de crevasses et badigeonnée à l'ocre sur ses soubassements :

— D'Epernon, dit-il avec un sourire plein de fine raillerie, je vous parie un denier parisis que ce bel édifice m'appartient. Allez vous en enquérir.

Le duc exécuta l'ordre et s'en revint encore avec une joyeuse affirmation.

— Duc d'Epernon, poursuivit le roi, regardez de l'autre côté de l'eau ce large monument avec ses poivrières si pointues ; tout cela m'appartient...

— Oh ! Sire, c'est incontestable ; il n'est pas besoin de le demander cette fois.

— Mais, mon cher duc, ajouta Henri, je suis marri et peiné de savoir que ce grand édifice m'appartient.

— Pourquoi, Sire ?

— Parce que je l'aurais deviné ; il menace ruine. Quelle différence avec ces belles maisons à briques rouges qui s'avancent sur le Pont-Neuf, et qui ont été bâties sous le dernier roi ! Quel beau coup-d'œil monumental ! Comme on voit bien que cela ne m'appartient pas !

Les deux cavaliers remontaient vers le Pont-Neuf.

— Je voudrais bien savoir, dit d'Epernon, quel nom on donnera au Pont-Neuf quand il sera vieux ?

— Duc d'Epernon, dit le roi, vous n'êtes pas fort sur les étymologies ! On n'a pas appelé le Pont-Neuf de ce nom, parce qu'il est nouveau, mais parce qu'il aboutit à neuf issues. Comptez, vous verrez que c'est exact.

En effet, le duc compta neuf aboutissants, et remercia le roi de cette leçon.

— Il est inutile, Sire, dit-il ensuite, de vous demander si le bâtiment de la Samaritaine vous appartient!

— Oh! reprit le roi, mes titres de propriété y sont écrits partout sur les murs, en lettres majuscules de lézardes. Il en est de même de la tour de Nesle, que vous voyez un peu plus loin sur la rive gauche; c'est encore mon bien ; elle va s'écrouler.

— Quant au Louvre, dit d'Epernon, il est inutile d'en parler. C'est le plus humide, le plus noir, le plus sombre, le plus inhabitable des édifices.

— Aussi, dit Henri, appartient-il au roi !... Regardez, duc d'Epernon, les trois clochers de l'abbaye de Saint-Germain (1).

— Oui, Sire.

— Cela ne vous rappelle-t-il rien ?

— Comment voulez-vous, Sire, que je perde un pareil souvenir?

— Eh bien, mon cher duc, vous le savez, pendant le siége de Paris, je montais tous les jours sur le plus haut des clochers, comme un père qui ne peut voir ses enfants que de loin, quand ils sont tombés entre des mains étrangères. Un abbé fort instruit, et qui n'avait pas peur des huguenots, l'abbé Vincent, m'accompagnait au pinacle de ce clocher; et m'indiquait de la main, en me les nommant, tous les édifices de Paris.

(1) Il n'y en a qu'un seul aujourd'hui.

Déjà, pendant ces observations, quand je voyais, au loin, quelque toit de mauvaise mine, je me disais : Cela doit m'appartenir.

— Sire, vous ne vous trompiez pas.

— Enfonçons-nous dans ces rues étroites, dit le roi ; nous ferons à coup sûr quelque découverte. Marchons au hasard.

En entrant dans la rue Béthisy, le roi avisa tout de suite, à sa gauche, un hôtel de très-belle apparence, qu'il reconnut.

— C'est l'hôtel Monbazon ! dit-il en riant ; il est tenu et peigné comme un reliquaire d'église. On y est à l'aise comme l'os dans le coton d'une châsse. Si j'étais riche, j'achèterais cet hôtel.

Ils laissèrent, à droite, la rue Estienne, et entrèrent dans la rue des Bourdonnais : un palais gothique les arrêta par sa capricieuse architecture, sa cour intérieure pleine de surprises, ses ogives finement aiguisées, et son *montoir* de cavalier bâti à l'angle de la porte. Le roi considéra longtemps ce curieux édifice, et, frappé de son état de dégradation, il regarda le duc avec son sourire de bonhomie railleuse, et, secouant la tête, il dit :

— Je renonce à boire du vin de Jurançon toute ma vie, si cet édifice appartient à quelqu'un de mes grands vassaux (1).

— Sire, dit le duc, voulez-vous que j'interroge ce forgeron qui bat le fer sur son enclume pour se chauffer ?

— Oui.

(1) C'est le palais de Philippe le Bel. Il existait encore en 1844. Il est tombé sous le marteau de la spéculation pendant le règne des intérêts matériels. Une grande maison, sous le n° 9, le remplace aujourd'hui. *(Note de l'Auteur.)*

— Il appartient au roi, répondit le forgeron.

Le duc d'Epernon éclata d'un rire si fou que les bourgeois auraient tous ouvert leurs croisées dans l'étroite rue, pour voir quel était l'homérique dieu qui riait ainsi, mais le froid ne permettait à aucun visage de se montrer à l'air extérieur.

— Duc d'Epernon, dit le roi, je voudrais vous faire chevaucher et rire ainsi dans toute ma grande ville. Mais ce que nous avons vu doit nous suffire. Rentrons au Louvre.

— Et quelle moralité dois-je tirer de cet apologue ? demanda le duc.

— La voici, d'Epernon. Les rois, mes aïeux, prenaient fort peu de soucis de leurs biens, ce qui leur fait grand honneur, car un roi ne doit jamais songer à lui ; il doit s'oublier et penser à tout le monde ; mais je n'excuse pas l'insouciance des intendants royaux. Ceux-là doivent veiller sur les joyaux de la couronne et ne rien laisser dépérir... Mon cher duc, êtes-vous content de cette moralité ?

— Sire, les apologues ont toujours raison.

Et comme ils rentraient au Louvre, le duc montra au roi en souriant une vaste lézarde sur le mur royal.

— Il est juste, dit Henri, que le roi de France et de Navarre soit logé convenablement et comme le premier gentilhomme de la cour. Aussi, duc d'Epernon, vous donnerez des ordres pour faire avancer activement les travaux des Tuileries et de mon palais florentin de la rue de Vaugirard.

— Sire, répondit le duc, il y aura demain trois mille hommes de peine sur ces deux chantiers.

— Et sur toutes mes propriétés de ma bonne ville de Paris, dit le roi.

— L'apologue portera son fruit, répondit le duc d'Epernon.

Un soir, bien longtemps après cette promenade, le roi conduisit le duc d'Epernon sur le balcon du vieux Louvre, et lui dit : « Mon cher duc, je suis content de vous. »

Le duc regarda le ciel, la rivière, le balcon, et ne trouva, dans sa mémoire, rien qui pût justifier à ses yeux cet éloge du roi. Après les batailles d'Ivry, d'Arques, de Fontaine-Française, Henri disait à un officier ou à un soldat couvert de sang et de poussière : « Enfant, je suis content de vous. » Mais, après une longue oisiveté de cour, et en l'absence de tout grand service rendu, d'Epernon ne comprenait pas le sens de cette haute félicitation royale. Henri mit son doigt sur le front du duc, et lui dit :

— Avez-vous oublié la promenade du 11 janvier 1597 ?

— Non ! pardieu, non ! dit le duc avec vivacité, j'en ai gardé l'onglée aux mains et la flamme au cœur pendant quinze jours. Et maintenant, Sire, je suis heureux de vous comprendre. Oui, j'espère que toutes vos intentions ont été suivies et tous vos ordres exécutés.

— C'est que, duc d'Epernon, poursuivit le roi, j'ai fait une seconde promenade l'autre soir à la brune et sans aucune suite, pour voir l'état de mes domaines parisiens. Tout est admirablement restauré ; une seconde fois, je vous dirai : Je suis content de vous, duc d'Epernon.

— Sire, puis-je me flatter de croire que je n'ai rien oublié ?

— Ne vous flattez pas encore, duc d'Epernon. Vous avez oublié quelque chose... Oh! ne cherchez pas, il vous serait impossible de trouver... Ce matin, j'allais voir mon grand-maître de l'artillerie, et j'ai remarqué le déplorable état de mon arsenal. Demain, vous ferez envoyer des maçons de ce côté; n'y manquez pas.

— Sire, vous aurez un Arsenal tout neuf avant peu de jours.

— Hâtez-vous, ajouta le roi, parce qu'on m'annonce la visite de l'ambassadeur d'Espagne ; je veux lui montrer avec orgueil un Paris superbe. Ventre-saint-gris ! si j'étais un simple bourgeois, j'habiterais volontiers une cabane adossée à un petit jardin, mais j'ai la fierté de la France à soutenir devant l'étranger, et si l'argent me manque, duc d'Épernon, vous trouverez un juif honnête qui me prêtera cent mille écus sur ma parole de Béarnais et de roi.

---

Deux cent cinquante-huit ans se sont écoulés depuis cette nuit de janvier. Voyez comme Paris s'embellit de jour en jour ! On n'a pas oublié la tradition du Béarnais.

# LES NUITS SINISTRES

# LES NUITS SINISTRES

## I

### Maloguti et Ratta.

Avant que du Palais la sentence émanée,
Des deux héros du jour fixe la destinée,

Ce petit poëme n'était pas destiné à voir le jour ; ce n'est qu'à la prière de ses amis, que l'auteur s'est décidé à le publier en 1820. Après trente ans, remplis de drames de toute nature, Paris n'a pas encore oublié cette nuit sanglante, où deux Italiens assassinèrent et volèrent le changeur Joseph. Au temps dont nous parlons, il était d'usage d'accompagner les tragédies bourgeoises d'un long concert de parodies et de complaintes sur l'air de celle de Fualdès. — Méry voulut rompre le premier avec cet usage et improvisa au courant de la plume ce poëme où l'on trouve tout à la fois du drame, de la satire, et une esquisse de mœurs. — P.-A.

Je veux, en attendant un arrêt incertain,
Célébrer aujourd'hui le couple ultramontain :
Je dirai dans quel but ils vinrent d'Italie,
De mille beaux projets l'âme toute remplie,
Comment Malaguti, secondé de Ratta,
Exécuta sans fruit un crime qui rata,
Et comment de l'octroi la garde magnanime
Saisit dans leurs chapeaux un or illégitime.

Ah ! si Thémis sur eux fait peser sa rigueur,
Que d'éloquentes voix chanteront ce malheur !
Ce sera comme au temps du pauvre Papavoine ;
Du beau quartier d'Antin au faubourg Saint-Antoine,
Les gosiers patentés nommeront à grands cris
Ces deux particuliers très-connus dans Paris ;
D'autres installeront sur les places publiques
L'armoire à deux battants où pendent des reliques,
Et, sur un air piteux, comme une passion,
Chanteront le forfait et sa punition ;
D'autres, pour attendrir nos vaporeuses dames,
Pourront sur ce sujet broder des mélodrames,
Et suivant un usage en nos jours adopté,
D'une pièce bien triste enrichir la Gaîté.

Pour moi, je n'aurais pas à ma muse hardie
Permis un trait plaisant sur cette tragédie,
Si ce drame fatal par malheur consommé
Finissait par Joseph tristement inhumé ;
Mais le dieu d'Abraham a sauvé ce saint homme ;

Il vit, il vit encor : ce n'est pas un fantôme,
Et de mes propres yeux je l'ai vu l'autre soir
En bonnet de coton assis à son comptoir.

Ils vivaient l'un et l'autre au sein de leur patrie
Sur l'exigu produit d'une ingrate industrie,
S'ennuyaient en commun dans ce triste séjour,
Et vers un meilleur temps soupiraient chaque jour ;
Malaguti surtout, maudissant la fortune,
Supportait aigrement la misère importune ;
Et, l'esprit occupé de ses projets nouveaux,
Un jour à Gaëtan il s'adresse en ces mots (1) :
« Tu le vois, cher ami, l'implacable *débine*
» Allonge, chaque jour, notre piteuse mine ;
» En vain, tu te confonds en efforts superflus,
» Tu fais gémir la presse et gémis encor plus ;
» Dans ton imprimerie on te voit pâle et blême ;
» Tu te lèves à jeun et te couches de même :
» Moi-même, artiste adroit dans un art plus grossier,
» Moi, qui forge le fer, ou façonne l'acier,
» Dans mon triste atelier je ne vois plus personne ;
» Quittons une patrie où la faim nous talonne ;
» Et sans attendre ici les horreurs du besoin,
» Plutôt que d'y mourir, allons vivre plus loin.
» Au delà de ces monts la France nous appelle ;
» Cette belle contrée, au Saint-Père fidèle,
» Accueille avec transport le peuple Ultramontain :

(1) *Gaëtan*, c'est le prénom de Raita ; en italien, *Gaëtano*. Celui de Malaguti est *Virgilio*.

10.

» Dans le *Diario*, que j'ai lu ce matin (1),
» On dit que Loyola gouverne ce royaume :
» Nous prendrons, en partant, chacun notre diplôme ;
» Ainsi, nous trouverons toujours le couvert mis
» Dans la maison professe au centre de Paris,
» Au faubourg... j'ai le nom sur le bout de mes lèvres,
» Au faubourg Saint-Germain dans le quartier de Sèvres;
» C'est un camp établi pour des gens comme nous. »
*Amen*, dit Gaëtan, en tombant à genoux.
Alors nos deux amis, sans bagage et sans suite,
Après s'être munis du brevet de Jésuite,
Partent, et voyageant la guitare à la main
Abrégent, en chantant, les ennuis du chemin.
Ils arrivent bientôt aux rives de la Seine,
Et du haut Villejuif qui commande la plaine
Leurs yeux ont distingué dans le vaste horizon
Les tours de Notre-Dame et le saint Panthéon.
Dans un lieu retiré de cette immense ville,
Ils vont à petits frais élire domicile ;
De leurs plans de fortune ils s'occupent d'abord :
Malaguti fabrique un petit coffre-fort,
Et fait mille projets pour gagner, sans rien faire,
Ce pain quotidien qu'on nous promet en chaire ;
Mais du *fatum* romain les invincibles lois
Poursuivent en tous lieux ces Orestes bourgeois :
L'un ne peut brocanter les chaînes qu'il fabrique,
A l'art du typographe en vain l'autre s'applique ;

(1) Le *Diario* est un journal qui s'imprime à Rome.

Dans cette triste passe, où trouver un appui?
Loyola leur restait ; ils vont frapper chez lui ;
Mais, sans rien obtenir, de deux maisons professes,
Ils sortirent penauds en se grattant les f.....
Depuis lors, chaque jour, ils vaguaient dans Paris,
Comme ces chiens errants par Delavau proscrits,
Quand au brûlant Zénith la canicule ardente,
Du charnier Guénégaud embrase la charpente.
Un soir, en traversant cet immense jardin (1)
Des publiques houris délicieux Eden,
En passant sous l'arcade, ils s'arrêtent : Virgile
A vu chez un changeur l'attrayante Sébile. (2),
Agent provocateur qu'on aposte à dessein
Pour attirer le riche et tenter l'assassin.
Sa pensée à l'instant plus prompte que la vue
D'un plan vaste et terrible a conçu l'étendue.
« Viens, dit il, Gaëtan, allons causer sans bruit
» A l'hôtel d'Angleterre ouvert toute la nuit. »

Au centre de Paris, vis-à-vis ce portique
Où l'industrie étale un luxe asiatique,
Près ce café morose où le vieux Evezard (3)
Au jeu de Palamède enchaîne le hasard
S'élève cet hôtel, temple de la Misère,

(1) Le jardin du Palais-Royal. (*Note de l'Auteur.*)
(2) On appelle *sébiles* des soucoupes de bois ; les changeurs les remplissent de pièces d'or et d'argent et les exposent à l'étalage.
(*Note de l'Auteur.*)
(3) Le café de la Régence. (*Ibid.*)

Que de son noble nom a doté l'Angleterre.
Là se groupent la nuit, autour d'un noir foyer,
De pauvres Parias affranchis de loyer :
Qu'ils sont beaux de hideur ! leur costume, leur mine,
Leur maintien, tout en eux annonce la *débine*;
La morne redingote et le court pantalon,
Le gilet haut croisé, les bottes sans talon,
Et ce large col noir dont la ganse flottante
Dissimule si mal une chemise absente.
Là, sont ces professeurs, anges tombés des cieux,
Qui jadis s'enivraient d'aï délicieux,
Et, dans les beaux salons de la riche chaussée,
*Taillant* le *Pharaon*, d'une voix cadencée
Disaient, en se tournant vers les *pontes* élus,
*Messieurs, faites le jeu, Messieurs, rien ne va plus.*
Là se groupent aussi, pâles comme Saint-Labre,
Ces vétérans du jeu, dépecés par Chalabre (1),
Héros déguenillés que le triste rateau
A traînés si souvent à deux doigts du poteau;
On les a vus jadis à la *passe*, à la *manque*
Jeter négligemment quelques billets de banque ;
Refoulés aujourd'hui dans ces lieux enfumés,
D'un cuivre dégoûtant ils semblent affamés.
Combien ils sont changés ! entre leurs mains noircies
Ils battent avec feu des cartes épaissies,
Excités par *six-blancs* tranchent à coups de poings

(1) M. Le comte de Chalabre, administrateur en chef de la ferme des jeux; bouc émissaire chargé des malédictions des joueurs ruinés.
*(Note de l'Auteur.)*

Le trop lent *écarté* qui se traîne en cinq points,
Où souvent, pour plus tôt achever leurs victimes,
Ils tournent finement des rois illégitimes.
Quelquefois, pour calmer les tourments de la faim,
Ils saisissent aux dents la timbale d'étain
Qu'une chaîne de fer, gardien métallique,
Attache prudemment à l'amphore hydraulique.
Dans la cour de l'hôtel, un tableau plus moral
Se déroule, aux lueurs d'un lugubre fanal :
Dans un bazar obscur vingt nymphes patentées
Vendent à petits frais des formes achetées ;
La plupart, attendant l'heure de leurs travaux,
Par mille jeux charmants, mille joyeux propos,
Abrégent les longueurs d'une triste soirée :
L'une silencieuse, à l'écart retirée,
Le cœur gros de soupirs, appelle son amant,
Et sur un air bachique exprime son tourment ;
D'autres pleurent tout haut leur triste destinée
D'être vierges encor de toute la journée,
Et, l'estomac chargé de vineuses liqueurs,
En rendent avec bruit les grossières vapeurs.

C'est là que nos héros entrent d'un pas agile.
Ratta prête l'oreille aux discours de Virgile ;
Leur plan est débattu, mis aux voix, discuté,
Et sur le champ admis à l'unanimité.
Le lendemain Ratta court à l'imprimerie ;
Mais son ami, longeant la sombre galerie,
Examine Joseph, compte des yeux ses pas,

Veut apprendre par cœur l'heure de ses repas,
Lève avec son crayon le plan de sa boutique,
Sait quand sa femme sort, quand sort sa domestique ;
Et de tous ces détails une fois bien instruit
Pour le coup qu'il médite il a fixé la nuit.
C'était, s'il m'en souvient, le quinze de décembre ;
Il va chez Gaëtan, le trouve dans sa chambre :
« Viens, dit-il, de ce pas allons chez *Taillefer* (1)
» Transformer en poignards quelques limes de fer. »
— « Je suis prêt, dit Ratta. » La forge est allumée,
Le fer change de forme et leur main est armée :
Au bureau de Joseph ils se rendent sans bruit ;
Virgile ouvre la porte et Gaëtan le suit.
C'était l'heure où Phébus cède sa place aux astres ;
« Je veux, dit le premier, changer contre des piastres]
» Des doublons d'or. » Joseph ouvre d'un doigt prudent
La porte du grillage et demande l'argent ;
Soudain, Malaguti, de son bras athlétique,
Le saisit ; il l'entraîne au fond de sa boutique,
Et, d'un coup de poinçon asséné sur le chef,
Il étend à ses pieds le malheureux Joseph.
Ratta, qu'un tel début a lancé dans le crime,
Porte, par supplément, cinq coups à la victime ;
« Bien, lui dit son ami, mais dépêche-toi, prends
» Ces rouleaux alignés de pièces de vingt francs.
» Puisque je suis en train, moi, je vais à ta place,

---

1) Malaguti, à cette époque, travaillait chez un serrurier nommé *Taillefer*. (*Note de l'Auteur.*)

» A mon pauvre banquier donner le coup de grâce ;
» Tout est fini, partons. » Alors d'un air loyal,
Ils s'élancent tous deux dans le Palais-Royal.
Ils fuyaient au hasard ; dans leur course incertaine,
Ils remontaient pensifs les rives de la Seine ;
Et bientôt ils ont vu de leurs yeux indécis,
Le vieil hôtel de ville et ses arceaux noircis.
Tandis que Gaëtan, croyant sortir d'un rêve,
Réfléchit tristement sur la place de Grève,
Malaguti le quitte et descend d'un pas lent,
Pour laver dans la Seine un pantalon sanglant ;
Ils cassent un rouleau dont ils prennent huit pièces,
Qu'ils changent prudemment en nombreuses espèces,
Puis il rentrent chez eux assez gais, mais fort las,
Et cachent leur trésor entre deux matelas.
Avant de s'endormir, comme des gens honnêtes
Ne se couchent qu'après avoir payé leurs dettes,
Pour solder leur hôtesse ils descendent exprès,
Remontent dans leur chambre, et s'endormient après.
Au point du jour, selon leur coutume secrète,
Après avoir prié la Vierge de Lorette,
Et saint Pierre, et saint Paul, et l'Ange gardier :
« Comment as-tu dormi, dit Malaguti ? — Bien.
» — Maintenant il faut vivre en parfait honnête homme,
» Nous avons de l'argent ; enterrons notre somme
» Loin d'ici, pour la mettre à l'abri du mouchard.
» Prends ces rouleaux, partons, et marchons au hasard,
» En priant tous les saints nos patrons. Si la Vierge
» Nous montre un endroit sûr, je lui promets un cierge. »

Ils sortent de Paris, et dans un trou des champs
Ils cachent avec soin les dix-neuf mille francs.

Un mois s'est écoulé. Dans une imprimerie
Gaëtan a repris sa première industrie.
Virgile, cultivant sa molle oisiveté,
Va fumer son cigare en un lieu fréquenté ;
Et tous deux, du forfait écartant les indices,
De leur impunité savouraient les délices.
Un terrible incident vint troubler ce repos :
Un matin, en sortant tous les deux des tripots,
Virgile tire à part son disciple coupable,
Et lui conte en ces mots un songe épouvantable :
« Cette nuit, en goûtant ce sommeil tracassé
» Dont nous dormons tous deux depuis le mois passé,
» J'ai vu Joseph portant sur sa tête débile,
» En guise de bonnet, une large sébile ;
» Et d'une voix éteinte, il m'offrait à tout prix
» De la vieille vaisselle au poinçon de Paris.
» Eh quoi ! tu n'es pas mort, lui dis-je, et ma victime
» Sort en bonne santé de l'infernal abîme !
» Je le poignarde alors ; mais le spectre hagard
» Accueillait, en riant, chaque coup de poignard.
» Effrayé, je m'enfuis, en fermant les deux portes,
» Et crie avec effort : *Dieu des Juifs, tu l'emportes !*
» La garde accourt ; soudain mon poil s'est hérissé ;
» Je tombe, et sur mon cou glisse un acier glacé.
» Tu frémis, Gaëtan ; mais tu perdras la tête
» Lorsque tu sauras tout : l'âme encore inquiète

» Du songe de la nuit et du spectre infernal,
» A mon réveil, je vais droit au Palais-Royal.
» Qu'ai-je vu ? Notre mort pesant dans sa balance
» L'or, produit d'un billet de la Banque de France.
» Ratta, pour mon malheur ainsi que pour le tien,
» Les gens que nous tuons, hélas! se portent bien. »

A cet affreux récit, plein d'une horrible idée,
Ratta sent chanceler son âme intimidée ;
Il croit voir sur sa tête un acier suspendu......
Malaguti lui dit : « M'as-tu bien entendu ?
» — Que trop. — Eh bien, partons ; fuyons vers l'Italie,
» Sauvons en même temps notre or et notre vie ;
» Quand nous aurons atteint et repassé les monts,
» Nous braverons en paix le ciel et les démons. »

Il se tait à ces mots. Cet infernal langage
Au faible Gaëtan a rendu le courage :
Alors vers la barrière ils dirigent leurs pas ;
Ils marchent en silence, et ne soupçonnent pas
Que des agents secrets l'illustre patriarche
Les suit à pas de loup, et veille sur leur marche.
Malaguti pourtant a d'abord avisé
Le redoutable argus en bourgeois déguisé ;
Sans doute il aurait dû se méfier du traître ;
Mais sous ces faux dehors comment le reconnaître ?
A son air de franchise, à son noble maintien,
Quel œil n'eût pas été trompé comme le sien ?
Faut-il que sur le front d'un agent de police

Brille de la vertu le respectable indice,
Et ne devrait-on pas, à des signes certains,
Distinguer les mouchards du reste des humains?

Nos héros de Paris atteignent la frontière,
Et trouvent au dépôt leur somme tout entière;
Mais au fatal retour, saisis de par le roi,
Ils sont conduits tous deux au bureau de l'octroi.
On les cerne et l'on trouve, en fouillant dans leurs poches,
Tout l'or dans des mouchoirs transformés en sacoches.
Le maire de Charonne, honnête magistrat,
Vint les interroger : — Votre nom? votre état?
— Ratta. — Malaguti. — *Prota* d'imprimerie.
— *Ferrajo*. — Répondez en français, je vous prie :
Où l'avez-vous trouvé, cet or? — Je ne sais où.
— Où l'avez-vous trouvé? répondez. — Dans un trou.
— Qu'on les mène en prison ; ce sont nos homicides.

Alors on les plongea dans des cachots humides ;
On fit venir Joseph, on les lui confronta :
Il reconnut Virgile, il reconnut Ratta,
Quoiqu'ils eussent été, par un vieil artifice,
Confondus dans les rangs des agents de police,
Qui ne pouvaient offrir, même y compris le chef,
Un seul visage honnête aux regards de Joseph.
Dès ce jour plus d'espoir : le couple sanguinaire
Fut écroué vivant, à douze pieds sous terre :
Et le trésor passa, des mains des deux amis,
Au tronc conservateur du greffe de Thémis.

## II

**La peine de mort** (1).

La philosophie et la justice sociale soutiennent thèse depuis longtemps sur cette grande cause, et le procès est encore en suspens :

*Certant, et adhuc sub judice lis est.*

On se demande toujours si la société a le droit de prendre un homme criminel, un assassin, et de le conduire sur une

---

(1) Comme les penseurs éminents de notre époque, le poëte s'est beaucoup préoccupé de la question de savoir s'il faut supprimer ou maintenir la peine de mort. On va voir qu'il ne veut pas qu'on efface, sans préparation, la phrase terrible qui rougit nos codes. Les pages qui suivent ont été écrites à l'occasion de l'exécution de Lacenaire, de Lhuissier et de David, ces trois hideux assassins, qui ont dû expier leur crime pendant le carnaval de 1836. Par une coïncidence étrange, trois autres têtes allaient tomber, celles de Fieschi et de ses complices. — Au reste, le poëte ne critique pas la loi : il s'en prend, avant tout, aux mœurs. — P.-A.

place publique, et de lui couper la tête, en cérémonie. Les meilleurs esprits sont divisés là-dessus. On se résume ainsi des deux parts :

— La société a toujours droit de se défendre.
— A Dieu seul la vie d'un homme appartient.

On peut dire que la peine de mort sera abolie le jour que l'échafaud sera dressé dans le désert. On a exilé la guillotine à l'extrémité de Paris ; c'est la guillotine qui devrait exiler le peuple ; alors il y aurait espoir d'amélioration dans le Code et les mœurs. Pendant que les publicistes s'escriment à dépouiller la société du bénéfice de l'homicide légal, voilà qu'une partie du peuple semble prendre à tâche d'annuler tous leurs généreux efforts, et, s'enfonçant de plus en plus dans l'ornière de la barbarie, affecte de plaider en faveur du maintien de la peine de mort, en se ruant au spectacle gratuit de l'échafaud.

Aux derniers jours de l'orage révolutionnaire, ce fut le dégoût public qui exila l'échafaud et suspendit les exécutions. Insensiblement, la foule s'éloigna de la place Louis XV. Quelques semaines avant le 9 thermidor, le peuple faisait hautement entendre qu'il avait assez vu de têtes coupées et de sang répandu. Les derniers coups de la guillotine ne trouvèrent plus de cris, plus de spectateurs, plus de sang. Elle exerça, incognito, ses dernières fonctions à la barrière du Trône. Il n'y avait plus que deux hommes sur l'échafaud, la victime et l'exécuteur. C'est par l'horreur universellement manifestée contre ces boucheries qu'on arriva par degrés à un régime plus doux.

Il faudrait que la presse fût unanime à flétrir cette horrible curiosité qui rappelle les mœurs du Bas-Empire. Bien loin de là, un journal semi-officiel, annonçant jeudi la triple exécution du lendemain, faisait avec tranquillité cet étrange calcul de prévision : « On estime à quarante mille le nombre de personnes qui assisteront à cette exécution. » C'est par une formule de cette espèce qu'on excite le public à se rendre au théâtre, un soir de représentation extraordinaire. La foule va où va la foule ; c'est un proverbe parisien. Indiquer d'avance un nombre insolite de spectateurs, c'est faire pressentir un intérêt d'émotion qui mérite une telle affluence; c'est monter sur des tréteaux, et parader comme les aboyeurs forains, afin de donner chambre complète à M. le bourreau. Combien vaut mieux la conduite austère d'un autre journal qui n'a voulu convier personne à la gamelle de chair chrétienne, en omettant, à dessein, d'indiquer le lieu, l'heure, le jour d'une exécution !

Oui, nous sommes bien en dehors encore des conditions sévères de cette publique morale qui doit nous mériter l'abolition de la peine de mort. Il faut instruire certaine classe du peuple, et parler haut à certaine aristocratie blasée, qui, elle aussi, se fait populace tout exprès pour prendre sa part des lambeaux humains qui tombent du couperet. Comment veut-on que l'ignorance brute se sèvre de sa curiosité, de ses anciennes habitudes de Grève, lorsqu'elle voit de grandes dames s'asseoir aux premières loges de la guillotine? Quand la plume blanche et l'oiseau de paradis consentent à se laisser tacher de quelques gouttes de sang, pourquoi refuserait-on le même privilège à la veste et au tablier de bure? Tous les Français sont égaux à l'amphithéâtre de la mort. Qu'une tardive pudeur éloigne la haute société de ces dégoûtantes scènes, et ce qu'on est convenu d'appeler le peuple s'en retirera aussi ; ne fût-ce que pour prouver qu'il est aussi digne de civilisation que la classe qui lui est supérieure en richesse et en orgueil. Car le peuple a son bon sens intime ; il abandonnera l'échafaud le jour où l'on semblera vouloir avilir sa fierté, en ne réservant que pour le peuple ces hideux spectacles. La trilogie se jouant alors dans le désert, les seuls acteurs étant admis sur les planches funèbres, le bourreau, le patient, le prêtre, il restera peu de chose à faire pour tuer la peine de mort.

## III

### La mort et le bal.

La société souffre. — La foule danse. — Quelques sages pleurent. — Le beau monde rit. Les armoiries de la société moderne sont écartelées de larmes et de sang. Au lieu du génie de la France, placez le masque géminé d'Héraclite et de Démocrite sur la lanterne sourde du Panthéon.

Vous rappelez-vous Venise, Venise lorsqu'elle vivait ? La gondole heurtait la gondole; la Brenta ruisselait de fleurs et de femmes; on dansait sur la place Saint-Marc; on dansait au Rialto; les voiles de pourpre s'enflaient au vent des lagunes, comme sur les trirèmes de Tarse, lorsque la reine Cléopâtre était saluée du nom de Vénus; et au milieu de ces joies, de ces femmes, de ces roses, de ces danses, de ces masques, passait une gondole tumulaire, avec ses victimes et le bourreau. Le carnaval vénitien s'effrayait, puis recommençaient les danses et les chants. Venise oublieuse ! Tu ne danses plus aujourd'hui !

Ainsi chez nous, le char de la folie est heurté par le tombereau de la Grève à chaque pas ! Quel carnaval ! Les quadrilles s'arrêtent à l'aube ; on a dépensé toute la nuit en folle joie. On est las, on est brisé, les femmes frêles ont succombé sous les voluptueuses étreintes de la valse délirante ; le blanc épiderme des épaules nues est écarlate de sueur ; les fleurs des corsets sont éparses sur le tapis. Elles vont dormir, ces jeunes femmes ; sans doute le sommeil du matin va réparer les fatigues de la nuit. Non, non, il faut courir d'émotion en émotion ; un échafaud se dresse au faubourg Saint-Jacques ; il faut lier la dernière note amoureuse au dernier soupir d'un condamné. Cela fait un plaisir étrange, un plaisir neuf ; les plaisirs neufs sont recherchés.

Un empereur romain donnait cent sesterces à l'inventeur d'une volupté nouvelle ; l'alliance du quadrille et de la guillotine aurait été récompensée par ce césar.

Lacenaire, Avril, David, ont mis du sang à flot sur les roses de notre carnaval. Lhuissier a jeté, entre deux bals, son horrible parfum de femme coupée. La jeune femme qui demande son journal, à son réveil, trouve la description de la dernière soirée où elle a brillé, à côté du procès-verbal d'une exécution sanglante. Quel carnaval !

Aujourd'hui on lit cette annonce dans plusieurs journaux :

« Les bals et concerts des ministères sont suspendus pen-
» dant la durée du procès Fieschi. »

Ainsi le crépuscule sanglant du 28 juillet vient se refléter dans les glaces des ministères. On a beau se ruer au plaisir, au concert, à la danse, voilà vingt fantômes qui se lèvent et viennent, eux aussi à leur tour, du boulevard du Temple, faire leur ronde épouvantable sur le joyeux carrousel. Le régicide Fieschi inscrit son nom sur les billets qui contremandent et ajournent les invitations. Au cœur du carnaval, un drame sanglant sera joué au Luxembourg, quatre hommes y défendront leurs vies. La pièce a dix actes et dix jours, chaque soir on dansera sur les deux rives de la Seine ; entre deux quadrilles, on discutera les culpabilités des prévenus ; le ministère seul fermera ses portes, éteindra ses lustres, imposera silence à son orchestre. Les dames en costume de bal qui sortent des soirées de la rue du Bac pour courir au faubourg Saint-Honoré, diront en remarquant les croisées éteintes des hôtels ministériels : « On juge Fieschi ! » et l'on continuera la danse à la rue du Bac et au faubourg Saint-Honoré.

La tête de David, l'horrible assassin fratricide, est tombée l'autre jour ; on prépare la tête de Lhuissier ; on coule en plâtre les têtes de Lacenaire et d'Avril, on demande la tête de Fieschi. Quelle pile de têtes ! Quel carnaval ! Jamais le carnaval n'avait mieux justifié son nom. Il dévore la chair.

Les crimes se sont donné rendez-vous à Clamart, cette année ; eux aussi ont voulu avoir leur fête. Qui sait ? on donne un bal peut-être dans le cimetière des suppliciés ! Les grands criminels se pressent ; ils n'ont pas voulu faire défaut aux invitations du spectre de la maison. C'est un bal où, en guise de billet d'entrée, on présente sa tête en arrivant.

Mais nous délivrera-t-on de toutes ces horreurs qui flottent

11.

sur nos plaisirs? Que de sang à la surface des fêtes? Chaque matin de folie endort la danse épuisée, et réveille le bourreau! 1836 est une fatale année. Vienne le mercredi des Cendres! nous n'aurons pas besoin qu'un prêtre nous rappelle que nous sommes poussière, et que nous retournerons en poussière. Bien avant ce mercredi cinéraire, le mot terrible de mort s'est glissé sur nos cartes de visite, sur nos journaux, sur nos *agenda*, sur les pupitres des contredanses, partout. Cette année, le carnaval a commencé par le mercredi des Cendres; c'est le carnaval de la mort! Dansez, jeunes femmes et jeunes gens :

> Au plaisir, à l'amour,
> Ne soyez pas rebelles;
> Le plaisir a des ailes,
> Et l'amour n'a qu'un jour!

Peuple charmant! A force de folies, il a deviné la sagesse antique; il admet le cercueil à ses festins. Paris est une ville de trappistes. — Frère, il faut mourir! — Frère, il faut danser.

## IV

### Fieschi.

Nous avons fait pour Lacenaire une observation que nous sommes obligés de répéter pour Fieschi. Il s'agit de la tenue des juges vis-à-vis l'accusé ; il s'agit de cette singulière et nouvelle position d'un criminel qui dirige l'accusation, donne aux débats leur allure, et se sert de l'impudence du crime pour se faire écouter et presque applaudir.

On parle de la corruption du siècle et de la désorganisation sociale ; on la cherche dans la presse, dans la littérature, dans les arts ; on ne l'a jamais vue si complète que dans les deux terribles procès de Lacenaire et de Fieschi. Vous souvient-il de ce barreau, applaudissant aux belles phrases de l'assassin de la veuve Chardon ? Le voilà qui entoure Fieschi pour lui demander des autographes. Des autographes de Fieschi ! Pourquoi ? Pour qui cela a-t-il du prix ? Cela se vend-il ? Qu'en voulez-vous faire ? Est-ce de la curiosité ?

De la curiosité pour ce qui regarde Fieschi ; presque de la considération ! Voilà où mène cette préoccupation du juge qui n'interrompt pas, au lever du rideau, cette audacieuse comédie de l'assassinat qui se drape, de la lâcheté qui s'encense !

Cependant, il nous semble qu'à la Cour des pairs, on sait interrompre les hommes qui veulent parler, qu'on s'entend à leur interdire l'exposé des motifs qui ont pu les faire agir. Il n'a manqué ni de volonté, ni de voix, ni de sergents de ville à M. le président de la cour des pairs, pour imposer silence aux accusés d'avril et blâmer avec force les paroles qu'ils lançaient dans les débats.

Mais M. Fieschi, l'assassin, a droit de tout dire, comme Lacenaire, sans qu'un reproche vienne l'avertir qu'il joue le rôle d'un fat assassin !

Peut-être devrions-nous nous taire, car il n'est pas impossible qu'il prenne envie à M. Fieschi de s'écrier : — « Eh bien ! je vais parler et dire de terribles choses ; amenez ici ce journaliste, et vous verrez ! »

Et il se rassoiera tranquillement, et l'assemblée, tout émue, frémira d'attente, jusqu'à ce qu'on ait arrêté quelques personnes, jusqu'à ce qu'elles aient comparu et que M. le président leur ait dit, comme à Swartz : « Vous êtes libre ! » et que M. Fieschi ait ajouté :

— Je m'étais imaginé que cela pourrait servir.

La liberté des citoyens est donc aux ordres de M. Fieschi, car il s'informe, avec anxiété, près de M. Pasquier, s'il a fait ce qui lui a été indiqué, et M. Pasquier lui répond bénévolement :

— On fera ce qui conviendra.

Supposez, à la place de Fieschi, un homme de presse ou un poëte, et vous verriez de quel style la cour eût remis l'accusé à sa place! Et quand nous disons ceci, il y a du courage à nous, car assurément nous ne trouverions peut-être pas de l'indulgence devant la Cour des pairs pour nous mêler de M. Fieschi.

Au fond, peu nous importe. Nous avons à dire que depuis longtemps on n'avait rien vu de semblable au procès qui nous occupe, rien de pareil à Fieschi, soit qu'on écoute ses jugements sur toutes choses, soit qu'il blâme les autres, soit qu'il se vante lui-même, soit qu'il pleure en parlant de sa reconnaissance pour M. Lavocat qui l'a chassé, ou qu'il s'étudie à bien faire ressortir la culpabilité de ses co-accusés qui l'ont nourri. Nous ne plaidons ici la cause de personne. Avertissons bien les esprits empressés à tout traduire en délit, que nous ne parlons ni pour Morey, ni pour Pépin; nous parlons contre cet assassin vantard, avec sa phrase perpétuelle : — Un homme comme moi!

Un homme comme lui est toujours un misérable, quand il commet un crime pareil au sien; mais lorsque ce crime vient, à son dire, d'une vanité gasconne de tenir une parole; quand on a assassiné quarante personnes pour l'honneur de cette parole, on se tait; et s'il est entré dans ce cœur d'assassin quelques remords, on les emploie à se repentir, et non pas à se vanter. En vérité, les choses arrivent par des degrés si insensibles, que l'on ne s'aperçoit pas du chemin qu'elles ont fait; mais si le 30 juillet on eût dit que Fieschi se poserait devant la Cour des pairs en sauveur de la monarchie, et que la Cour des pairs ne se lèverait pas d'indignation, on eût été franchement sifflé, sinon traduit en police correctionnelle.

Et pourtant nous en sommes là; Fieschi a dit qu'il avait fait couper plus de barbes de bouc que la garde nationale. Comment l'entend-il? Est-ce en ce sens que barbe de bouc veut dire républicain, et que l'on a cru ne pas vouloir accepter la solidarité d'une qualification que le pouvoir s'est longtemps obstiné à donner à Fieschi? Si c'est ainsi, il a raison. Si ce n'est point cela, qu'est-ce que cette phrase qui a été applaudie par l'émotion de l'assemblée ? Mais heureusement pour les hommes de toute opinion, carlistes, républicains et juste-milieu, Fieschi n'en a pas. Il n'a pas même l'excuse de l'aveuglement et de la haine, ce n'est pas même un assassin de parti, c'est un assassin de vanité.

La chose est nouvelle, et mérite d'être remarquée, mais il nous semble que le devoir du juge et de l'accusateur public était de le flétrir et de le briser comme le dernier roseau où s'accrochait le criminel pour s'élever au-dessus du sang qu'il a versé. Il fallait le replonger dans son crime, et l'y montrer à tous les yeux dans sa véritable et cruelle abjection. Ne vous montre-t-il pas lui-même, Lacenaire ne vous l'a-t-il pas montré, que le suprême besoin de l'homme, c'est d'obtenir une considération quelconque? Eh bien! si vous l'accordez à l'impudence ou à la fatuité, quel est le criminel qui ne trouvera pas un moyen pareil de la conquérir?

# CARNET D'ARTISTE

# CARNET D'ARTISTE

I

### Versailles.

Versailles, cette grande idylle mythologique, alignée par Le Nôtre, en collaboration avec Louis XIV, va se rajeunir d'un siècle et demi. On taille les arbres, on émonde les plantes parasites, on frise les boulingrins ; on rend les membres absents aux statues invalides ; on repolit les Tritons limoneux, les Amphitrytes usées, les Latones rongées par les grenouilles, les Neptunes qui disent le : *Quos ego,* les dieux Termes, les Faunes, les Pans, les Egypans, les Satyres et les monstres marins d'eau douce, enfin tout ce peuple de bronze mythologique, qui a couru la chance en 93 d'être changé en pièces de deux sols, métamorphose qu'Ovide n'avait pas prévue. Les Naïades épuisées vont recevoir de l'eau, que leur portera la nouvelle machine de Marly. Il n'en coûtera plus 12,000 fr. au trésor pour donner quelques gouttes d'hydrogène à ces mille gosiers d'airain, toujours altérés.

Depuis plusieurs années, quelques ouvriers qui s'amoncellent sur un seul point, afin de paraître nombreux, recrépissent, badigeonnent, vernissent cet immense château que la colère du peuple avait lézardé, parce que le ciment qui l'avait bâti fut détrempé par les larmes du peuple. On a eu beau faire, cet édifice n'a pu être épargné de son mauvais goût original ; c'est toujours, du côté de la ville, un absurde entassement de pierres, et du côté des jardins, un mur long et plat, percé de croisées innombrables. On ne voirait jamais que Versailles est contemporain de la colonnade du Louvre et de l'hôtel des Invalides. C'est une tapisserie de Mignard ou de Boucher, inspirée par un roman de d'Urfé, traduite en pierre, par Perrault devenu vieux. — 1835 est arrivé ensuite avec son luxe indigent, et il a achevé l'œuvre de mauvais goût. Quatre gendarmes, de quinze pieds de haut, viennent d'être placés sur piédestal, dans la cour d'honneur ; je crois, du moins, que ce sont des gendarmes, ou peut-être des dragons. Le statuaire les a si bien drapés de leurs manteaux, qu'on ne peut distinguer l'arme à laquelle appartiennent ces guerriers de marbre : ce sont quatre casques posés sur quatre manteaux.

Les galeries intérieures sont à peu près terminées ; elles sont farcies de tableaux. Avec ces toiles on pourrait tapisser toutes les maisons de Paris. En les vendant au prix de la toile usée, on en retirerait aisément 12 à 15,000 fr.; la couleur passerait sur le marché; il en eût coûté bien davantage s'il eût fallu couvrir les murs du château de tentures de soie. L'économie est, cette fois, bien entendue ; et à tout prendre, les trente-six mille tableaux extraits des caves des résidences royales, feront toujours mieux au coup d'œil que des tapisseries d'hôtels bourgeois. On assure qu'une seule promenade dans cet immense musée peut donner l'ophthalmie ; on louera des lunettes vertes à la porte, les jours d'exhibition. Les amateurs de tableaux en verront de toutes les couleurs.

Dans cette peinture torrentielle, surnageront pourtant, dit-on, quelques compositions remarquables. L'art contemporain a fourni son contingent. Nos jeunes et vieux maîtres ont été appelés à jeter un peu de chaleur et de vie sur toutes ces antiques natures mortes, ensevelies, ressuscitées un beau matin dans les catacombes de Compiègne, de Rambouillet, du Louvre et de Fontainebleau. Versailles sera le professeur qui nous enseignera l'histoire de France par le procédé pittoresque. C'est une entreprise tout à fait de mode ; elle réussira. Une fois le chemin de fer établi de Paris à Versailles, nous irons assister à la leçon. C'est Pharamond qui ouvre le premier chapitre, c'est-à-dire la première salle ; comme nous n'avons pas de portrait de ce roi, attendu qu'il n'a pas existé, c'est M. Vatout qui a posé pour Pharamond.

M. Larivière et M. Devéria terminent en ce moment, dans les ateliers du Louvre, les deux tableaux qui clôturent l'histoire de France, et la conduisent à nos jours. M. Larivière a rendu sur une immense toile l'*Arrivée du duc d'Orléans à l'Hôtel-de-Ville*, après les journées de juillet. Le prince est à cheval, escorté de tous les personnages éminents de l'époque; le peuple est dans l'ombre, dans la demi-teinte; mais il brille par son absence. Ce tableau renferme de belles parties, l'artiste a vaincu beaucoup de difficultés inhérentes à l'exécution d'un pareil sujet. M. Devéria donne à Versailles un excellent tableau, représentant *le Roi des Français inaugurant la Charte de 1830*. Nous ne connaissons pas le peintre qui a été chargé de suspendre aux murailles de Louis XIV les hauts faits d'armes du peuple des trois jours; cette dernière leçon d'histoire sera, sans contredit, la meilleure et la plus profitable pour le maître et les écoliers.

## II

### Le salon de 1836. — La sculpture.

Je ne sais trop pourquoi les analyses des expositions ne commencent pas par les articles de sculpture. C'est toujours la peinture qui a le pas. Pourtant la sculpture est sa noble sœur aînée ; son premier atelier fut le paradis terrestre ; le premier sculpteur fut Dieu. Avec de l'argile, il fit Adam, et l'exposa dans les vastes galeries de l'Eden. Aucun journal ne rendit compte de ce beau début, Dieu fut obligé de se faire son feuilleton : « *Vidit quod esset bonum*, dit la Genèse ; » il vit que cet ouvrage était bon. La sculpture est aussi ancienne que l'amour-propre d'artiste ; c'est par elle qu'il faut commencer.

Notre sculpture de 1836 est généralement pâle et maladive : c'est un art qui souffre. Où est donc Foyatier, notre énergique créateur de Spartacus ? Foyatier n'a exposé qu'un buste de madame de Fitz-James, buste d'une exquise ciselure, d'un modèle ravissant : marbre et chair sont synonymes avec lui. On dit cependant que cet artiste a des richesses dans son atelier de la rue Madame; on a parlé d'une vierge, d'une baigneuse, et surtout d'une charmante statue de femme, toute moderne de physionomie, et couchée sur un sopha. Pourquoi l'atelier avare a-t-il gardé ces beaux ouvrages? C'est là un de ces secrets d'artiste qu'il n'est pas permis d'expliquer.

Pradier a exposé un groupe d'Amour et de Vénus. C'est de la belle nudité, mais pas assez divine; Vénus est trop une femme, et pas assez une déesse. L'idéalisation antique se fait regretter autour de ce marbre; un peu moins de chair, et la déesse se serait révélée aux adorateurs. L'Amour est un bel enfant qui ne sera jamais un Dieu. Quand les artistes traitent ces sortes de sujets, il faut qu'ils rentrent dans les conditions graves de la statuaire antique. Comme personne ne les oblige à faire des dieux et des déesses, ils sont tenus d'être païens, lorsqu'ils en font. Ces remarques d'intime analyse n'ôtent rien au mérite de ce groupe; changez les noms, et l'œuvre est parfaite. Ne voyez là qu'une jeune mère et son enfant.

A côté de cette Vénus, si voluptueuse, si séduisante, si femme, s'asseoit le Chactas de M. Duret; beau travail qu'on croirait signé : Jean de Bologne ; c'est du bronze comme en coulait le grand artiste italien. J'aime mieux ce Chactas que celui de Châteaubriand; il est mieux, sa douleur ne s'ébruite pas en métaphores spirituelles ; c'est un admirable désespoir de sauvage américain, une résignation de Mohican.

J'aime les animaux de Baryes; c'est le Praxitèle de l'Atlas, c'est le Phidias du désert de Barca ; Baryes a vécu avec les lions et les tigres ; il ne les copie pas à la Ménagerie, comme Buffon, il les visite au désert comme Androclès. Son magnifique lion de bronze (1) est plus beau que nature ; il a une allure idéale de monstre numide qui donne la terreur. Ce bronze rude se crispe admirablement, dans un accès de rugissante colère ; rien de vrai comme cette menaçante contraction des muscles du museau. Le modèle a posé sur une dune de sable ; le sculpteur était assis sous un palmier, le lion avait fait grâce au sculpteur ; il y avait trêve entre eux.

Voici un nom populaire : voici un artiste qui prend ses modèles dans la foule, et laisse à Baryes le désert. Voici Dantan, le Phidias de la comédie sculptée. Cette fois, Dantan a fait de l'art sérieux. Ne réussit-il pas d'ailleurs dans tous les genres ? Il tient exposition permanente de ses petits chefs-d'œuvre, de ses bustes moqueurs comme une phrase de *Candide*. Dantan n'a pas besoin du Louvre : son salon, c'est Paris ; son public, c'est la foule incessante qui roule et se replie de la Bourse aux Panoramas. Aux salles basses de l'exposition, Dantan a fait acte de présence et je l'en félicite ; son nom doit être inscrit partout où le marbre se pose sur le piédestal. Ses bustes sont travaillés avec un bonheur plein d'esprit. Dantan nous a rendu la physionomie harmonieuse de Bellini ; il a donné à ce marbre vivant toute la pureté ravissante d'une phrase des *Puritains*.

Nous avons commencé notre revue du salon de sculpture par les noms célèbres ; nous continuerons avec d'autres noms.

(1) Ce lion a été placé depuis au jardin des Tuileries, au bas de la terrasse du bord de l'eau. P.-A.

Un critique, pour sortir de l'ornière, doit se montrer aujourd'hui tout empressé de prodiguer l'éloge, et très-répulsif au blâme. Que les artistes nous pardonnent notre sévérité ; la phrase maligne est dans nos attributions inaliénables :

> Et la garde qui veille aux barrières du Louvre
> N'en défend pas les rois.

On achève l'arc de triomphe de l'Étoile : voici bientôt trente ans qu'on a commencé de l'achever. Nous sommes arrivés aux bas-reliefs.

On est étonné de ne pas trouver à l'exposition les plâtres des ronde-bosses, destinés à ce monument. Un seul est visible ; il représente un épisode de la campagne d'Égypte ; c'est assurément un beau travail. Bonaparte est dignement posé ; les figures sont groupées avec intelligence. On regrette que l'artiste ait étouffé le général Kléber et son cheval sur le dernier plan. De cette manière, la figure principale manque d'air. Ce bas-relief serait parfait, si l'artiste sacrifiait le vainqueur d'Héliopolis au vainqueur d'Aboukir. Ce modèle, en plâtre, est réduit de moitié ; le marbre s'harmonise ainsi très-bien aux proportions colossales du monument auquel il est destiné. M. Seurre aîné nous a donné ce magnifique bas-relief.

Maintenant où sont les autres ? On assure qu'ils sont terminés, mais qu'ils redoutent le grand jour. On ne les jugera qu'à distance. La négligence apportée à quelques autres bas-reliefs accuserait sans doute le ministre, lequel aurait, dit-on, manqué de discernement dans le choix des artistes. Cela ne nous étonnerait point. M. Thiers s'est fait, dans un certain monde, une réputation d'homme éclairé en matière d'art. La vérité pure est que M. Thiers a un goût commun et un instinct malheureux ; c'est un grand remueur de moellons et de marbre ; un maçon en chef, qui confond souvent le manœuvre et l'artiste, le tailleur de pierres et le sculpteur. M. Thiers n'a point d'élévation dans les idées ; son moral est exigu comme son physique ; il a une pensée froide qui se démène dans le cerveau pour l'échauffer ; il est trop préoccupé de politiques ambitions pour rendre aux beaux-arts ce culte de candeur virginale, cet enthousiasme serein, qu'on ne trouve ni dans les chiffres, ni dans les portefeuilles, ni dans les budgets. M. Thiers est artiste, comme une soustraction est poétique, comme Barême est sentimental.

M. Thiers s'escrime à gâter le temple ou l'église de la Madeleine : je crois qu'il y a de la jalousie dans son fait ; il ne pardonne pas à la colonne corinthienne d'être plus grande que lui. C'est sous son règne qu'ont éclaté ces longs débats, à propos des peintures de la Madeleine ; c'est lui qui a dit un jour à ceux qui trouvaient les colonnes trop lourdes : « Eh bien ! il faut les canneler. » C'est lui qui a chargé le fronton de cet écrasant bas-relief, dont les figures se croient grandes, parce qu'elles ont quinze pieds de haut ; celles du Parthénon n'en ont que six ; on leur en donnerait cent. Aujourd'hui, cette Madeleine malheureuse et non repentante, comme sa patronne, vient de nous initier, par le canal de l'exposition, dans le mystère plastique de ses bénitiers. La Madeleine aura les deux plus formidables bénitiers qui aient jamais oint des fronts chrétiens. La conque ou cuvette est raisonnable pourtant ; elle ne contiendra qu'une pinte

12

d'eau ; mais elle est flanquée d'une Religion e. d'une Foi, à tailles gigantesques, et lourdes à dégoûter le public de la foi et de la religion.

Mais qui nous délivrera des allégories ? Ô M. Thiers ! l'allégorie n'a-t-elle pas assez longtemps émoussé le ciseau et desséché la palette ? Pourquoi proposer ainsi éternellement des logogriphes de marbre aux portes des églises ?

— Une grande femme, toute empâtée de draperies, n'ayant de la femme que la figure, et levant au ciel ses yeux vides, savez-vous ce que c'est ? dit-on au fidèle qui prend de l'eau bénite.

Le fidèle répond :

— Parbleu ! certainement, c'est sainte Madeleine.

— Vous n'y êtes pas. Est-ce que vous croyez que toutes les statues sont des Madeleines ?

— Voyons, c'est une sainte, enfin ?

— Non.

— C'est une dame ?

— Non, impie.

— C'est la Vierge ?

— Non.

— Ah ! j'y suis ! elle tient une couronne, une petite couronne à la main, une couronne qui ne va pas à sa tête, c'est une reine ?

— Elle porte une triple couronne, regardez bien ?

— C'est Marie-Louise ?

— C'est la tiare !

— La tiare !

— Eh bien !

— Eh bien! qui est-ce qui porte la tiare?

— C'est le pape.

— C'est la Religion; cette statue est la Religion.

M. Thiers devrait placer son bénitier de la Madeleine à la porte de son hôtel; il lui servirait au moins à donner de l'eau bénite de cour.

A l'heure où nous écrivons, M. de Cailleux (1) est l'homme de France et de Navarre qui est le plus tourmenté: il a contre lui quinze cents artistes, environ. En fait de susceptibilités raisonnables ou folles, quinze cents artistes équivalent au reste de la population. M. de Cailleux est debout, sur le pinacle du Louvre, et il est percé de flèches comme saint Sébastien, par cette armée d'artistes furibonds.

M. de Cailleux exerce au Louvre la même domination que le comte de Saint-Bris, dans l'opéra des *Huguenots*. Soyons justes, pourtant, M. de Cailleux n'arbore pas la croix de Lorraine, et bien qu'on proteste, de toutes parts, contre lui, il n'a fait tuer aucun protestant. Nous sommes redevables de cette amélioration dans les mœurs aux progrès de la civilisation et à la musique de Meyerbeer.

Au Louvre, dans les bureaux de journaux, et dans le foyers de tous les théâtres, on n'entend que ces mots:

— Avez-vous vu mon tableau?

— Oui, parfait! très-bien! compliment!

— Mais avez-vous pu le voir?

— A merveille! Dans le grand salon?

— Du tout; il est dans la galerie.

(1) En 1836, M. de Cailleux était directeur et organisateur des Musées. — P.-A.

— Oui, oui, dans la galerie.

— Eh bien ! que dites-vous du jour ?

— Il fait assez beau.

— Ah !... mais... assez bon, je crois.

— Vous voulez rire ?

— Oui, oui, c'est une plaisanterie, un jour pas favorable du tout ; clair obscur.

— Un jour exécrable ! c'est un fait exprès ! M. de Cailleux a une dent de lait contre moi ; il m'a enterré.

— C'est M. de Cailleux qui vous a joué ce tour-là ?

— A moi et à mille autres. Depuis quinze ans je sollicite trois pieds carrés dans le grand salon. Impossible d'y toucher ; M. de Cailleux m'avait promis pour cette année ; bah ! les considérations ! les intrigues ! que sais-je ! je suis relégué dans la travée noire, où le soleil n'a jamais mis le nez. Ah ! M. de Cailleux !

Et la poste aux lettres est occupée, matin et soir, à porter des réclamations à M. de Cailleux : — Le grand salon, — le mauvais jour, — la travée noire, — enterré, — un malheureux artiste, — la cabale, — ennemi de l'intrigue. — Tout cela est timbré quinze centimes, et arrive franc de port à M. de Cailleux. C'est un fleuve épistolaire qui doit emporter M. de Cailleux dans son cours.

Les exagérés soutiennent avoir vu M. de Cailleux au balcon de Charles IX avec la carabine de ce roi, couchant en joue Nourrit, Levasseur et mademoiselle Falcon, qui se promenaient sur le pont des Arts. Ce tableau avait déplu à M. de Cailleux.

M. de Cailleux est à plaindre ; mais nous ne le plaignons

pas. Il jouit d'un pouvoir illimité ; il tient tête aux ministres ; il lutte, corps à corps, avec M. Thiers ; il plane, dit-on, sur des volontés augustes. M. de Cailleux veut même entrer en collaboration avec le roi Louis-Philippe pour le travail organisateur du musée de Versailles. La France ne se doute pas de la fortune colossale de M. de Cailleux. Les calomniateurs, ou du moins les médisants, certifient qu'il n'est pas fort à l'endroit des arts. On cite maintes bévues : M. de Cailleux est brouillé à mort avec Raphaël ; voyez comme c'est fâcheux pour Raphaël ! Madame de Cailleux raffole de M. Dubuffe ; il est en extase devant M. le baron Gérard ; il adore cette grasse dame parisienne, au châle Ternaux, que M. Gérard appelle Corinne, et qui improvise des vers, à ce que dit encore M. Gérard, devant un pied d'indigo cristallisé, que M. Gérard et M. de Cailleux nomment le cap Misène, ou le golfe de Baïa.

On se demande aussi quels sont les titres de M. de Cailleux. Un artiste se console quelquefois d'une décision prise contre lui, lorsqu'il s'est vu juger par son pair ; mais il se récrie contre M. de Cailleux. Nous avons cherché partout l'œuvre de M. de Cailleux ; probablement sa modestie d'artiste lui a fait enfouir ses productions ; car nous supposerons toujours qu'il a produit, jusqu'à preuve contraire. Les hautes et intelligentes fonctions que M. de Cailleux remplit exigent une illustration préalable dans le saint domaine des arts. Son collègue, M. de Forbin, n'est pas un grand peintre, sans doute ; mais du moins il a fait courir quelquefois un pinceau sur une toile ; il a fait des Turcs au safran, et des pilaus à la jaunisse ; il a fait les ruines de Babylone, au vernis de jaunes d'œuf. M. de Forbin descend d'un amiral de Louis XIV; il a mangé une poule à Jérusalem. Tout cela est quelque chose : le public n'a rien à dire ; Murillo et André del Sarto, s'ils ressuscitaient, subiraient sans murmure la loi de M. de Forbin, parce que M. de Forbin a peint des chameaux ; mais M. de Cailleux ? — M. de Cailleux ! Oh ! Léopold Robert songeait peut-être à ces anomalies lorsqu'il fut attaqué de ce spleen dévorant qui devait associer une tombe française à la tombe de Titien.

Nous ne ferons pas comme M. Jules Janin :

Nous ne nous écrierons point ici: « Charlet! ce bon Charlet, Charlet, l'ami de Dantan ; Charlet, mon ami ; le Charlet que vous connaissez tous ; Charlet, que vous admiriez ce matin sur les boulevards, sur les quais, partout! Charlet s'est montré cette année ce qu'il est: Charlet le peintre, Charlet le poëte! » Nous ne parlerons même pas des enfants et de la femme de Charlet. Nous dirons tout simplement que M. Charlet a exposé, cette année, un tableau qui le place, dès le début, parmi nos meilleurs peintres d'histoire. Nulle trace d'imitation et de tâtonnements, nulle tradition d'école dans cette large et belle peinture : Salvator et Bourguignon n'ont rien à revendiquer dans cette œuvre tout individuelle.

Le peintre a poussé l'horreur de l'imitation jusque dans l'exécution d'un ciel dont les nuages ne ressemblent à rien, pas même à des nuages.

Quant aux blessés français, harcelés par les Cosaques, ils ressemblent, les Français de M. Charlet, s'entend, à des mendiants, à des vendeurs de contre-marques, à des marchands de papiers Weynen, à des revendeurs à la toilette, enfin à de pauvres soldats qui ont entassé sur leurs corps transis et mutilés les pompeuses guenilles de la victoire.

Maintenant nous demanderons à M. Charlet, qui a trop bien compris la poésie de cette scène pour n'en avoir pas été le spectateur, et qui, à l'exemple des plus grands maîtres, semble s'être représenté lui-même sur le premier plan, comment il a pu être surpris par une colonne de blessés qui n'allaient pas au pas de charge, pendant que lui, M. Charlet, déguisé en israélite, s'efforçait d'emporter quelques études du champ de bataille? Nous voudrions aussi savoir s'il a été réellement fusillé par le troupier qui le couche en joue dans son tableau.

Quant à son ami (probablement M. Bellanger) qui, affublé du même costume, prend un croquis dans la poche d'un mourant, sous les yeux même de l'ennemi, et pendant qu'on fusille son camarade, nous nous empressons de rendre hommage au consciencieux et téméraire amour de l'art qui l'animait en ce moment suprême.

On raconte que M. Charlet, fort jeune, et déjà populaire, se fit présenter un jour à M. Gros, qui le reçut avec une distinction fastueuse et lui dit: « Monsieur, je n'ai rien à vous apprendre, mais je serai toujours heureux de vous voir dans mon atelier. » Vraie ou fausse, cette anecdote, qui fait le plus bel ornement de la mémoire du rapin, rapproche naturellement, dans l'esprit du critique, le premier tableau d'histoire de M. Charlet et la dernière page historique de M. Gros.

Ces deux grands artistes s'étaient partagé l'empire, comme Racine et Molière avaient fait de la scène. A chacun sa part:

à l'un, le gamin sensible et goguenard, le vieux grognard soucieux et naïf, comique et sublime à ses heures, le conscrit gauche et crédule, mais qui se forme au bivouac et se durcit au feu ; à l'autre, nos victoires et nos désastres dans toute leur pompe tragique, les grenadiers épiques d'Eylau et d'Aboukir, les maréchaux caracolant autour de Bonaparte ; à tous deux l'empereur.

Et cependant, dussions-nous être blâmés pour quelques critiques de l'année dernière ; dussions-nous être accusés par eux de troubler la cendre de leur mort, nous dirons que, reproduit par le crayon lithographique, dans des proportions restreintes, le tableau de Gros serait à peine digne de figurer parmi les bons croquis de Charlet.

— « Soldats ! du haut de ces pyramides, quarante siècles vous contemplent ! » Ce mot si connu de Bonaparte fut prononcé avant l'action, et non pas sur un champ de bataille couvert de morts et de mourants.

Cette faute d'histoire et de logique n'est nullement rachetée par l'exécution. Les attitudes des généraux qui entourent le général en chef rappellent l'enthousiasme paisible des comparses du Théâtre-Italien. Le ton général est purement conventionnel, et M. Debay, qui a, dit-on, rallongé cette toile, n'a ranimé par aucune beauté de détail la vulgarité de cette œuvre posthume d'un grand peintre.

## III

### La comédie de la mort.

On a fait courir un bruit qui a pris quelque consistance : on a dit que la poésie était morte. Pauvre immortelle ! le prosaïsme l'a étouffée dans ses deux bras de fer ! Pauvres poëtes ! race éteinte à jamais, comme celle des sphinx et des griffons ! Il s'est trouvé des esprits consolants qui ont pensé que cette nouvelle n'était vraie qu'à demi, et qu'il ne s'agissait que du décès de la mauvaise poésie ; quant à la bonne, il paraîtrait qu'elle existe encore et que même elle vivra ; elle vivra tant que vivront le ciel, l'amour, la religion, le soleil, le printemps. Le jour que la poésie mourra, il restera si peu de joie à ce monde indigent, qu'il ne vaudra pas la peine de vivre pour faire des lieues sur les chemins de fer.

Il fut une époque où les vers plus ou moins alexandrins régnaient despotiquement sur la France littéraire. De 1804 à 1814, chaque jour voyait éclore son petit poëme épique en vingt-quatre chants. Soixante rois de France, depuis Pharamond jusqu'à Charles IX inclusivement, obtinrent ainsi les honneurs de l'épopée. On se désolait beaucoup alors du malheur de la France qui n'avait pas de poëme épique, lorsque les autres nations avaient le leur. C'était un chagrin national, et tout bon citoyen se dévouait à une épopée en *iade* qui devait consoler notre pays. Personne ne se doutait que la France travaillait elle-même à son épopée en vingt-quatre ans, qu'elle découpait l'Europe et l'Afrique en mille feuillets ; qu'elle avait des pyramides pour pupitres, des colisées pour cabinets de méditation, des salves d'artillerie pour annonces, et qu'elle sablait ses pages avec toute la poussière des déserts. Cette grande poésie en action fut si éblouissante qu'elle ne fut pas remarquée par les poëtes épiques contemporains. On continua toujours à faire des *Clovisiades*, des *Louisiades*, des *Mérovéides*, ainsi que l'atteste la collection du *Journal de l'Empire* dans une période littéraire de dix ans. Cette abondance inouïe d'hémistiches aurait étouffé la librairie sous un encombrement général, sans la sage prévoyance de Napoléon. Tous les jours, un ordre secret faisait enlever et payer une certaine quantité de poëmes épiques chez les éditeurs du Palais-Royal. Le public était censé avoir fait les emplettes, et l'amour-propre du versificateur n'en souffrait pas. La poésie épique, ainsi enlevée par ballots, était expédiée clandestinement vers un port de mer. On embarquait une édition de *Mérovéides* ou de *Clovisiades* sur un brick allant en croisière; le capitaine, discret, jetait les ballots dans la mer, sous prétexte que le lest était trop pesant; et certes, il ne mentait pas, ce brave capitaine. On conçoit toute la puissance d'encouragement qu'un pareil procédé donnait à la littérature épique. C'est inimaginable la quantité d'invocations aux muses, de descentes aux enfers, de songes, de batailles imitées de Virgile, que l'Océan a dévorés! Si les flots laissaient la Manche à sec, on trouverait les noms de tous les héros de l'univers passés à l'état de madrépores. Il est sans doute à regretter que cette mode impériale soit tombée en désuétude, chez les ministres de l'intérieur, depuis l'invention du gouvernement représentatif. Aujourd'hui on y regarde à deux fois avant d'invoquer une muse pour lui demander vingt-quatre chants. De là vient la disette d'alexandrins, et la rareté des poëtes. C'est aussi ce qui a fait croire à bien des gens que la poésie était morte, et que, de nos jours, le poëte était semblable à l'épi du champ dont parle l'Evangile, à l'épi qui ne vit qu'un jour et meurt le lendemain. Grâce à Dieu, il s'en trouve encore, en bien petit nombre, il est vrai, de ces nobles organisations qui chantent et consolent; elles sont d'autant plus précieuses maintenant, qu'elles sont isolées, et qu'autour d'elles toute lèvre fait silence. Demandez si la poésie est morte, à cette intelligente jeunesse qui attend un livre de Victor Hugo ou de Lamartine, comme une de ces nobles voluptés qui font le bonheur de l'âme. Quels sont les ouvrages dont la vogue a surpassé la vogue des *Orientales*, des *Méditations*, des *Chansons de Béranger*, des *Messéniennes*, et d'autres œuvres qui, n'étant pas écrites en vers, étaient pourtant de la poésie par le fond, comme *Notre-Dame de Paris*, le plus beau livre du siècle et de bien des siècles; *l'Epopée napoléonienne* de M. de Ségur; *Cinq-Mars*, de M. de Vigny; les *Impressions de voyage*, de Dumas, et tant de délicieux romans de nos prosateurs poëtes, si populaires aujourd'hui ? Et c'est en présence de tels faits qu'il faudrait mener le deuil de la poésie, et enregistrer son acte de décès ! Jamais au contraire, en aucun temps la divine fille n'eut plus d'adorateurs ; les peuples se sont faits Mécènes pour couvrir de munificence ceux qui chantent en son nom. Il est vrai, disons-le encore, que jamais, en aucun temps aussi, l'accès de la Corinthe poétique ne fut plus difficile ; la porte étroite de la ville aux deux mers ne s'ouvre qu'aux voix qui savent les paroles de l'adepte, elle reste close devant les timides et douteuses vocations.

C'est donc avec joie que les nombreux amants de la poésie salueront l'avénement d'un nouvel initié ; avec joie, parce que la poésie est plus en honneur que jamais, et parce que les poëtes sont rares. Voici un poëte qui se lève ; il ne prélude pas, il chante. Nous le connaissions déjà, et nous l'aimions dans sa prose ardente, originale, pleine d'un esprit de haute distinction, semée d'effets inattendus. Théophile Gautier est un de ces très-jeunes hommes qui ont acquis toute la maturité de la pensée et du talent dans une époque où l'expérience arrive vite, parce que nous vivons beaucoup en un jour ; son adolescence impressionnable a traversé le siècle tridien de notre dernière révolution ; elle s'est dévoloppée au milieu de ces agitations de place publique, dont nous avons été les témoins ou les acteurs. Lorsqu'on a reçu de bonne heure la faculté de sentir et de juger, et qu'on a pu voir, de sa croisée, passer des histoires dans la rue, au lieu de les lire dans un livre ; lorsqu'on a connu enfant le bruit étrange que jette une fusillade aux angles d'un carrefour, et le reflet du sang sur le pavé d'une promenade, on est surpris d'être arrivé à vingt ans avec les idées de l'âge mûr; et si l'esprit s'abandonne alors aux méditations sérieuses, ce n'est point par calcul puéril de jouer le rôle de penseur mélancolique, et de faire de l'élégie de contrebande aux dépens de la crédulité du lecteur : c'est tout de bonne foi que le jeune homme se recueille comme un vieillard, et donne, comme Ovide, une larme après un sourire, une *triste* après un chant d'amour. Voilà ce qui nous explique par quelle direction d'idées Théophile Gautier a été amené à produire sa *Comédie de la mort*. Le poëte ne s'est pas dit, faisons quelque chose de bien sombre, faisons de l'horrible avec préméditation ; cela convient au siècle, escamotons-lui un succès en flattant ses goûts. Il n'a fait qu'obéir à ce profond instinct d'une âme blessée de bonne heure, et qui ayant dépensé au premier relais du voyage une somme infinie d'illusions, et ne pouvant plus accepter sérieusement ni la mort ni la vie, s'enveloppe d'une gaîté extérieure pour le commerce du monde, et garde son amertume pour l'isolement.

Lorsque Dante travaillait à sa Divine Comédie, on s'étonnait autour de lui de cette bizarre tournure de génie qui s'obstinait à traîner un deuil perpétuel, dans une ville et dans un siècle où toute chose et toute voix conseillaient le plaisir. Dante répondait au monde avec ce rire italien plein de charme et de franchise. On s'étonnait que cet homme, si sombre dans son vers, ne se retirât point dans les bois de Vallombreuse, pour y vivre en anachorète, ou dans le cloître de *Santa Maria novella*, pour y vivre en moine. Dante restait dans le monde, et lui prenait tout ce qu'on peut lui prendre de doux ; bien loin de signer le pacte de cénobite, il s'installait au centre de Florence, et vivait en péripatéticien, sur la bruyante place du Dôme, où l'on nous montre encore aujourd'hui sa pierre de repos, *Sasso di Dante*.

Le poëte était fort joyeux avec ses amis, et ce n'était, sans doute, qu'aux heures intimes de l'épanchement qu'il leur murmurait aux oreilles quelques-unes de ces paroles de désespoir qui semblaient les échos de son œuvre. C'est que Dante avait vu, au seuil de la vie, tout ce qui peut faire douter de l'homme, de la vertu, de la providence, du bonheur. Il avait assisté au spectacle de deux villes, Pise et Florence, nées toutes deux dans les fleurs, nées pour vivre et jouir, et qui par quelque inexplicable entraînement d'ennui, s'étaient un jour ruées dans la boue et le sang, comme deux belles bacchantes, lasses du plaisir. Ce fut dans un de ces moments d'irritation qui bouleversent les grandes âmes et les indignent contre la nature humaine, que Dante avait couru à Ponto-d'Era, pour jeter sa voix conciliatrice, et son rameau d'olivier entre les armées des deux sœurs rivales : de ces terribles souvenirs il avait conservé au fond du cœur ce trésor d'amertume sombre avec lequel il traversa la vie, et qui fut la source de ses inspirations. C'est ainsi que toujours le poëte mortellement ulcéré va chercher dans le ciel ou dans l'enfer un monde meilleur ; il a comme tout autre sa vie de citoyen à faire, et il la laisse couler avec insouciance en se mettant au niveau de ses voisins ; puis il se réfugie dans sa thébaïde pour y vivre d'une autre vie, de sa vie de prédilection. Souvent le poëte se fait un cloître dans la foule, *vaste désert d'hommes*, comme dit M. de Chateaubriand cette Niagara humaine qui mugit à ses oreilles, est impuissante pour lui donner une minute de distraction.

En lisant le poëme principal qui donne son nom au livre de Théophile Gauthier, on sent que le poëte n'obéit point à un caprice de mode, à une fantaisie de libraire, à une velléité d'imitation. Sa strophe se déroule avec une majesté calme et un luxe de force qui annoncent une source abondante et inépuisable dans le réservoir du cœur. Avant d'écrire, le poëte avait longtemps médité. Il avait conduit sa pensée funèbre à travers ce monde qu'il aime, au théâtre, au bal, à la promenade, au banquet, partout où l'on trouve de joyeux amis, de jolies femmes, de bonne musique, du plaisir ou de l'étourdissement. On conçoit cette volupté de jeune homme qui se plaît à recueillir une à une des pensées de vieillard désenchanté, et à les jeter avec un rire charmant à la foule stupide qui passe. Tout ce qu'on appelle joie, bonheur, délire dans notre vallée de larmes, Théophile Gautier le brise, le couvre de cendres, l'étreint d'un linceul; mais sans colère, sans indignation ; c'est une chose toute simple qu'il fait ; il est impassible comme la nature et le destin, ces froids ennemis de l'homme.

Ce poëme ressemble à une de ces vastes nécropolis d'Orient; chaque strophe est comme une tombe ; chaque tombe vous parle à votre passage, elle vous dit un secret, un secret horrible, avec une tranquillité de marbre. Par dessus tout ce monde éteint qui se lamente sous le suaire, il y a des rayonnements de soleil, des jeux folâtres d'ombre, des parfums de cyprès, des reflets de jaspe et de porphyre. C'est la grande mort, dans sa riche toilette de fiancée du genre humain. Le livre de Gautier est comme un projet d'épitaphe destiné aux funérailles de l'univers.

En sortant de cette nécropolis, où le poëte a soufflé à votre oreille comme le fantôme de la Bible, et vous a dit tant de choses d'épouvante, vous entrez dans le monde des vivants, ce monde semé de ronces et de fleurs pâles, emblèmes des douleurs qui sont toujours vraies, et des plaisirs dont bien souvent on doute. Le jeune et ardent poëte se montre là tout entier avec ses passions, sa fièvre de désir, ses rêves de volupté, sa gaîté délicieuse, son esprit d'élite, ses sympathies, ses répugnances, ses caprices, ses dernières illusions. Chacune de ses pièces se rattache par un lien sensible à la poésie mère, *la Comédie de la mort*, ce sont les étincelles qui ont jailli du grand foyer. Il y a là telle page dont on peut alimenter un jour de rêverie ; tel petit poëme qui ferait la réputation d'un penseur allemand ; telle satire qui ne redoute pas le voisinage de Juvénal et de Régnier ; tel sonnet qui *vaut un long poëme*. Les *Vendeurs du Temple* et l'épître à un *jeune Tribun*, pour ne citer que cela, sont deux morceaux admirables de poésie, de bon sens, de philosophie sage, d'inexorable vigueur. Toute la vie de l'artiste penseur est résumée dans ces poésies. Ceux qui croient que les poëtes n'entendent rien aux choses de ce monde, et qu'ils s'égarent dans l'appréciation des hommes et du siècle, n'ont qu'à méditer ces vers philosophiques de Gautier ; ces vers étonnent par une vérité profonde et désespérante, que l'expérience seule semble devoir apprendre, et qui a été si merveilleusement révélée à un poëte à peine sorti de ses vingt ans. Certes, une pareille publication donne droit de cité, dans l'enceinte étroite où vivent les grands poëtes : Théophile Gautier a pris son rang du premier pas ; il a commencé comme tant d'autres voudraient finir ; et que de chants il lui reste encore à nous faire entendre après avoir si tôt et si bien commencé !

# UNE NUIT A TABLE

# UNE NUIT A TABLE

———

On soupait, on buvait, on jasait; on était sur le point d'avoir de l'esprit.

Ceux des convives qui avaient le vin sentimental demandaient une histoire d'amour pour deux, accommodée au vin de Champagne frappé.

Ceux qui avaient l'eau de source sombre inclinaient pour un drame noir.

— Non, messieurs, s'écria celui qui donnait à souper. Pour le moment, je ne me sens pas en veine de faire un drame noir, à huis clos; je ne saurais non plus vous faire une histoire d'amour. Mais vous aurez un toste.

Là-dessus, levant son verre plein de bordeaux-laffitte, il dit :

— Messieurs, nous voici attablés sur les boulevards élégants, dans un des restaurants à la mode, où déjeune, dîne et soupe d'ordinaire le Paris qui porte des gants blancs. Quelle misère ! Tout ici est en or, même la cervelle du chef. Les faisans sont dorés, les couteaux sont en argent massif, la dame de comptoir est vermeille ; les cure-dents sont taillés dans des topazes, parfois dans des rubis. Mais on ne sait plus y faire rôtir une perdrix rouge, comme cela était si commun au commencement de ce siècle. Rappelez-vous l'art de manger tel qu'il était en 1800 ! La cuisine s'en va ; les dieux et les chefs de lèchefrite s'en vont : ce sont les restaurants élégants qui font tout tomber.

En ce moment, il vida son verre, le remplit de nouveau et ajouta :

— Je veux vous parler d'une grande ruine, d'un restaurant qui n'est plus.

Paris ne garde pas ses monuments ; l'autre jour, j'ai remarqué deux grandes lacunes. Rue des Bourdonnais, n° 11, le vieux palais gothique de Philippe le Bel a disparu ; il est remplacé par une grande, lourde et blanche maison. Sur le boulevard du Temple, le vieux Cadran-Bleu a disparu aussi. On trouve, il est vrai, un peu plus loin, un restaurant décoré de la même enseigne, mais le vrai Cadran-Bleu, celui de Fanchon, n'existe plus.

C'était aussi un monument digne de respect. Placé à l'entrée de Paris, il enseignait aux jeunes filles que la sagesse donne la fortune et la célébrité, en économisant les remords. Nos pères ont vu ce prodige en plein Paris, et quel Paris ! Non pas celui que vous voyez aujourd'hui, morne, triste, réservé, cloîtré dans son enceinte, mais un Paris fou, écervelé, libertin, bruyant, spadassin, joueur, mythologique.

Tout à coup, au milieu de ce Paris, tombe des montagnes de la Savoie une jeune fille qui jouait de la vielle, et qui probablement en jouait fort mal ; elle établit ses concerts devant le Cadran-Bleu, alors défrayé par une jeunesse charmante et amoureuse de dépravation.

Les faux abbés de cour, les marquis, les robins, les clercs, les comédiens, les financiers font le siége de la belle Savoyarde Fanchon ; mais sa vertu est une citadelle qui ferait honneur à Vauban.

La jeune fille se promène sur le boulevard du Temple, agite sa vielle, redit son éternelle chanson, récolte les pièces de monnaie, fait une petite fortune, et se marie sérieusement avec un jeune homme riche, et vertueux comme un héros d'Auguste Lafontaine. Ce jour-là, le Cadran-Bleu prit le deuil.

Fanchon, disent les historiens, n'avait qu'une jolie figure, et elle paraissait encore vingt fois plus jolie par l'encadrement du mouchoir auquel la jeune Savoyarde donna son nom.

La fraîcheur, la grâce, l'éclat virginal de cette figure, gagnaient beaucoup à cette coquetterie innocente de coiffure, à ce cadre de rubans, de linon, de dentelles, que Paris n'avait jamais vu, et que depuis il a trop vu.

Quelle est la femme qui ne s'est coiffée à la Fanchon !

On a fait, au commencement de ce siècle, un vaudeville assez grivois sur Fanchon la vielleuse.

La scène se passe au Cadran-Bleu.

Ce vaudeville a eu cinq cents représentations, et a fait la fortune plus ou moins vertueuse de trois ou quatre Fanchons.

Un demi-siècle après, on a ressuscité la même pièce sous le titre de la *Grâce de Dieu*.

Toujours une Fanchon, pauvre, mais honnête, qui joue de la vielle, chante un air savoyard et adore ses parents.

La *Grâce de Dieu* n'a eu que deux cents représentations, parce que tout dégénère en ce monde.

A la fin de ce siècle, Fanchon reparaîtra encore avec sa même coiffure et avec un nouveau nom savoyard, et on l'applaudira.

Mais nous n'aurons pas retrouvé le Cadran-Bleu et le palais de la rue des Bourdonnais ; qu'elles nous pardonnent, les ombres de Philippe le Bel et de Fanchon !

Et pour finir, il dit encore une fois :

— Messieurs, buvons au souvenir de Fanchon !

---

Après qu'on eut bu en chœur, un de ceux qui avaient le vin sentimental, réclama un moment le silence.

Voici ce qu'il dit :

— Messieurs, c'est une histoire très-simple, le roman qui se déroule tous les jours sous nos yeux.

Vous connaissez tous la rue de Clichy : c'est un des plus charmants quartiers de Paris, surtout à cause des nombreuses maisons d'éducation pour les jeunes demoiselles, qui s'y alignent des deux côtés, jusqu'à la barrière, immortalisée par le maréchal Moncey, le père La Tuile et Horace Vernet, le peintre de toutes nos gloires et de tous nos malheurs.

Au milieu de la rue de Clichy, la rue de nos gynécées, on remarque l'institution de madame Desobri.

C'est une jolie maison bâtie dans le style de la nouvelle Athènes, entourée d'une grille en manière de clôture, avec un vaste jardin et une vue très-étendue sur la campagne.

La directrice qui l'a fondée est une institutrice émérite qui, depuis quinze ans, a su gagner la confiance publique.

Elle est secondée habilement par une sous-maîtresse, mademoiselle Vauthier, qui, après avoir été une de ses plus brillantes élèves, est devenue son associée dans l'administration de l'établissement.

Mademoiselle Vauthier était sans fortune : elle s'est vouée à l'éducation comme les jeunes gens pauvres se vouent au sacerdoce.

Du reste, c'est un sacrifice qui lui a peu coûté, car elle aime le travail, et son ardeur à savoir trouve chaque jour dans l'étude un foyer nouveau qui l'excite et qui l'alimente.

Elle a vingt-cinq ans, et sans être belle dans le sens rigoureux du mot, elle a une de ces figures intellectuelles dont le charme principal est dans la physionomie.

Un peu pédante, comme la plupart de ceux qui, par état, pratiquent la pédagogie (l'enseignement public), mademoiselle Vauthier rachète ce léger défaut par des qualités aimables.

Elle est l'amie de presque toutes les pensionnaires, la confidente de quelques-unes.

Parmi les dernières nous citerons surtout la jeune Léa, dont le père, créé pair de France par Louis XVIII, porte un nom aristocratique.

C'est une charmante fille au teint frais et rosé, aux cheveux blonds et soyeux qui retombent en grappes gracieuses le long de ses joues, à la bouche vermeille, au sourire fin et légèrement moqueur.

Mademoiselle Vauthier aime Léa comme sa fille, et Léa a pour sa sous-maîtresse un attachement profond, une déférence respectueuse.

On sait que chaque pensionnaire a généralement un goût vif et décidé pour une chose quelconque, un caprice d'enfant qui ne l'abandonne qu'après avoir été entièrement satisfait.

Le goût, le caprice de Léa, c'était une bague, un anneau.

Elle ne pouvait voir sans envie un de ces bijoux au doigt d'une femme.

Elle essayait avec une convoitise indicible toutes celles de ses jeunes amies.

Elle hâtait de ses vœux le jour où il lui serait permis de montrer sa main parée d'un semblable ornement.

C'était enfin entre elle et mademoiselle Vauthier le thème qui habituellement défrayait leur conversation.

— Que vous êtes heureuse, mademoiselle Vauthier! disait

ingénûment la jeune fille à la sous-maîtresse. Vos doigts rayonnent et chatoient comme des diamants taillés à facettes, tandis que moi...

— Que tu es enfant, ma pauvre Léa! Ces bagues que tu admires, ne méritent pas d'être enviées. L'une renferme dans son chaton des cheveux de ma mère, de ma mère que j'ai perdue l'année où tu es entrée ici; l'autre me vient de ma tante, morte l'année suivante. Celle-ci est un cadeau d'Augusta le jour de son mariage; celle-là, cette rose, m'a été donnée par madame la comtesse du Parc, dont j'ai élevé la fille...

— Ah! oui, Amélie, qui avait de si beaux yeux noirs et des toilettes si élégantes...

— Enfant!!

— Eh bien! que vois-tu là de si digne d'envie?

— Ah! je te l'ai dit : la bague, l'anneau, c'est l'emblème de la sujétion, de l'asservissement, de l'esclavage. Dans l'antiquité, il en était déjà ainsi chez tous les peuples. Les Gaulois portaient à leurs bras des anneaux de fer, qu'ils n'ôtaient qu'après avoir vaincu leurs ennemis. Ces anneaux étaient un signe de fidélité à la foi jurée, l'esclavage du serment que faisaient les Gaulois d'exterminer par les armes les peuples des nations rivales. Les chevaliers carthaginois, les chevaliers romains portaient des anneaux d'or qui étaient non-seulement une marque de distinction de l'ordre, mais encore un symbole des devoirs civiques qui étaient imposés à chacun de ses membres. Les chevaliers ne se séparaient jamais de leur anneau, pas plus que le prisonnier ou le forçat n'est séparé de sa chaîne. Anneau grossier et retentissant qu'un lourd marteau a rivé à son poignet ou à son pied.

— Je ne te parlerai pas, ma chère enfant, des anneaux qui se suspendent aux ailes du nez des femmes de certaines peuplades de l'Asie et de l'Afrique : ce sont moins des attributs de coquetterie primitive que des témoignages visibles et matériels de l'asservissement de la femme par l'homme.

— Mademoiselle Vauthier ! dit Léa à moitié confuse, je vous remercie de la petite leçon d'histoire que vous venez de me donner en passant.

— On pourrait causer tout un jour, ma chère Léa, sur les anneaux et les bagues ; pour cette leçon, puisque tu veux bien l'appeler ainsi, je te dirai encore que la planète de Saturne porte un anneau, et M. de Chateaubriand prétend avec esprit que cette distinction la fait ressembler *à une veuve inconsolable.*

Cependant, l'éducation de Léa, en ce qui est des leçons du pensionnat, était terminée.

La jeune fille, après avoir eu la meilleure part des prix et des couronnes distribués solennellement et annuellement à la maison de madame Desobri, était revenue au sein de sa famille.

Son entrée dans le monde, sous l'aile de sa mère, sa fréquentation des bals, des spectacles, des concerts, lui avaient fait vite oublier ses camarades de pension ; mais elle avait continué à voir souvent mademoiselle Vauthier, qui dînait tous les samedis à l'hôtel du noble pair de France.

La sous-maîtresse raillait quelquefois son ancienne élève à l'endroit de la fantaisie de celle-ci pour les bagues, et Léa, en dépit des railleries, restait fidèle à son culte, comme un enfant à l'amour d'un joujou préféré.

Léa s'épanouissait au contact du monde comme une fleur aux rayons du soleil.

Sa beauté avait pris des développements qui n'étaient plus d'une pensionnaire de quinze ans et lui avait fait de nombreux admirateurs.

Un jour, au bal de l'ambassadeur d'Autriche, elle attira l'attention d'un jeune diplomate, M. le vicomte Gaston de Valbrun, qui oublia sa gravité jusqu'à danser deux fois avec elle.

Ce Metternich en herbe avait de la distinction dans la figure et dans l'esprit, ce qui ne gâte rien, même en diplomatie.

Il se fit présenter chez le père de Léa, et par ses assiduités aux moindres volontés de la jeune fille, il ne tarda pas à lui plaire.

Il était riche et bien né, il avait devant lui les promesses d'un magnifique avenir.

Il fut agréé par les parents de Léa, dont il demanda la main.

Le mariage fut célébré à Saint-Thomas-d'Aquin, et la corbeille de mariage témoigna victorieusement du goût élevé de M. Gaston de Valbrun.

Le lendemain de ce jour si important dans la vie d'une femme, la vicomtesse recevait dans l'intimité mademoiselle Vauthier qui la questionna un peu indiscrètement.

La vicomtesse était radieuse comme une fiancée, ou pour

mieux dire, comme une jeune mariée qui entre dans le premier quartier de sa lune de miel.

— Tu es donc bien contente, bien heureuse? disait la sous-maîtresse en embrassant Léa.

— Et comment ne le serais-je pas?... Mon mari m'a donné de si belles parures ! Tenez, mademoiselle Vauthier, avez-vous vu une plus jolie bague que celle-ci ?

— C'est un anneau de mariage.

Et Léa riait malicieusement en regardant son amie.

— Ma chère enfant, lui dit mademoiselle Vauthier, après l'avoir embrassée de nouveau, rappelez-vous ce que je vous disais un jour en vous professant une leçon sur les anneaux et les bagues. Ces bijoux sont toujours des emblèmes de servitude. Mais il y a des différences entre les esclavages. Les uns sont durs à subir, les autres sont doux. Aujourd'hui vous entrez dans la charmante servitude de l'affection ; votre bague vous l'atteste. Cet esclavage, pour les femmes, est préférable à la liberté.

---

— Mais où donc est le drame ? demanda-t-on au conteur.

— Attendez donc, messieurs. J'ai oublié de vous apprendre que le mari de la jeune femme avait été quelque chose dans la diplomatie, vers 1835 ou 1837. En passant par Chambéry, il tomba éperdument amoureux d'une petite Savoyarde aux cheveux cendrés, arrière-petite-nièce de Fanchon la Vielleuse. Il se ruina avec elle, selon l'usage des diplomates qui sont des hommes si sérieux. Enfin lorsqu'il n'eut plus rien dans le cœur ni dans son portefeuille, il vint retrouver sa femme.

Léa voulait garder rancune à ce ramier volage des ambassades ; mais en jetant un coup d'œil sur son anneau de mariage, elle se dit :

— Soumettons-nous. Une bague est toujours un emblème de servitude.

Conclusion : — Ne lésinez pas quand vous achetez des parures aux femmes.

———

Un poëte se trouvait là, entre la poire et le fromage, derrière un bastion de bouteilles au long col.

Comme on était au madère, il fit signe qu'il voulait parler.

— C'est à mon tour, messieurs, dit-il. Notre ami vous a dit tout à l'heure la simple histoire d'une bague ; je vais vous conter, si vous le voulez bien, la simple histoire d'un bracelet.

Après cet exorde par insinuation, il ajouta :

Ceci est une histoire personnelle.

Un jour j'avais reçu un service signalé, un de ces services qu'on doit payer par une fortune, si on est banquier, ou par une vie de reconnaissance, si on est poëte.

— Je voudrais bien faire quelque chose pour vous, dis-je à la personne dont je suis l'obligé, mais je ne sais rien faire, et vous devriez bien venir au secours de mon embarras.

La personne eut pitié de ma nullité ; mais comme toute pitié a des bornes, elle m'ordonna de lui donner un bracelet.

Je fus au comble de la joie.

Il est si aisé de donner un bracelet !

On se présente chez un bijoutier, on choisit dans les prix de poëte : on demande six mois de crédit, et on se trouve possesseur d'un bracelet d'argent doré de vingt-cinq francs qu'on fait payer à son éditeur.

Je partais donc pour aller acheter ce bracelet, payable dans six mois, lorsque la personne m'arrêta par ces mots si simples :

— Où allez-vous ?

— Je vais acheter le bracelet demandé, lui répondis-je.

— Et vous croyez, — me dit la personne en riant, — que je me contenterai d'un bracelet acheté ainsi chez le premier bijoutier ?

— Parole d'honneur ! je croyais cela, — dis-je naïvement.

— Vous vous trompiez, monsieur ; et vraiment je ne vois rien d'absurde comme un homme qui entre chez un orfèvre et achète un bracelet.

— Je ne comprends pas trop cette absurdité, — dis-je d'un air humble. Pardon, veuillez bien m'expliquer ce qu'il y a d'obscur dans tout ceci.

— Il n'y a rien d'obscur ; tout ceci est fort clair.

— Expliquez toujours ; faites comme si c'était obscur.

— Un homme qui achète un bracelet fait trop bon marché de son goût et de son initiative ; il achète le goût d'un autre et non pas le sien, c'est toujours le bijoutier qui donne le bracelet ; ce n'est jamais l'acheteur.

— Oui, dis-je, je commence à comprendre un peu, mais tout le monde ne peut pas être bijoutier.

— C'est une erreur, me dit la personne en souriant de nouveau, tout le monde est bijoutier.

— Excepté moi, probablement.

— Je ne vous excepte pas. Vous êtes bijoutier aussi ; du moins pour la partie des bracelets.

— Veuillez bien continuer l'explication, dis-je avec gravité.

— Oui, monsieur, je continue....

Je me posai en point d'interrogation.

— Eh bien ! qu'est-ce qu'un bracelet ? C'est un bijou à part, c'est un souvenir matérialisé ; c'est une pensée en orfévrerie. Avec la moindre étincelle d'invention, un homme crée une forme nouvelle de bracelet et la donne à un ouvrier orfèvre, avec toutes sortes d'instructions de détail. Alors la personne qui reçoit ce bijou reçoit la pensée, le souvenir de celui qui donne, et non la pensée du fabricant. Ce n'est plus un vulgaire morceau d'or, choisi entre mille dans un étalage qu'on rive à son bras ; c'est une idée, une reconnaissance, une réflexion ; ce n'est plus une marchandise, c'est un madrigal.

— Maintenant, j'ai compris, — répondis-je en inclinant la tête, — mais je demande un mois pour improviser ce madrigal de bijoutier.

— Oh ! il faut bien un mois, me dit la personne avec un sérieux alarmant pour mon avenir.

Voilà une de ces terribles situations qu'on ne trouve qu'à la fin des quatrièmes actes des drames du boulevard.

Composer un bracelet ; on peut au besoin triompher de cet obstacle ; mais le commander à un orfèvre, lui imposer un travail d'un mois, et payer ensuite, voilà ce qui est au dessus des forces d'un poëte ou d'un romancier.

Cependant il fallut songer à m'exécuter.

D'abord je réfléchis au plus facile.

Je pris une grande quantité de feuilles de papier Weynen et un crayon, et je traçai toutes sortes de formes ayant la prétention de figurer un bracelet.

Après trois jours de crayonnage, je parvins à faire quelque chose de satisfaisant; et je reconnus combien la personne était dans le vrai en soutenant que tout le monde pouvait composer le plan d'un bracelet, et combien il était absurde d'offrir comme cadeau de reconnaissance ou d'amitié le meuble vulgaire d'un étalage, ou la pensée d'un fabricant.

Mon plan de bracelet ayant été adopté, j'estimai ce bijou futur, et je frémis...

J'étais bien loin des vingt-cinq francs !

Le front courbé par les soucis, je m'acheminai, rue Neuve-Saint-Augustin, chez le célèbre Morel.

J'entrai dans un salon tout resplendissant de bracelets magnifiques ; ils y étaient tous, excepté le mien.

Mon amour-propre d'auteur me prouva que l'absent était supérieur aux présents.

M. Morel m'écouta en artiste, et donna plusieurs sourires d'approbation à l'idée, que je lui présentai comme mienne.

— Voyons votre plan au crayon, me dit-il.

Je lui montrai mon plan avec une effronterie qui ressemblait à de l'orgueil déplacé.

L'artiste bijoutier regarda mon travail avec une grande attention, et me combla de tristesse et de joie avec ces mots :

— Ce sera un bracelet magnifique ; mais il demande trois mois de travail.

— Trois mois ! — m'écriai-je intérieurement !

C'est-à-dire vingt-cinq mille francs ! c'est-à-dire l'expropriation, les papiers timbrés, les huissiers avides, et Clichy au bout !

Que faire ? impossible de reculer.

Je baissai la tête et je laissai mon plan à M. Morel, sans parler du prix de peur de trahir ma future insolvabilité par ma pâleur.

Ces trois mois durèrent trois siècles !

De temps en temps, je rendais une visite à M. Morel qui me disait :

— Eh bien ! nous marchons, nous marchons... Les ouvriers travaillent sans relâche. On ne perd pas une minute dans l'atelier.

Je m'inclinai d'un air de satisfaction, mais ces paroles me plongeaient dans le désespoir.

J'avais sans doute estimé trop peu le prix du bracelet.

— Au reste, me disais-je, vingt-cinq mille ou cinquante mille francs, c'est la même somme pour celui qui n'a que vingt-cinq francs à dépenser.

Et j'allais rôder autour de la maison de Clichy pour m'acclimater.

Enfin, les trois mois expirèrent sur le calendrier, et je me rendis, en toilette de bal, chez M. Morel.

J'avais sur moi des feuilles de papier timbré, pour échelonner mes échéances et payer, ou pour mieux dire ne pas payer en détail, vingt-cinq, trente ou quarante mille francs.

Une seule idée me soutenait et me justifiait à mes propres yeux.

Je comptais employer mes cinq ans de Clichy à écrire l'*Histoire des guerres puniques*, pour lesquelles j'ai fait beaucoup d'études et de voyages, et à les vendre le prix du bracelet.

M. Morel me reçut fort bien, comme si j'avais eu l'air d'un payeur ; il me fit asseoir et me dit :

— On va vous montrer votre bracelet ; j'espère que vous serez content.

— J'espère que vous ne le serez pas, dis-je intérieurement dans un *a parte* mélancolique.

Un commis ouvrit un écrin et mit mon bracelet sous mes yeux.

Je fus ébloui à la vue de ce chef-d'œuvre ;

C'était la merveille de l'art du bracelet.

Un instant j'oubliai Clichy et l'histoire projetée des guerres puniques.

Cet instant ne fut pas long.

Mon bras droit décrivit une courbe, et ma main plongea dans un epoche lattérale pour en extraire ma liasse de feuilles timbrées :

— Maintenant, — dis-je avec un sourire faux, — il faut songer à régler cette affaire pour le mieux.

— Il n'y a rien à régler, dit M. Morel.

Un frisson courut sur mon épiderme.

M. Morel prétendait donc être payé comptant.

— Pardon, monsieur Morel, — dis-je d'une voix émue, — vous savez que....

— Je sais, me dit M. Morel en m'interrompant, — je sais

que votre bracelet est superbe, et je vous remercie de m'en avoir confié la façon. Vous ne me devez rien.

Ordinairement, dans les drames, on s'écrie, *ciel!*

— Oui, oui, poursuivit M. Morel ; je suis enchanté de vous offrir ce bracelet, j'espère que vous ne me le refuserez pas.

Je pris je bijou d'une main, et je serrai de l'autre la main de M. Morel, et ma reconnaissance ne trouva d'autre expression que la pantomime. *Son pittor anch'; io* fut parodié : je suis donc orfèvre aussi! lui dis-je en le quittant ; mais je crains bien de ne pas aller plus loin.

Puisse mon exemple conseiller à d'autres l'essai de cet art, au chapitre des bracelets !

Ils pourront bien ne pas rencontrer comme moi un joaillier aussi généreux ; mais ils éprouveront, comme moi, une double satisfaction lorsqu'ils verront leur bien-aimée se parer de leur œuvre.

M. Morel voudra bien me pardonner mon indiscrétion qui n'est d'ailleurs que de la reconnaissance.

———

Quand le poëte eut achevé son récit, un quatrième convive se leva.

— On va faire flamber le punch aux flammes bleues, dit-il. C'est le moment que je choisirai pour dire aussi mon mot.

Les verres furent enlevés ; on les remplaça par les tasses en porcelaine du Japon.

Un grand bol d'argent ciselé et très-richement brodé fut

ensuite placé au milieu de la table. On avait répandu dans son ventre deux fortes bouteilles de vieux rhum de la Jamaïque.

Le plus jeune y mit le feu.

Des lueurs fantastiques commençaient à peine à trembler dans le bol que celui qui venait de se lever s'exprima comme il suit :

— Messieurs, dit-il, vous n'ignorez pas que je suis un voyageur intrépide comme Marco-Polo, comme le capitaine Cook, comme Levaillant et vingt autres qu'il serait inutile de nommer en ce moment. C'est de moi que Victor Hugo pourrait dire que j'ai à la semelle de mes bottes un peu de la poussière de tous les continents. J'ai donc visité la mappemonde entière, en navire, à pied et à cheval. Mais il est une contrée que j'ai aimée et vue plus qu'aucune autre, c'est l'Espagne, cette terre dont la poésie s'évapore, hélas! en constitutions.

Voici ce que j'ai appris dans ce doux pays d'au delà des monts.


Il y avait, à Cadix, une jeune fille nommée *Bouche-Vermeille*, qui n'avait jamais voulu apprendre à lire et à écrire.

Ses parents lui disaient toujours :

— Bouche-Vermeille, lorsque tu auras quinze ans, tu regretteras bien ta paresse et ton obstination.

La jeune fille, arrivée à l'âge de quinze ans, ne regretta rien du tout. Au contraire, ses parents lui ayant offert de lui donner un précepteur, elle le refusa tout net.

— Toutes ces choses-là, dit-elle, sont inutiles aux femmes; la lecture affaiblit leurs beaux yeux, l'écriture noircit leurs jolies mains. Je ne lirai pas, je n'écrirai pas.

A dix-huit ans, elle mérita l'amour d'un jeune bachelier (les bacheliers sont inévitables en Espagne) qui se présentait avec de louables intentions! Il ne donnait pas de sérénades, il n'accrochait point d'échelle de soie aux balcons, il ne corrompait pas les duègnes. Seulement, il se promenait devant la fenêtre de Bouche-Vermeille, ouvrait de larges yeux noirs, et poussait de grands soupirs.

Les parents remarquaient les assiduités de ce jeune homme, et tremblèrent un instant pour leur fille, qui n'ayant aucune espèce de livre ou de papier à feuilleter ou à griffonner, passait toutes ses heures au balcon.

C'était dangereux.

D'un autre côté, ces bons parents étaient rassurés par deux réflexions assez justes : d'abord ils avaient pris des précautions infaillibles pour empêcher toute rencontre dangereuse, puisque leur fille ne sortait jamais que le dimanche, à six heures du matin, avec ses quatre frères, pour aller à la première messe. Ensuite, Bouche-Vermeille, ne sachant ni lire, ni écrire, ne pouvait pas même laisser tomber un billet doux de son balcon, à l'exemple de tant de pupilles, dans ce pays classique des tuteurs.

— Comme c'est heureux! disaient les parents naïfs, que notre fille se soit toujours refusée à prendre une éducation! et nous, aveugles que nous étions! ah! qu'ils sont fous les parents qui forcent une fille à apprendre l'écriture! A quoi lui sert ensuite cette science! A tromper ses parents.

Un jour, Bouche-Vermeille s'assit sur les genoux de son père, et lui prenant le menton avec ses petites mains, elle lui dit :

— Bon père, je vais te raconter une histoire qui t'amusera. Il y a un noble et charmant jeune homme qui veut demander en mariage une jeune fille et la rendre très-heureuse. Les parents ignorent tout, parce qu'un mariage ne regarde jamais les parents. La jeune fille a accepté. On lui a demandé si elle était riche, elle a répondu : Oui, mais pas trop. Cela a paru suffisant aux parents du jeune homme, car lui ne demande rien. La jeune fille a fixé le jour de Saint-Joseph, le 19 mars, pour l'époque du mariage, et la famille du jeune homme a accepté. Le parti est très-avantageux. Le futur est le fils d'un juge ; il a vingt-cinq ans et une belle fortune. Que pensez-vous de cela, mon père ?

Le père ouvrit de grands yeux, et dit :

— Qui t'a raconté cette histoire-là ?

— Personne, mon père ; est-ce que je vois quelqu'un ?

— Alors, je ne comprends pas.

— C'est bien aisé, mon père ; ce jeune homme est amoureux de moi, et c'est lui qui veut m'épouser le 19 mars prochain.

— Bon Jésus ! s'écria le père, et où donc avez-vous parlé à ce jeune homme ?

— Mais je lui parle tous les jours.

— C'est impossible ! vous ne sortez pas.

— Mais je lui écris.

— C'est impossible ! vous ne savez pas écrire !

— Voilà ce qui vous trompe, cher père, j'écris très-bien.
— Et avec quoi ?
— Avec mon éventail.

Le père resta stupéfait quelques instants, puis il dit :

— Avec ton éventail, ma fille !
— Cela vous étonne, mon père !... Eh bien ! si vous consentez à me voir marier le 19 mars ou à une autre époque, je vais l'écrire tout de suite, là sur mon balcon, où je fais ma correspondance tous les jours.
— Et qui donc t'a appris à écrire de cette manière, ma fille ?
— On n'a pas besoin de maître pour cela ; il suffit d'avoir un lecteur intelligent, et mon futur mari lit très-bien dans toutes les évolutions de mon éventail.

Le père sourit, et sans rien promettre, il donna un baiser à sa fille, et lui serra les mains pour récompenser sa franchise.

— Cela veut dire, mon père, dit-elle, que le 19 mars est accepté.

Le père fit un sourire, et la jeune fille reprit son éventail.

Le conteur ajouta :

— Voilà cinq ans que j'ai été témoin du fait, et, en faisant le tour du monde, je me suis convaincu de la réalité de cette assertion de la jeune Espagnole : « J'écris sans savoir écrire. » En Égypte, en Perse, en Nubie, dans la presqu'île du Gange, dans l'Océanie, chez les peuplades errantes des Arkansas, les femmes aiment, soupirent, font aimer, font soupirer, le tout sans le secours de l'art insipide qui consiste à formuler les vingt-quatre lettres de l'alphabet. Quand la femme n'a pas d'éventail, elle prend un oiseau dans une volière; quand elle n'a pas d'oiseau, elle chante elle-même; quand elle ne chante pas, elle se fait apporter une fleur. Aimer, se faire aimer, c'est la grande et éternelle littérature qu'Ève la blonde a transmise à toutes ses filles en leur recommandant de la cultiver toujours, et pas une n'y manque.

---

Il s'arrêta là.

L'aube matinale blanchissait à l'horizon de Montmartre, derrière les mamelons pointus.

On se serra la main, on se donna rendez-vous pour une autre fois.

Ainsi se termina ce Décameron en raccourci.

# NUITS LYRIQUES

# NUITS LYRIQUES

---

Sommaire. — La diva Giulia Grisi et un coup de pistolet. — Décadence des Bouffes. — Érudition d'un dilettante. — Stradella.

Machiavel était italien. Tous les ministres cauteleux ont eu des noms en *i*, ce qui ne veut pas dire que ceux que nous avons, ou que nous n'avons pas, soient francs comme de l'or. A quelques exceptions près, la finesse (pour nous servir d'un mot décent) est ultramontaine. Il n'y a pas si loin qu'on croit de l'amant de Colombine à Mazarini. Le faux visage a été inventé par un cardinal ou un arlequin.

— « Mis en liberté ! » se sont écriés les gens simples, est-ce possible? Mais à quoi pense le procureur du roi ! Quoi un homme, sous le prétexte qu'il est mystique, se glisse dans le chaste gynécée de Favart, enceinte interdite aux mortels, il surprend, sous le fard, une jeune actrice ; il lui demande l'amour ou la vie, à coups de pistolet ; il blesse à l'oreille M. Robert, comme Malchus au Jardin des Olives ; il livre bataille aux gardes du corps de Sémiramis. La garde accourt, on arrête le coupable ; on lui demande : Quelle est votre profession ? » Il répond : « — Homme mystique. » Et sur le champ on lui rend son arsenal et la liberté ! » Que signifie cela ? N'est-ce pas le cas de convoquer tous les chœurs des opéras de M. Scribe et de leur faire chanter, en mille variantes :

> Quel est donc ce mystère ?
> Tout cela cache un mystère,
> Quel mystère infernal !
> Voilà donc ce mystère !
> Expliquons ce mystère !

— « Non, non, ces mêmes gens simples ont-ils ajouté ; M. Dupuget n'existe pas ; s'il existait, avec sa paire de pistolets et sa canne à épée, il serait à Bicêtre ou à la Conciergerie, et M. Plougoulm aurait déjà préparé un réquisitoire, commençant par : « S'il est un crime qui..... » M. Dupuget a été inventé pour faire revenir la foule à Favart. »

Ce dernier raisonnement paraît juste. MM. les directeurs de Favart, le doux Severini et Robert, qui n'est pas le diable, ont fait des tentatives d'enfer pour peupler leur parterre, leur amphithéâtre et leurs cinquièmes loges, seules places où le public ait accès. Le reste de la salle étant loué d'avance par l'aristocratie blasonnée, et blasée aussi, le drame Dupuget a donc été introduit pour varier le répertoire, et certes le répertoire avait besoin de cette nouveauté, car les Italiens exploitent le connu depuis dix ans. On s'est distribué les rôles.

Un monsieur a dit :

— « Moi, je serai l'oncle. »

Le doux Severini a dit :

— « Moi, je crierai *al soccorso!* »

M. Robert, qui n'est pas le diable :

— « Moi, je serai blessé à l'oreille, comme Malchus, et Profeti ajoutera aussitôt : « Quiconque se servira de l'épée, périra par l'épée » Pesanti, qui joue l'ombre légère de Sémiramis, fera une apparition, et M. Dupuget sera censé reculer, avec épouvante, jusqu'à la rue Marivaux.

Les rôles ont été distribués ainsi, la pièce a été jouée ; mais le public n'a pas donné dans le panneau italien.

Les soirées du samedi ont continué à être froides à faire mourir. Ce jour-là, ou pour mieux dire cette nuit, la banque et l'industrie, ayant devant elles un long dimanche de sommeil et d'oisiveté, donnent concert jusqu'à l'aurore. A cinq heures du matin, mademoiselle Grisi chante :

*Fin ch' al ciel spunti il giorno.*

Et les financiers s'endorment dans un fauteuil doré. Cependant les malheureux abonnés du néfaste samedi, la semaine dernière encore, ont subi *Romeo et Julietta*, espèce de *Dies iræ* en trois actes et en vers napolitains, plus l'éternelle *Prova*, stéréotypée à tout jamais sur le répertoire pour le jour de sabbat, mais en revanche, le lendemain dimanche, toute la troupe se réveille et entonne *Otello*, que le samedi poursuit vainement depuis des semaines. La patience du samedi finira par éclater.

C'est donc pour faire diversion aux justes exigences des abonnés que le mystico Dupugetto a été ajouté au répertoire ; le samedi sifflera ce drame ; il aura bientôt pour auxiliaires le mardi et le jeudi ; la semaine entière est à la veille de s'insurger contre tant de négligences lazzaroniennes et tant d'ultramontaines mystifications.

Le Théâtre Italien expire ; la dernière soirée a été agonisante ; l'inhumation de Juliette était l'emblème funèbre de notre Favart. A la fin du second acte, un grand vide s'est fait au balcon et aux premières loges ; la désertion a été contagieuse. La seule madame de S..... est restée sur sa stalle, parce qu'elle avait un manteau d'hermine qu'elle était bien aise de montrer jusqu'à la fin.

Jamais théâtre n'aura mieux mérité son sort. Avec des éléments incontestables de vogue soutenue, il tombe de soir en soir, et ce ne sera qu'avec des efforts miraculeux qu'il atteindra le terme de son quartier d'hiver. Cette saison sera probablement la dernière. Il est venu certains bruits d'Allemagne, dont s'alarme déjà le dilettantisme parisien. Vienne, en Autriche, conspire secrètement contre Favart. Le Metternich italien, *impressario* du théâtre de cette capitale, fait jouer les ressorts d'un machiavélisme innocent ; il ne nous restera pour 1837, que MM. Santini, Profeti, Pesanti, madame Amigo l'inamovible, et madame Véchi, la sœur glacée de Cendrillon. Avec ces sujets, on pourra jouer la tragédie de Métastase, *Zenobia* et *Achille in Sciro*.

Voilà où nous aura conduit la lésinérie absurde d'une aveugle administration ! Depuis longtemps Favart n'est plus qu'une salle de concert ; jamais la négligence de tous les accessoires importants de l'art scénique n'a été affichée avec autant d'impudeur Allez voir. *Semiramide* ou *Otello*, vous serez étonné de la pauvreté des décors, de cette mise en scène si indigente, de tous ces haillons, de tous ces costumes si mal faits, si mal portés, si mal cousus. Vous en serez réduit surtout à désirer la suppression des chœurs ; comparses des deux sexes y font assaut de mauvaise tenue, ils torturent l'exécution. On doit fermer ses oreilles et les yeux pour échapper à ce déluge de fausses notes qui coulent de ces bouches enrouées ; on se fait du mal vraiment rien qu'à voir ces choristes rangés symétriquement en buffets d'orgue, les mains pendantes, le corps immobile, le regard fixe : les lèvres seules ont quelque apparence de mouvement, et c'est là le plus grand malheur. Les chœurs du Vaudeville et des Variétés se font regretter au théâtre royal Italien, théâtre subventionné, théâtre opulent, et qui abuse d'une vogue que lui a prêtée la mode éphémère pour se railler de nous, *per burlar si di noi*, comme dit le polichinelle de Naples, ce type des directeurs italiens.

Les artistes eux-mêmes prennent texte d'un engouement passager pour traiter le public sans façon ; eux aussi sont pressés de s'enrichir à l'exemple des *impressarii*. Les honoraires énormes que nous leur donnons ne suffisent point : l'opéra terminé, ces messieurs et ces dames courent aux soirées nocturnes de l'aristocratie qui leur paie un billet de cinq cents francs leurs cavatines, leurs duos, leurs trios ; c'est un plaisir que les publicains, les bourgeois gentilhommes, et les gentilhommes bourgeois donnent aux dames blasées et aux messieurs harassés de walses, de bouillotte et de whist. Voilà la cause de ces changements subits de spectacles dont se plaignent si justement les abonnés. Les loges de samedi comptent sur la *Gazza,* mais dans la nuit, on est allé gagner un bon rhume et un billet de cinq cents francs au faubourg Saint-Germain ; au lieu de la *Gazza* promise, l'abonné subit un acte de la *Cenerentola* ou l'éternelle *Prova,* ou toute autre pièce d'entremets banal. Ainsi ce bon public qui paie toute l'année est lésé au profit de quelque Lucullus de salon, et l'artiste retire double gain ; il se fait payer l'air qu'il chante en soirée, et l'air qu'il ne chante pas au théâtre. Pauvre public! Il se ravisera ! il s'est ravisé.

L'actrice autour de laquelle pivote la fortune de Favart, mademoiselle Grisi, marche à grands coups de gosier à sa période d'épuisement ; sa constitution physique ne pouvait longtemps supporter une aussi fatigante carrière. Rien n'écrase une pauvre femme comme le poids d'une longue et interminable tragédie, dans laquelle on répète, chaque soir, *Io morro, io non puo morir, io son pazza, io son perduta.* Toutes ces calamités imaginaires finissent par dessécher la poitrine et le gosier, comme si elles étaient réelles. Toujours se rouler aux pieds d'un père furieux, toujours marcher à l'échafaud, toujours se poignarder, toujours passer de la folie au désespoir et du désespoir à la mort, c'est une vie qui affecte à la longue les organes les plus vigoureux. Nous ne sommes point étonnés de l'affaissement de cette actrice ; elle aussi, baisse dans l'enthousiasme, et pour le faire renaître au premier diapason, il faut aujourd'hui recourir à des hommes mystiques, lesquels viennent, avec une paire de pistolets, demander l'amour ou la vie. Encore des moyens usés.

Nous en sommes donc réduits à voir bientôt l'éclipse totale de l'astre Favart. Il ne faut pas craindre pour cela que l'art en souffre. Bien au contraire. Deux théâtres lyriques nous restent, c'est déjà beaucoup ; le troisième était une plante parasite qui suçait la séve des deux autres. Il est encore à Paris assez de talents pour nous donner de délicieux hivers ; l'Opéra et Feydeau peuvent largement défrayer nos compositeurs et le public. La musique se transforme; elle ne périt pas.

— Ils sont curieux à voir vos dilettantes, vos fashionables, vos lions.

Ainsi parlait l'autre jour une jeune femme.

— Tenez, en voilà un.

— Je vous disais, madame, que *libretto* signifie librement, fait librement, avec toute liberté. *Libretto* vient de *liberta*, et c'est forcé. *Viva la liberta !* vive la liberté !

— Ce que c'est, monsieur, que d'ignorer une aussi belle langue que l'italien ! Je m'étais figuré que *libretto* signifiait bêtement livret, un petit livre ; de livre, qu'on dit peut-être en italien *libro*.

— Pardon, madame, je vous conseillerai ma version, si vous ne trouviez pas trop impertinent de la préférer à la vôtre.

— Mais comment, monsieur, vos leçons sont trop utiles pour ne pas les suivre. Je vous prie, au contraire, de m'expliquer tout au long la pièce que nous allons avoir le bonheur d'entendre. Mon ignorance vous en saura un gré infini.

— C'est *la Norma!* madame, la *diva Norma!* la sublime Norma, la *superbia Norma!* J'ai des sels dans ma poche et des pleurs déjà dans mes yeux, et ma traduction sur le livret. Je commence donc mon cours, *Norma* signifie Norma en français.

— Est-ce un sujet romain, monsieur ?

— Non, madame ; c'est une pièce de M. Scribe, arrangée pour le théâtre italien. Le sujet est emprunté aux mœurs de Paris.

— Je vous remercie.

— Les Italiens, madame, ont l'habitude d'adoucir et même d'altérer les noms propres français, c'est à ne pas s'y reconnaître. Ainsi Pollione répond à M. de Saint-Léon, en changeant Pol en Saint (Saint-Paul) Lione en Léon (Saint-Léon).

— Vraiment ?

— C'est extraordinaire, madame, mais c'est ainsi.

— Et que signifient encore ces mots écrits au bas de la liste des personnages : *Druidi, Bardi, Eubagi, Guerreri e Galli*.

— Ce sont les noms des acteurs qui ont joué la pièce en Italie. Ce sont MM. Bardi, Guerreri et Galli : le fameux Galli dont vous avez entendu vanter la belle voix.

— Ignorante que je suis, ne m'étais-je pas figuré jusqu'ici que *Guerrieri* se traduisait par guerriers, *Bardi* par bardes, et *Galli* par Gaulois ?

— Cela est bien pardonnable, madame, quand on n'a pas voulu fatiguer de jolies lèvres à étudier la langue des *Pasta frolla*, des *Biffi*, des *Maccoronata*, des *Ravioli* et des *Caroli Struccinali* !

— Ah mon Dieu ! que débitez-vous là, monsieur ?

— Madame, ce sont les noms des plus célèbres écrivains de l'Italie. C'est comme si l'on disait Racine, Voltaire, Corneille, etc. *O Struccinali! O Trifogliati!*

— Mais silence! recueillons-nous. Le sacrifice commence. Soyons l'holocauste de l'admiration, agenouillons notre cœur, notre âme; passez-moi vos sels. Combien en avez-vous de livres?

Le dilettante pleure et envoie des baisers à l'acteur qui fait *Orovèse. Ah! bravo! bravino! bravetto! bravettino!*

— Ecoutez, madame, écoutez!

— Oh! que c'est beau! surbeau! extrà-surbeau! mais que chante-t-il?

— Il chante : *Ite sui colli!*

— Ce qui veut dire, monsieur?

— Ce qui veut dire : « Otez son collier! » Il s'agit d'un collier; un collier passé au cou d'une femme. *Ite sui colli.* C'est à la clef de fa : ô... ô... ô... tez son... on... on.. coll... ier?

— En vérité, sans vous j'aurais cru tout simplement que *Ite* était l'impératif de *Ir*, aller, et *sui* la contraction de *sopra i*, ou de *sallo i sui*, et que *colli* voulait dire les collines, les montagnes; *Ite sui colli*, « Allez sur les montagnes, ô druides. »

— Vous faites erreur, madame, il ne s'agit pas de montagnes, mais d'un collier : « Otez son collier. »

— Je vous suis reconnaissante de votre traduction.

— Nous voici, madame, à la seconde scène : M. de Saint-Léon, Pollione, a donné un collier à Adalgise, afin, que par reconnaissance, elle se trouve à un rendez-vous. Pollione s'écrie devant son ami de Saint-Flaveancourt, Flavio.

*Io n'ho fiducia.*

— Expliquez-moi ces mots.

— Tout simplement cela signifie : « J'ai peur qu'elle ne fasse fi de ça ! « *fiducia.* »

A quoi de Saint-Flaveaucourt répond :

*E l'ira*
*Non temi tu di Norma.*

— Ce qui veut dire, je vous prie ?

— Ce qui veut dire : « Elle ira ! » *E l'ira.* Le reste est pour la rime.

— Barbare que j'étais ! je trouvais dans *Io n'ho fiducia.* — « J'en ai l'espoir, » et dans *l'ira non temi tu di Norma,* et ne crains-tu pas la colère de Norma ? »

— Cela n'est pas probable, madame, car si vous avez cru vous-même, il n'y a qu'un moment, que *ire* signifiait aller, *ira* ne peut être maintenant rendu par colère. Un *a* à la place d'un *e* ne change pas ainsi le sens des mots d'une aussi belle langue.

— Je vous crois, monsieur.

— Mais par Apollon, madame, et les muses, écoutons la prière de la quatrième scène. C'est une prière céleste. Dieu l'a notée, les anges l'ont copiée, Bellini l'a volée, et Schlesinger la vend :

*Pasta diva !*

*O Pasta diva !* — *O pa.... ! ó pas... ! ó past.... ó pasta... ! diva !*

— Pourriez-vous me dire le sens de ces deux mots ?

— N'abusez pas de ma simplicité, madame, vous le savez aussi bien que moi, c'est un hommage rendu à M<sup>me</sup> Pasta, surnommée la divine. *O Pasta diva !... ô la divine Pasta !...*

— Mais, pardon, monsieur. Dans le livret, on ne dit pas *pasta diva*, mais *casta diva*, ce qui se traduit peut-être, excusez mon ignorance, par : « Chaste divinité ! »

— Faute d'impression, madame, ou plutôt traduction libre de : *Pasta divine*; le compositeur a mis, pour l'harmonie, un *c* à la place d'un *p*; mais rien n'est pour cela changé au sens. *Pasta diva ! Pasta frolla ! Pasta zucchurula !* et tous les dérivés de *Pasta*.

— Comme vous savez l'italien !

— Vous me flattez.

— Non. Me promettez-vous votre officieux secours pour le second acte ?

— Ah ! madame, serons-nous vivants encore au second acte ? Je suis brisé, je souffre, je languis, j'ai toutes les cordes détendues par l'admiration, le désespoir et la pitié.

— Irai je chercher du sel ammoniac ?

5 mars 1837.

Les habitués de l'Opéra et du Théâtre-Italien sont fort curieux de répétitions générales. Si l'on songeait cependant que le public de ces soirées est exactement le même que celui des premières représentations, on finirait par rendre leur nom aux choses et appeler simplement la *dernière* répétition première représentation. La différence existe à peine dans la recette, car il y a presque autant de places données à l'une qu'à l'autre. Seulement, pour procurer aux gens un peu d'illusion, on donne à cette salle pleine l'air le plus confidentiel et le plus intime possible. On se garde bien de faire descendre le lustre; on préfère établir une ligne de lampions sur une traverse élevée au milieu de la salle, ce qui probablement cause beaucoup plus de peine et de dépense; on a soin de ne pas allumer les girandoles, dont on remplace la lumière par plusieurs quinquets vulgaires; on tient à ne pas placer toutes les parties des décorations, afin que le public ait le bonheur d'entrevoir quelques portants de coulisse et quelques toiles retournées et bariolées de vieilles affiches.

Les acteurs seraient bien fâchés de paraître en costume malgré l'avantage qu'il y aurait à les essayer au moins à la dernière répétition; ils savent trop que toute la poésie de la répétition serait perdue, s'ils n'affectaient beaucoup plus de *négligé* qu'aux répétitions ordinaires.

Les actrices choisissent leurs châles ou leurs manteaux les plus usés, des capotes déformées ou des bonnets sales; elles seraient bien fâchées de déposer dans leurs loges leurs parapluies, leurs socques ou leurs cabas; tout cela est nécessaire à l'effet de la chose.

Les acteurs viennent avec d'affreuses redingotes à la propriétaire, des carricks, des cols de crinoline-Oudinot (garantis cinq ans de durée); ils font en sorte que leurs bottes soient crottées, s'offrent du tabac pendant un trio héroïque ou se mouchent en *ré* majeur au milieu d'une cavatine; ils saluent leurs amis de la salle et établissent des conversations du premier plan de la scène aux secondes de face.

— Comment vous portez-vous?

— Très-bien, et madame ?

— Elle tousse toujours un peu.

— Ah ! c'est comme moi, je sors d'avoir la grippe ; voilà dix-huit jours que cela m'a pris.

— Il faut vous tenir bien chaudement, etc.

Le public est enthousiasmé d'avoir entendu parler comme une personne naturelle l'acteur dont il n'a jamais ouï que le chant, de sorte que bien des gens avaient peine à s'imaginer qu'il parlât dans la vie ordinaire autrement qu'en récitatif.

Dix-huit cents personnes ont joui hier de toutes ces émotions, au milieu d'une demi-obscurité qui donnait lieu à des méchants bruits touchant quelques intérieurs de loges.

Les auteurs du poëme, MM. Emile Deschamps et Pacini, n'ont pas seulement choisi l'épisode qui a fourni un acte au théâtre du Palais-Royal, mais toute l'aventure du mariage de Stradella, telle qu'elle a été racontée dans la *Vie de Rossini*, par M. de Stendhal, qui a bien assez d'esprit pour avoir laissé aux auteurs dramatiques peu de chose à inventer dans cette histoire, tant répétée depuis.

Un noble Vénitien est amoureux d'une jeune Romaine habitant Venise. Stradella la lui enlève et la ramène à Rome. Le jaloux court à leur poursuite et les retrouve dans un joli paysage de Tivoli. Il choisit deux bravi, qui paraissaient hier de fort honnêtes gens en redingote longue et chapeaux de feutre et qui demain auront, j'en suis sûr, des mines bien patibulaires. Le monsieur, car nous n'avons vu qu'un monsieur convenablement vêtu de noir, leur offre de l'argent pour tuer Stradella, dans un trio assez comique ; ils promettent et s'en vont en effet à l'acte suivant se poster près d'une porte de

Saint-Jean-de-Latran par où Stradella, qui chante au lutrin, doit passer pour sortir de l'église. Stradella chante par le nez de Nourrit et les deux assassins laissent tomber leurs mouchoirs, qui leur servent de poignards pour la répétition.

A l'acte suivant, nous jouissons de fêtes très-splendides. Trois ou quatre danseuses extrêmement pâles figurent avec deux messieurs en bottes qui battent ainsi d'assez misérables entrechats. M. Coustou s'est distingué surtout en dansant un boléro avec de gros souliers lacés qui devaient lui incommoder beaucoup les os des jambes.

Plusieurs troupiers ont figuré assez agréablement avec des haches de sapeur sur l'épaule.

Stradella et sa belle se sont cachés dans une troupe de comédiens, comme Didier et Marion Delorme, et l'on reconnaît Stradella à son chant; on l'arrête.

Au dernier acte, qui représente une vue de Venise, le monsieur jaloux reparaît précédé d'une patrouille d'invalides, et sous une espèce de cloche à melon qu'on porte sur sa tête ; cela signifie qu'il a été élu doge par la république de Venise. On lui amène les prisonniers ; il se livre sous sa cloche à un grand air fort beau où il annonce des intentions de clémence; puis il monte sur une estrade et sous une autre cloche beaucoup plus grande, et marie les deux amans. Dénoûment plus heureux que celui de l'histoire.

Voilà fidèlement les impressions que nous avons reçues de la répétition de *Stradella*. Tout cela sera à coup sûr fort magnifique avec les costumes. La musique est entièrement dans la manière italienne; les airs de danse rappellent un peu ceux de la *Muette*. Il est difficile de juger du reste, attendu que les acteurs chantaient fort peu.

Demain, toutes les choses seront à leur place, et nous aurons le droit de dire notre avis (1).

4 mars 1837.

## ACADÉMIE ROYALE DE MUSIQUE.

Première représentation de *Stradella*, opéra en cinq actes, paroles de MM. Emile Deschamps et Pacini ; musique de M. Niedermayer.

Il y a de notre temps quelque chose que l'on appelle généralement de la musique, et qui est à la véritable musique ce que la versification est à la poésie.

Les admirateurs de ce genre de musique ont coutume d'exiger qu'on l'entende trois ou quatre fois avant d'oser la juger. Plus vous la trouvez creuse et insignifiante, plus ils augmentent le nombre des épreuves; beaucoup de gens aiment mieux admirer dès la première ou du moins dès la seconde audition que de chercher laborieusement, dix fois de suite, quelques menus lambeaux de musique à travers des bruits divers et peu flatteurs pour les oreilles.

Nous craignons fort que la musique de M. Niedermayer ne soit exposée à cette exigence, et nous nous condamnons nous-mêmes à ne prononcer notre arrêt qu'après une seconde représentation.

(1) Pour des raisons indépendantes de sa volonté, Méry n'ayant pu faire le compte rendu de la première représentation de *Stradella*, M. Alphonse Karr s'est chargé de ce soin, ainsi qu'on le verra par l'extrait du *Figaro* qui accompagne ces pages. P. A.

Néanmoins nous dirons, dès aujourd'hui, qu'il y a dans l'opéra des morceaux où la mélodie est si rigoureusement nécessaire, où elle doit être si peu déguisée, que lorsque l'on ne l'entend pas, c'est un signe infaillible qu'elle n'y est pas.

Ainsi, nous pouvons désigner un chant d'église sans caractère ; — plusieurs airs de danse complétement monotones et insignifiants, un air à boire très-peu accentué, etc.

La mise en scène est fort belle ; les décors ont été très-admirés. — Nous prenons cependant la liberté de ne pas croire à un certain ciel indigo qui orne le 4e acte.

Un moment Nourrit a embarrassé sa perruque dans son manteau, de telle façon qu'il a eu bien du mal à obtenir que ladite perruque ne fût que mise de travers.

Au dernier tableau, une toile de fond, enlevée seulement à trois pieds de terre, n'a laissé voir pendant quelque temps que les jambes des danseuses, et a fait croire à un spectacle d'un nouveau genre.

La reine, M. le duc d'Orléans et les princesses ses sœurs assistaient à la représentation.

On y voyait aussi l'avocat Dupin.

ALPHONSE KARR.

# HISTOIRE D'UN BRICK NAUFRAGÉ

# HISTOIRE

# D'UN BRICK NAUFRAGÉ

Marseille, 20 janvier 1843.

Il est triste de penser que, dans certains cas donnés, notre civilisation nous oblige à tomber même au-dessous de l'état sauvage. Nous avons fait, dans un but d'intérêt général et de conservation universelle, des lois qui peuvent, dans certaines applications isolées, révolter la morale et l'humanité. Ces lois, excellentes en principe, ont été faites par des hommes qui leur ont donné un sens absolu, ne prévoyant pas qu'elles seraient acceptées par les exécuteurs jusqu'à la plus rigoureuse exagération. Lorsque l'expérience, qui corrige même les meilleures choses, a démontré qu'une loi avait un vice caché, il serait du devoir des législateurs d'extirper ce vice;

mais, en France, nous avons trop de lois nouvelles à créer pour songer à la révision des anciennes. La moitié de notre vie se passe à faire des lois et l'autre moitié à leur désobéir. Si cela dure encore un siècle, nos enfants seront étouffés par les innombrables produits de la législation. Mieux vaudrait réviser les vieux codes qu'en promulguer de nouveaux. Que de broussailles nous semons dans le champ de la postérité !

Vous connaissez, cher lecteur, ce golfe charmant qui trace un arc si délié au sud de Marseille. Il n'est pas de coin du monde où la mer soit plus tranquille et plus gracieuse ; elle glisse sur un sable de satin avec une mélodie monotone qui ravit l'oreille ; elle caresse une flottille de petits canots pêcheurs et amphibies qui viennent se sécher au soleil en sortant de l'eau ; elle a tout le calme recueilli d'un beau lac, et l'éclat vif et embaumé d'une anse du Zanguebar ou du Coromandel.

Vous savez quelle magnifique promenade arrive au sable de ce golfe, et quelle douce rivière vient s'y noyer avec amour. Les Parisiens voyageurs, qui demandent toujours à la mer la représentation d'une tempête, sont furieux contre ce golfe, et ne lui pardonnent pas son immobilité radieuse et éternelle : ils passent de longs jours d'été à attendre le tableau des vagues écumantes que Joseph Vernet leur a promis au musée du Louvre ; mais le golfe persiste dans sa virginale sagesse, et répond par de joyeux éclats de rire à l'indiscrète curiosité des voyageurs.

Hélas ! dans ce monde, la vertu la plus pure a sa nuit de distraction. Ce golfe si doux a subitement dépouillé son bon naturel, un soir de la semaine dernière, et, comme dans un carnaval maritime, il s'est déguisé en Van-Diémen, et a exécuté à la pointe de ses vagues de formidables évolutions digne du théâtre de l'Océan. C'était une rosière d'opéra-comique jouant Othello par fantaisie d'artiste, avec un plein succès. Si je vous parle de ce ton leste à propos de tempête et de naufrage, c'est qu'il n'y a pas mort d'homme à déplorer dans mon récit.

Heureux les physiciens ! ils mettent sur le compte du vent ces violents accès de folie qui bouleversent la mer, et ils s'endorment tranquillement après s'être donné cette explication. Voici une occasion pour moi de faire un système, et j'en fais un. Il m'est impossible, dussé-je être excommunié par le pape de l'académie des sciences, d'admettre le vent seul comme l'auteur responsable de la révolution méditerranéenne de ces derniers jours. Il s'est passé, là-bas, dans les gouffres infernaux de la mer, dans les abîmes mystérieux qui lui servent de lit, quelque monstrueuse éruption, pareille à celle qui secouerait les deux Amériques comme un roseau flottant si toute la chaîne des Cordilières s'embrasait aux étincelles du volcan de Quito, et jetait à la face du soleil des arsenaux d'or et de pierreries, depuis la Terre de Feu jusqu'à l'isthme de Panama.

Ma supposition s'accorderait assez avec le réveil de l'Etna, qui vient de rentrer en scène, comme un vieux acteur ennuyé de l'oubli auquel il s'est condamné lui-même, et rejouant ses anciens rôles devant de nouveaux spectateurs. Il est hors de doute, m'ont affirmé nos marins, que ce paroxysme de la Méditerranée a fait éclater ses premiers symptômes dans les eaux de la Sicile au moment où l'Etna se remettait à scander la tirade virgilienne qui le concerne et qu'il avait à peu près oubliée depuis dix-sept cents ans. Dans cette hypothèse, la traînée volcanique et sous-marine se serait étendue de Palerme à notre golfe avec la rapidité d'un chemin de soufre, en prolongeant, bien au delà de la durée ordinaire des tempêtes, cette formidable convulsion qui depuis vingt jours arrête les voiles dans tous les ports, et brise même les ailes de la vapeur.

Permettez-moi maintenant de vous ramener dans ce petit golfe que vous aimez; vous ne le reconnaîtriez plus : l'Etna le laboure avec son orteil, et le vent qui est toujours prêt à entrer en collaboration avec le premier phénomène de destruction venu, le vent mugit comme une hécatombe de taureaux à l'agonie, et inonde d'une poussière d'écume les tamarins du rivage, les pourpiers de mer, les lilas précoces qui se sont trompés de date, et les amandiers étourdis qui, pour se couvrir de fleurs, avaient consulté notre soleil, en oubliant notre calendrier. Un pauvre brick venait de Fiume à Marseille, il avait bien choisi son jour, le malheureux ! Ce brick se nommait *la Rose*; on le voyait faisant des efforts incroyables pour gagner le port qu'il touchait presque du bout de ses antennes. Autour de nous on racontait ce qui s'était passé la veille dans les mêmes eaux; encore une histoire bien triste : le trois-mâts *les Quatre-Sœurs*, capitaine Enrico, d'une famille de braves marins, avait été entraîné par la furie du courant vers l'énorme rocher de granit rose, si bien posé pour les peintres et si mal pour les navigateurs, ce rocher que les anciens Grecs, en haine de la vérité, ont nommé le *Rocher-Blanc*, parce qu'il est rouge. Ce vaisseau a lutté trente-six heures contre le naufrage devant ce terrible écueil, falaise de marbre à pic, avec une charmante aigrette de pins. Le père du capitaine Enrico allait partout demandant du secours ; il n'y avait pas d'ordre ; il faut un ordre du ministre de la marine pour donner de l'aide aux naufragés du Rocher-Blanc. Dix paquebots à vapeur stationnés dans le port, les mâts croisés, n'auraient pas mieux demandé que d'essayer une sortie et de secourir les *Quatre-Sœurs* ; mais ils n'avaient pas d'autorisation. Heureusement, le généreux passant qui sauve un noyé n'a pas eu besoin de la permission du préfet ; en administration, c'est différent. Le père du capitaine Enrico demanda une chaloupe à une corvette grecque, et l'obtint, sans l'ordre d'Athènes. Puis la Providence se mêla de l'affaire, et sauva par un miracle les *Quatre-Sœurs*.

Pendant que ce récit nous était fait, nous suivions de l'œil, avec un intérêt fiévreux, le brick *la Rose* tombé dans le sillage mortel des *Quatre-Sœurs*. C'était pitié de voir cette coquille de noix que la mer honorait de ses plus violentes colères. Le poëte Lucrèce a bien tort de dire qu'il est doux d'assister du rivage à l'agonie des mariniers : c'est un vers de païen. Il n'est pas de spectacle plus poignant. Le brick s'abîmait à chaque minute dans une profonde vallée, entre deux montagnes de vagues, et reparaissait, bondissant de cime en cime, avec des poses désolées, étendant ses antennes, comme deux bras suppliants, pour implorer du secours.

Mais la mer semblait vouloir rendre toute assistance impossible ; on aurait cru voir des milliers de cataractes du Niagara horizontales, roulant les unes sur les autres, et se défiant au vol, dans un cirque de montagnes. Sur le rivage, ces masses furieuses déracinaient des bancs énormes de sable et d'algues, comme pour bâtir un rempart qui tombait et se relevait avec un fracas de tonnerre. Tous les vents sifflaient à la fois et se battaient autour du malheureux brick, comme pour le précipiter sur quatre routes opposées ; mais la violence du courant, plus forte que la rage des airs, l'emportait insensiblement vers le promontoire de rocs qui se voilait d'un rideau d'écume, avec toute la perfidie d'un écueil.

Cependant les douaniers arrivèrent et se rangèrent en bataille sur le rivage.

La douane a une idée fixe : la contrebande. C'est d'ailleurs son devoir ; elle voit la contrebande partout. De notre temps, on est si ingénieux pour tromper la surveillance des côtes, qu'il serait bien possible qu'on eût inventé la contrebande au moyen du naufrage. Les hommes sont capables de tout. Les ruses ordinaires étant épuisées, quelque Génois créateur aurait pu se dire : Embarquons des marchandises prohibées, attendons une bonne tempête, et lorsque nous aurons la certitude de nous briser sur un rocher de Marseille, nous mettrons à la voile, et nous jetterons une masse de prohibé sur la côte, franc de droit.

Cette fraude ne s'est pas encore présentée, mais elle est dans les probabilités de l'avenir, comme tout ce qui n'est pas arrivé. La douane a l'œil ouvert sur l'avenir.

De son côté, la santé publique ne permet pas aux vaisseaux de naufrager. L'intendance sanitaire de Marseille est intraitable sur cet article. Il est juste de dire que notre ville, ayant subi vingt pestes dans sa vie, a le droit de se défendre contre ce fléau, même par l'exagération des moyens préservatifs. En attendant que le système des non-contagionistes triomphe et supprime les lazarets, tout bâtiment chassé par une tempête est obligé, en vertu de la loi du 3 mars 1822, de tenir la mer, et d'attendre le retour du calme pour se présenter au port, sa patente nette à la main. *Dura lex, sed lex*.

Un coup de vent du nord-ouest arracha violemment le brick *la Rose* du pied de la falaise de marbre et le précipita sur un banc de sable, à cent mètres de la rive. La barre du gouvernail n'ayant pas été soulevée à propos, le gouvernail, beaucoup plus bas que la quille, s'incrusta dans le sable et cloua le brick par l'arrière en le laissant flotter dans toute sa longueur au gré des vagues et du vent. Cette position était fatale : des cris de détresse retentirent sur le pont du bâtiment, et les matelots tendirent les mains vers le rivage pour demander une corde, une barque, un dévouement, un secours.

De généreux jeunes hommes, comme il s'en trouve toujours dans ces terribles moments, avaient déjà saisi des liasses de cordes, dont les bouts étaient retenus à la rive, et ils allaient s'élancer sur des barques, lorsque des douaniers, toujours préoccupés de la contrebande, intervinrent par une énergique et menaçante opposition. Le fisc public fit alliance avec les vagues et la tempête pour enlever tout espoir de salut au malheureux brick; et les lois sanitaires, toujours préoccupées de la peste, réprimèrent tout dévouement philanthropique ou chrétien sous peine de mort.

Heureux ceux qui naufragent dans une île déserte comme Robinson ! Le capitaine Van Cosseik, qui sombra sur les îles Marquises, en 1803, fut sauvé par les sauvages ; si pareil malheur arrive à son fils en 1844, il est perdu : nous allons envoyer aux îles Marquises une Douane et une Santé.

Un matelot du brick *la Rose*, regardant notre rivage inhospitalier du même œil qu'Oreste regardait la Chersonèse Taurique, résolut de ne confier qu'à lui seul le soin de sauver ses frères ; il prit dans ses dents le bout d'une corde, et se jeta dans ce tourbillon de cataractes qui avait pris la place de la mer. L'héroïque nageur ricocha de cîme en cime, laboura les abîmes de sable, déchira le flanc des trombes d'eau, et fut enfin lancé par une vague obligeante sur un lit d'algues noires, devant le portail de la charmante maison de M. Martin, notre célèbre pêcheur.

La foule courut à lui, mais la Douane et la Santé coururent aussi, et élevèrent une barrière insurmontable entre le malheur et la compassion. La loi à la main, les uns s'obstinaient à voir, dans ce Moïse du brick, un contrebandier, les autres un pestiféré. Le matelot, isolé comme un fléau vivant et tenu à distance par le sabre des douaniers, établit sa corde de sauvetage, et arracha tous ses camarades à une mort certaine. Les hommes étaient hors de péril ; il fallait maintenant délivrer le brick.

Les chefs de la marine du port, arrivés en toute hâte, offrirent de sauver le bâtiment à l'aide d'un remorqueur. On s'était intéressé à ce brick comme à un être vivant ; on le voyait souffrir et s'agiter comme un fiévreux sur son lit d'agonie ; on se réjouissait donc à l'idée de le voir sauver par un procédé expéditif. Cependant l'équipage, toujours en suspicion de peste et de contrebande, trempé jusqu'aux os, dans le mois de janvier, se disposait à recevoir la faveur de se mettre en règle avec la Douane et la Santé, pour jouir du droit commun de se chauffer quand on a froid, et de manger quand on a faim.

Au moment où le sauvetage du brick allait être opéré par les soins intelligents de M. d'Heureux et de M. Jacques, commissaire de la marine, le consul de S. M. le roi de Sardaigne arriva sur la plage et fit opposition au sauvetage du brick. Le consul exhiba un traité entre la France et la Sardaigne. lequel traité défend à la France de sauver les bâtiments sardes naufragés.

M. le commissaire de la marine prit le traité de la main du consul, et le lut; il était clair comme le jour, quoique écrit en sarde; langue qui existe peu.

— Eh bien! monsieur le consul, dit le commissaire, je vais faire donner contre-ordre au remorqueur; votre traité me lie les bras : sauvez votre brick, puisque vous avez seul le droit de le sauver.

Le consul sarde remit le traité dans son portefeuille, et prit la position d'un sauveur de brick.

Pendant l'échange de ces notes diplomatiques, le brick se désespérait, gémissait, se tordait convulsivement, en allongeant ses mâts par-dessus les vagues, comme l'adepte en péril de mort qui appelle à lui les *enfants de la veuve*, par un geste de déchirante expression. La mer, furieuse d'avoir perdu sa proie de matelots, malgré la Douane, s'acharnait contre le brick de toute la fureur de ses vagues insurgées : puis, quand l'obscurité retomba sur ce tableau de désolation, il semblait que le brick résistait à un assaut formidable livré par une meute de monstres marins, aboyant comme les chiens de Charybde et Scylla.

Messieurs les commissaires de la marine s'étaient retirés ; la Douane avait élevé sur le rivage une tente d'observation. La Santé venait de reconnaître l'excellent état sanitaire de l'équipage de la *Rose*, parti de Fiume, ville inconnue à la peste. Le consul sarde méditait toujours sur les moyens de sauver le brick, conformément au traité.

On promit le sauvetage pour le lendemain.

La nuit redoubla la férocité de la mer ; on aurait dit que la tempête avait juré de démolir le brick avant le retour du consul : elle laboura si bien l'ornière de sable où gisait le bâtiment, qu'elle parvint à l'enlever et à le jeter, bien loin de là même, en face de la magnifique promenade du Prado. Le brick, dans cette succession de violentes secousses, eut ses mâts brisés, sa quille enfoncée, son pont démoli. Le capitaine lançait à l'avenue de Marseille un regard sardonique, adressé au consul absent.

Le consul relisait le traité devant son feu et combinait un plan de sauvetage.

Le lendemain, le brick *la Rose* fut renversé sur le flanc par un assaut général des vagues toujours en délire. Les douaniers suivaient de l'œil toutes les phases de cette destruction, pièce à pièce, d'un joli navire âgé de quatre ans, gracieux comme un oiseau de mer.

Le consul sarde continuait à ne pas arriver, malgré le traité.

Quinze jours de tempête ont ainsi passé sur le cadavre de ce brick, et l'ont réduit à l'état informe où nous le voyons, et dans lequel l'œil même d'un consul ne pourrait reconnaître son origine. Tant qu'il en restera un soliveau, la mer ne se calmera pas. C'est un but charmant de promenade. Les dames en calèche et les jeunes gens à cheval vont jeter quelques gouttes d'eau salée, en guise d'absoute, sur le cadavre de la *Rose*, pendant que la mer lui chante un *Requiem* auprès duquel celui de Mozart est une romance de Loïsa Puget.

On va demander au gouverneur de Gênes un bateau remorqueur pour sauver le brick sarde en vertu du traité.

Les choses étant ainsi, à l'endroit des naufrages, on ne saurait donner trop d'éloges à la marine hollandaise qui, seule, a persisté, depuis Caïus Duilius, dans un système de construction navale qui défie les ouragans. Les observateurs superficiels rient en mer, sous cape, lorsqu'ils voient passer lourdement ces vaisseaux de Hollande, copiés sur l'arche de Noé. Que leur importe une tempête à ces îles de bronze flottantes! Quand un vaisseau hollandais étouffe la mer sous son poids, malheur aux écueils! La Méditerranée et l'Océan sont pleins d'écueils qui se sont brisés contre les navires d'Amsterdam.

# VOYAGE AU PALAIS-ROYAL

# VOYAGE AU PALAIS-ROYAL

---

1850.

Les nomenclatures, les catégories, les divisions méthodiques n'ont jamais été dans mes goûts, et, fort heureusement pour moi, le salon de cette année est distribué de manière à favoriser mes répugnances de classificateur; on coudoie une statue, en regardant un tableau; Apelles et Phidias sont logés à la même enseigne, un peuple de marbre respire au milieu d'un peuple de couleurs, et le pinceau et le ciseau sont posés en sautoir sur le nouveau blason du Palais-Royal.

Ainsi, chemin faisant, si je rencontre, entre deux murs de toiles peintes, le buste d'un de mes amis, je saluerai ce visage de marbre, qui a un air si froid en janvier, et tout de suite après je parlerai d'un tableau : ce procédé d'ailleurs est d'une grande ressource pour le style descriptif, et coupe l'uniformité des mots techniques, en permettant d'alterner le marbre et la couleur; les redites sont moins sensibles à l'oreille et aux yeux; la langue que nous parlons avec Muller n'est pas la langue de Pradier.

Puisque le nom de Muller est arrivé le premier sous ma plume, parlons de Muller.

Il y a cinq ou six ans, une douzaine d'artistes, de poëtes et d'écrivains étaient invités à dîner dans une maison de campagne, à Saint-Germain, l'illustre amphitryon, en se comptant avec ses célèbres convives, prononça le nombre fatal treize. Le hasard me fit passer devant la terrasse de ce domaine, et on m'invita comme quatorzième : il y avait là un jeune homme, qui, en attendant le dîner, s'amusait à peindre sur un pan de kiosque les plus charmantes choses de ce monde, des visages de femmes, des boutons de fleurs, des grappes de fruits; on ne pouvait rien voir d'aussi gracieux : je m'adressai à un penseur, et je lui demandai le nom de ce peintre qui semait des trésors, comme on joue au volant, pour attendre le potage.

— C'est Muller, me dit le penseur, un talent délicieux, un pinceau léger comme une plume ; n'allez pas lui demander du sérieux, du profond, du sévère ; il n'est pas né pour les conceptions vigoureuses, pour les œuvres grandioses ; c'est le Raphaël des vierges folles, mais il ne peindra jamais l'*Incendie du bourg.*

— Monsieur, dis-je au penseur, j'ai peu de foi aux horosopes et je crois que c'est un défaut de l'esprit critique français de vouloir toujours emprisonner dans un genre les jeunes et grandes vocations. Après le *Barbier de Séville*, un aristarque fort célèbre écrivit, dans un recueil alors en vogue, cette phrase que je n'oublierai jamais : *Monsieur Rossini ne sera jamais qu'un élégant discoureur en musique.* Le lendemain, tout Paris répétait en chœur cet horoscope émané d'une bouche infaillible. Quel malheur si Rossini eût incliné son front devant cet arrêt ! L'*élégant discoureur* n'aurait jamais créé *Moïse*, *Sémiramis* et *Guillaume Tell*. J'ai cent exemples d'horoscopes à vous citer après celui de l'élégant discoureur.

Le penseur allait me répondre, parce que les penseurs répondent toujours, lorsqu'on annonça le dîner.

Oui, c'est bien ce jeune peintre que j'ai vu jouer avec des roses, des lilas et des fraises ; ce gracieux tresseur de guirlandes, ce poëte des rondes printanières ; c'est bien lui qui a pris dans ses mains parfumées l'hécatombe du 7 thermidor, et l'a exposée toute sanglante sur un mur bâti exprès pour la recevoir. Ici, nous le reconnaissons, l'éloquence de la peinture l'emporte sur l'éloquence de l'histoire ; on ne lit point le passé, on le voit ; ce ne sont pas des lettres froides et muettes, c'est le cri formidable de cette grande immolation :

. . . . . . . . *en quo discordia cives*
*Perduxit miseros !*

Comment ! est-ce bien vrai ? dit la foule devant ce tableau immense ; comment Paris a vu tout cela en action ! Paris, cette ville charmante, qui a toujours sur les lèvres des chansons, du champagne et des baisers ; Paris a mené ce deuil, a vu ces funérailles, a bu, en un jour, tout ce sang humain ! impossible ! calomnie atroce ! mensonge de peintre ! Muller, amoureux du contraste, comme un vrai artiste, a imaginé cette ronde d'enfer, pour servir de pendant à sa gracieuse ronde de mai. Paris n'a jamais vu de pareilles horreurs ! Cependant le livre de l'indication ne peut être accusé d'imposture ; ce livre cite le *Moniteur* du 7 thermidor 1794. Qui peut accuser de faux le *Moniteur? quis dicere falsum ?* Oui, il n'est que trop vrai ; cette horrible journée s'est vue. Trois guillotines fonctionnaient : à la place Louis XV, à la Grève, à la barrière du Trône ; trois ouvrières laborieuses, qui ne prenaient du repos qu'à la nuit. Il y avait trois mares de sang ; trois gerbes de têtes coupées ; c'était au mois de la moisson. Le soleil seul riait à ces fêtes de mort. On ouvrait la grille d'une vaste prison, comme celle-ci ; on prenait des vieillards, des vieilles femmes, des jeunes filles ; on les brouettait aux trois charniers de Fouquier-Tinville et d'Hébert ; on les égorgeait en masse au nom de la Loi et de la Liberté, deux saints noms profanés toujours, et Paris regardait faire ; et tout tremblait devant Hébert et Tinville ; et ces hommes avaient pour complices tout le monde, parce que tout le monde ne s'insurgeait pas contre ces deux victimaires de la Terreur, et laissait debout leurs autels et leurs bourreaux ! L'histoire, cette vieille fontaine de phrases, qui verse une eau tiède par un tuyau de plomb glacé, nous a conté à sa mode ces éphémérides infernales, et nous y a, pour ainsi dire, habitués ; que ne rend-on pas tolérable avec des chiffres, des dates, et des procès-verbaux ! Ce sont des faits accomplis. On les apprend au collége avec les autres 7 thermidor de Marius et de

Sylla ; on les confond dans la même origine ; ils appartiennent tous au monde antique. Quelle indignation, quelle colère pourrions-nous avoir contre Marius-Tinville, et Sylla-Hébert ? c'étaient de grands proscripteurs, de grandes figures historiques ; voilà tout. Apprenons leurs faits et gestes avec une impassible gravité. Clio est une femme d'un tempérament froid ; elle ne s'indigne point, elle raconte, c'est son métier. Clio est la véritable mère du *Moniteur*. Telle mère, tel fils.

Heureusement Clio n'est pas peintre ; ce n'est pas elle qui aurait écrit le tableau de Muller, cette page de désolation sublime ; voilà une éloquence coloriée qui réduit au silence les orateurs ! Tous ces personnages se *taisent et crient*, comme dit Cicéron, *silent clamant*; c'est Josaphat en miniature ; c'est l'Herculanum du volcan de la terreur ; c'est la suprême lamentation d'un peuple qu'on décapite ! C'est un monde qui s'écroule dans un abîme de sang ! Toutes ces têtes que vous voyez là devant vous ; ces têtes charmantes, ces têtes vénérables, ces têtes augustes, elles vont toutes tomber sous la hache de l'abattoir ! Ces jeunes femmes, qui ont la chair si blanche, seront épousées par le bourreau, et dans un hyménée épouvantable qui réjouira les deux proconsuls, tous deux sortis de la ville maudite, et incendiée par le feu du ciel ! chose que l'ingénue histoire n'a jamais dite, et qui pourtant peut seule expliquer les abominables organisations de ces deux hommes hideux, qui, dans notre pays de galanterie, ont envoyé tant de femmes à l'échafaud ! L'amitié même était aussi pour eux une cause de proscription : ils auraient fait décapiter Harmodius et Aristogiton, en haine des affections pures. Voyez comme ils brisent d'un coup de hache ce noble

faisceau des amitiés poétiques, dignes des temps anciens !
Ils égorgent le même jour, par un raffinement inouï de volupté criminelle, ils égorgent André Chénier, Roucher, les deux Trudaine, cette pléiade qui éclairait la terre, comme la constellation des frères d'Hélène éclaire le ciel ! Au centre de ce carrefour de la guillotine, et dans un relief effrayant, l'illustre poëte grec résume à lui seul toute la désolation de ce jour ; et c'est toujours sur lui que les yeux retombent, quand ils ont fouillé tous les recoins de ces *corridors sombres*, dont il parle dans ses derniers vers.

Pourquoi cet immense intérêt attaché à ce jeune homme ? Pourquoi forme-t-il comme un épisode au milieu de tant de scènes lugubres ? Pourquoi absorbe-t-il le sujet principal ? C'est qu'André Chénier est le héros de ce jour ; c'est qu'il en est le martyr opime, la victime par excellence ; c'est que la royauté du génie va laisser aussi une tête à l'abattoir ; c'est qu'une époque de terreur a dit son dernier mot et fait son dernier signe au victimaire, lorsqu'elle prend un de ces chantres de poésie et d'amour, un de ces glorieux maîtres de la lyre ionienne, et qu'elle l'égorge stupidement pour le punir de ses vers, de ses mélodies, de ses amours. Quand le délire de l'assassinat arrive à cette immolation sacrilége, on peut entendre, comme sur le Golgotha, le cri suprême, *tout est consommé* ; la rédemption est accomplie, la dernière victime a expié les fautes de tous ; le sang du juste a coulé ; le voile du temple se déchire ; le centurion frappe sa poitrine ; les femmes du gibet pleurent ; les juges du prétoire lavent leurs mains ; les vexillaires inclinent leurs aigles ; le peuple crie : Assez de sang ! et ferme lui-même l'écluse, avec les mêmes mains qui creusèrent le lit de la cataracte. *Consummatum est !* Encore trois jours, et le bourreau restera seul en tête à tête avec son échafaud.

Quand une victime auguste, comme André Chénier, est coupée en deux tronçons par un couteau vil, tous ceux qui passent sur le triste chemin, sur la *via dolorosa*, s'indignent et se lamentent, les tricoteuses abandonnent leurs tréteaux ; les fenêtres se ferment ; les chants cessent ; un silence lugubre flétrit l'holocauste, et toute une capitale, révoltée le lendemain, s'écrie que les pleurs des femmes et le sang des hommes ont coulé trop longtemps, et que l'heure est venue d'arracher le couperet aux mains lassées des bourreaux !

Après avoir donné, sous cette forme indépendante de la question d'art, tous les éloges possibles à la toile historique de Muller, nous sommes obligés de dire que ce peintre a trouvé un vainqueur, dans cette nouvelle école de peinture appliquée aux leçons populaires.

L'art ne connaît pas la grandeur des proportions, et ne se mesure pas à la toile ; l'art exclut les mathématiques. L'*Ezéchiel* de Raphaël n'a que six pouces carrés, au palais Pitti de Florence, et il est plus vaste qu'une fresque colossale du Luca Giordano ; le Panthéon d'Agrippa est plus grand que la basilique de Saint-Pierre, dans laquelle il se perdrait comme un atome ; la *Barricade* de Meissonnier est plus large que la toile de Muller ; c'est l'immensité réduite à sa plus simple expression.

La foudroyante miniature de Meissonnier peut s'encadrer entre dix doigts, comme une forte pensée à remuer le monde peut s'exprimer en dix mots. Avec le quart d'un mouchoir de poche, Meissonnier a peint toute une histoire qui a déjà vingt in-folios. Il y a si peu de chose sur le morceau de toile qu'on dirait qu'il n'y a rien. En regardant avec cette attention que le nom de Meissonnier commande, on voit luire une petite tache de sang sur des pavés; on examine mieux cette grande chose invisible, et le frisson vous saisit au cœur et brûle la racine de vos cheveux ; c'est comme ce souffle qui épouvantait Job, un souffle plus formidable que la *grande voix, vox ingens,* dont parle Virgile.

Le peintre a mis là une rue étroite de Paris, une véritable rue d'insurrection. Fenêtres et boutiques sont fermées ; pas un seul être vivant : on n'y voit pas même le chien du convoi de Vigneron. Les cadavres abondent au contraire ; c'est un hachis de chair humaine ; les balles et la mitraille ont passé par là ; rien n'est resté debout ; la moisson est bien faite ; impossible de mieux faucher une révolte ; c'est un chef-d'œuvre de destruction civile ; il n'y a que Paris au monde qui sache si bien travailler, quand il ne fait rien !

Quelle concision dans l'horrible ! quelle sobriété dans ce deuil ! et comme l'âme pleure devant ce raccourci de guerre civile ! comme elle est poignante la douleur qui s'exhale de cet atome de désolation ! Voilà ce que nous faisons tous à époques périodiques ; c'est notre jeu habituel ; et que gagnons-nous à ce jeu déplorable ? Nous gagnons les mêmes ministres que nous avons chassés, les mêmes hommes que nous avons maudits, les mêmes lois que nous avons déchirées, les mêmes crises que nous avons vues ; nous remettons toujours le passé au présent. Il n'y a de plus qu'un chapitre à ajouter au martyrologe des barricades de Paris.

Il y a dans le salon un coin fort dangereux ; je frémis encore en songeant au péril que j'y ai couru ; la protection y manque ; la garde qui veille aux barrières du Louvre, ne veille pas au Palais-Royal ; je me suis réfugié sous le buste de M. Baroche, pour préserver mes jours menacés violemment. Par bonheur, M. Baroche était encore un peu ministre ce jour-là ; il m'a sauvé.

Dans un pays où le mot de *liberté* est écrit sur tous les corps de garde, sur toutes les prisons, et même sur le fronton de la Morgue, je croyais pouvoir exprimer librement mon opinion devant un tableau. Folle erreur, on m'a prouvé le contraire. Une exaspération terrible s'est manifestée autour de moi ; des regards féroces ont étincelé ; des menaces de proscription se sont fait entendre ; des dents hydrophobes ont grincé sourdement ; la menace gronda de toutes parts ; c'est alors que j'ai cru devoir chercher un asile devant un dieu pénate, ministre de l'intérieur.

A l'exemple du navigateur qui marque d'un point noir l'écueil sur lequel il a failli échouer, je vais signaler le panneau du salon, où les visiteurs courent un danger sérieux ; c'est dans le voisinage du portrait de M. Dupin. Il y a là une grande toile qui représente un enterrement, et qui est peinte par M. Courbet.

La critique d'art est une chose bien stérile et bien ennuyeuse pour l'écrivain, et le lecteur, lorsqu'il s'agit seulement de louer une de ces œuvres honorables qui fournissent un prétexte à l'analyse froide, et aux agglomérations obligées des mots techniques. Je ne vois pas trop ce que le lecteur peut gagner de plaisir à ce procédé. Quant à moi, je choisirai toujours de préférence les toiles qui peuvent être racontées comme des histoires plaisantes ou sérieuses; on cause ainsi avec son lecteur, on ne professe pas. Dans cette catégorie de tableaux, je me hâte de placer l'enterrement de M. Courbet.

Comme je manifestais cette opinion à haute voix, entre deux amis, je fus saisi violemment par le haut des bras, et plusieurs figures, rouges de fureur, me demandèrent si je parlais sérieusement.

« — Messieurs, dis-je aux agresseurs, il me serait aisé de ne pas vous répondre, mais j'ai le courage de mes opinions; oui, ce tableau révèle un peintre d'un très haut talent, et un artiste original. »

Ces mots, prononcés avec calme, excitèrent une véritable émeute autour de nous : mes amis me firent un rempart de leurs corps et m'entraînèrent jusqu'au buste de M. Baroche, qui fut ébranlé sur son piédestal, comme l'original à la tribune.

— Oui, Monsieur, s'écria le plus fougueux et le chef de l'insurrection, oui, vous avez tort de donner en public des éloges à un pareil tableau; cela peut avoir une fâcheuse influence sur vos auditeurs, et c'est ainsi qu'on perdra le goût en France et qu'on hâtera la décadence de l'art!

— Monsieur, dis-je à mon adversaire, ne faisons point de scandale; respectons tous ces bustes qui nous entourent et parlons froidement.

— Eh bien! oui, parlons froidement, dit mon adversaire d'un ton furieux.

— Exposez vos griefs contre ce tableau, lui dis-je avec modération.

— D'abord, reprit mon adversaire, pourquoi M. Courbet a-t-il choisi ce sujet pour faire un tableau?

— Parce qu'un homme d'un goût éminent, un grand poëte, Horace, a dit que le peintre et le poëte avaient le droit de peindre le sujet qui leur convenait, quel que fût ce sujet :

. . . . . . . . *pictoribus atque poetis*
*Quidlibet audendi semper fuit æqua potestas.*

Or il a plu à M. Courbet de peindre un enterrement, et il a peint un enterrement. M. Courbet était dans son droit.

— Mais, Monsieur, ne valait-il pas mieux qu'il peignît l'enterrement de Phocion, d'Epaminondas ou de Cecilia Metella?

— Si M. Courbet avait vu enterrer ces trois illustres personnages, peut-être aurait-il peint leurs funérailles; mais il a vu enterrer un mort de sa connaissance, dans le village d'Ornans, et il a donné la préférence à ce mort sur Epaminondas.

— Et pourquoi a-t-il peint tant de figures laides?

— Parce qu'en général les convois funèbres ne sont pas tous composés d'Adonis à la file, et qu'il y a toujours beaucoup de gens laids aux enterrements des villages, et même des villes. Prenez au hasard une légion d'une garde nationale quelconque, et vous verrez.

— Et pourquoi leur a-t-il donné des costumes si affreux?

— Parce qu'il ne pouvait pas leur donner le costume du convoi d'Epaminondas. Nous portons tous des chapeaux atroces, des redingotes abominables, des pantalons ridicules, des gilets odieux, des cravates absurdes, et nous sommes bien obligés de nous affubler ainsi pour escorter à sa dernière demeure un mort qui, de son vivant, n'était pas mieux habillé que nous.

Mes réponses faites avec calme me concilièrent quelques sympathies parmi les émeutiers. Je profitai de cette heureuse révolution dans les esprits pour délivrer le buste de M. Baroche du cordon vivant qui le cernait, et prenant mollement mon adversaire par le bras, je l'entraînai lui et les siens, dans le grand salon, devant le tableau mis en accusation.

Toutes les figures se tournèrent vers la toile de M. Courbet.

— Monsieur, dis-je à mon adversaire; je vais vous faire une concession... Oui, j'aurais voulu que M. Courbet peignît autre chose. La grande peinture bourgeoise ne sera jamais de bon goût; personne n'achètera ce tableau, surtout à Ornans; il rentrera probablement dans l'atelier du peintre, et s'y enterrera; mais enfin, puisque M. Courbet n'a reculé lui-même devant aucune de ces considérations, ne reculons pas devant son tableau, et jugeons-le tel qu'il nous l'a donné.

— Oui, maintenant, me dit mon auditeur radouci, avec ce point de départ, on peut vous suivre.

— Suivez-moi... examinons l'ensemble, d'abord, et dites-moi s'il y a quelque chose de plus vrai, bourgeoisement parlant, que cette collection de personnages. Voilà un prêtre qui est dans tous les hameaux; voilà un porte-croix qui précède tous les enterrements; voilà un fossoyeur qui ouvre toutes les fosses; voilà deux enfants de chœur qui chantent tous les *Libera*. Les porteurs de bière sont aussi laids que nature, et ne laissent rien à désirer : vous n'en trouveriez pas d'autres à Ornans et ailleurs. Regardez ce conseiller municipal qui a un nez si amusant et garde un air si digne, en soutenant un parent trop éploré. Que dites-vous de cette manière de magister en habit gris, en toilette dominicale, soigneusement conservée dans une armoire, depuis quarante ans, pour briller dans les grandes occasions ? De quel beau geste philosophique l accompagne cette pensée neuve.—Voilà où nous arriverons tous ! — Que dites-vous de ces têtes d'esprits forts, étagées sur le fond, et qui n'ont pas l'air de croire à l'immortalité de l'âme ? Puis à droite, et comme pour faire contraste, examinez ce groupe de femmes en robes de deuil ; ce coin est-il assez lugubre, assez désolé ? On y verse de véritables larmes ; toute la douleur du tableau est là ; c'est effrayant de vérité lamentable ; on s'attristerait si on regardait trop longtemps ce côté du tableau. Il y a des mouchoirs imbibés de pleurs ; il y a des visages cachés et qui pourtant laissent voir une affliction déchirante ; on n'y découvre qu'un seul front serein et insouciant, c'est celui d'une petite fille qui ne comprend rien encore aux larmes et aux inhumations.

— Oui, me dit mon adversaire, il y a en effet dans ce côté de cet étrange tableau des pleureuses superbes, je suis de votre avis..... Mais que diable ! pourquoi M. Courbet a-t-il choisi ce sujet ?

— Enfin, il l'a choisi, qu'y faire ? Le voilà...

— Mais pourquoi, continua mon adversaire, n'a-t-il pas traité les mêmes choses sur une toile de chevalet, comme les Saltimbanques de Biard ?

— Je n'en sais rien, Monsieur ; il n'y a que M. Courbet qui puisse répondre à tant de pourquoi... Adressez-vous à lui.

Cependant l'agitation était calmée ; on regardait beaucoup l'enterrement, et une réaction évidente se manifestait. Un grand nombre de nouveaux venus qui n'avaient pas assisté au début de cette scène, se déclaraient admirateurs du peintre, et me prêtaient, à leur insu, un grand secours. Mon adversaire, à peu près converti, se contenta de dire pour terminer la discussion :

— Au reste, Monsieur, je conviens qu'il y a des qualités solides dans ce tableau, mais convenez aussi qu'il appartient trop au genre bourgeois.

— Oui, Monsieur, repris-je, et si bourgeois qu'on dirait que M. Dupin sort de l'enterrement de M. Courbet, où il ne déparait point la société d'Ornans... Tenez, Monsieur, placez-vous sur ce point d'optique, et regardez cette grande toile bourgeoise qui expire au portrait de M. Dupin. Ne diriez-vous pas que M. Dupin est de la même famille, et qu'il va prononcer l'oraison funèbre du défunt, avec ce style villageois et parlementaire que vous connaissez.

Mon contradicteur me donna raison cette fois. Il y eut même des gens qui soutinrent que le portrait de M. Dupin appartenait en principe au convoi de M. Courbet, où il consolait le groupe des pleureuses, mais qu'à la demande du conseil municipal de Nevers, le peintre avait consenti à le séparer de l'enterrement.

On me conduisit ensuite vers les *Casseurs de pierres* de M. Courbet.

— Comment trouvez-vous que la perspective est observée dans ce tableau? me dit mon adversaire en riant.

— Voilà bien comme vous êtes tous! lui dis-je; s'il y a un défaut ou une apparence de défaut dans une œuvre d'art, c'est bien ce qui vous frappe d'abord, et ce que vous signalez du premier coup. Un de vos anciens, à qui on présentait la Vénus de Médicis, s'écria douloureusement après avoir longtemps regardé : pourquoi faut-il que les femmes aient des ongles aux pieds ? Ce critique ne vit dans le chef-d'œuvre que les ongles des orteils de Vénus, et ces ongles absorbèrent toute son attention. Si la perspective manque à ce tableau de M. Courbet, je ne veux pas le savoir ; ce qui me frappe, c'est le caractère, la pose, la vérité de ces deux hommes, de ces deux travailleurs si bien résignés. Un pareil tableau n'appartient pas aussi, lui, au genre noble, j'en conviens ; M. Courbet aurait encore peut-être mieux fait de peindre deux ouvriers romains pavant la voie Appienne ; mais, enfin, il a voulu peindre des cantonniers français, ceux que nous avons tous vus, quand nous traversons les grandes routes, en chaise de poste. Au moment où les chemins de fer vont rayonner partout, il était bon de laisser, comme monument, le supplice de ces deux ouvriers. Le vieillard a cassé des pierres pendant cinquante ans ; regardez sa figure et ses mains brûlées par le soleil et la poussière ; son fils commence l'état, mais, au premier jour, il quittera ses haillons et sa chemise dévastée ; il endossera un bel habit vert, orné d'initiales d'or, et se pavanera sur les stations du nord et du midi. En ce moment, ce pauvre jeune homme fait sa dernière corvée, et il se réjouit sans doute, au fond du cœur ; il a entendu hennir les chevaux de feu d'une locomotive libératrice. Voilà les deux derniers casseurs de pierres. Personne ne regrettera la profession.

— Je n'avais pas envisagé ce tableau sous le point de vue philosophique, me dit mon adversaire, mais la perspective...

— Avez-vous encore un autre tableau de M. Courbet à me montrer ? lui dis-je en l'interrompant.

— Oui.

Et tout de suite, il me conduisit sans hésiter devant le *Retour de la Foire*.

— Mais d'où vient, lui demandai-je, que vous connaissez si bien le gisement de tous les tableaux de M. Courbet, vous qui détestez si cordialement ce peintre ?

— Oui, j'avoue, me dit-il, que je les regarde beaucoup, et que je reviens toujours à eux, avec un sentiment voluptueux de douleur.

— Je ne connais pas le salon, ajoutai-je, mais j'affirme qu'il y a ici mille tableaux exécrables que vous n'avez jamais regardés, et pourtant, vous êtes, je le vois, un habitué du lieu ; vous vous y êtes exposé, dès l'ouverture, comme un tableau vivant, et la critique vous classera.

— Que voulez-vous ? c'est ainsi, me répondit-il ; les tableaux de M. Courbet ont un caractère révoltant qui m'attache ; au reste, je ne nie pas le talent de ce peintre.

— Prenez garde, lui dis-je ; vous avez déjà fait bien du chemin.

Nous étions arrivés devant le *Retour de la Foire*.

— Comment trouvez-vous cela ? me demanda mon futur ami, en souriant.

— J'ai *le front de trouver cela beau*, lui répondis-je : beau et amusant, deux qualités qui s'excluent l'une l'autre, trop de fois. C'est encore de la peinture bourgeoise, et pourtant rien ne rappelle ici *l'enterrement*. Il y a un paysage bien composé, bien senti ; un parfum agreste, un charmant horizon, des terrains de route bien travaillés, une connaissance profonde des phénomènes de l'air et de la lumière. Les personnages qui animent cette scène sont naturels comme des passants de grande route. Les deux cavaliers et leurs chevaux marchent et vivent; les bœufs sortent du marché; celui qui nous regarde a un véritable œil de bœuf. Le monsieur qui tient un cochon à la lisière est comique comme un acteur du Palais-Royal, avec son parapluie à fourreau, et sa casquette doublée d'un bonnet de nuit. Il y a dans cet homme une grande expérience pour les précautions contre les accidents des routes et les rhumes de cerveau. Tout cela réjouit comme une comédie pastorale, et si les écrivains achetaient des tableaux, j'achèterais celui-ci demain.

— Oui, me dit mon nouvel ami, j'aime aussi beaucoup ce tableau..... Maintenant, je veux vous montrer le portrait de M. Courbet, fait par lui.

— Quelle érudition vous avez à l'endroit de ce peintre! dis-je à mon nouvel ami.

— Oh! c'est qu'il est fort beau son portrait, ajouta-t-il, vous allez le voir.

En effet ce portrait est fort beau; je n'ai pas l'honneur de connaître M. Courbet, mais j'affirme qu'il s'est fait ressemblant. Il y a sur cette figure somnolente, une quiétude philosophique, un *kieff* oriental ou lazzaronesque, un dédain de la critique et de la foule qui révèlent le peintre de l'enterrement d'Ornans.

Nous nous séparâmes, mon ami et moi, en nous serrant affectueusement les mains, après un échange de cartes. Le lendemain je l'ai retrouvé au salon, et je me suis vu dans la nécessité de calmer son admiration pour le peintre de l'enterrement.

17.

En forme de digression, il est urgent, je crois, de donner un avis aux gardiens du salon. Une statue est menacée d'une chute terrible, et ce serait un grand malheur, car ce marbre est un chef-d'œuvre du statuaire Pollet.

On sait avec quelle fureur les spectacles gratuits sont fréquentés, dans cette grande ville ; un plaisir qui ne se paye pas trouve un million de consommateurs ; tout Paris va voir, aux fêtes publiques, les feux d'artifice, et les pantomimes des théâtres élyséens, où les Grecs se battent encore, et se battront éternellement avec les Turcs. Au Salon, le bureau perçoit un franc par personne, le jeudi, et moitié pour les *enfants au-dessus* de trois ans, ce qui devrait dispenser tous les hommes du péage. Or, le jeudi, on se promène à l'aise dans les salles d'exhibition ; les amateurs sont rares ; il faut être aveugle pour y être coudoyé. On peut compter facilement les pièces d'un franc qui se promènent devant les tableaux. Quant aux autres jours de la semaine, c'est autre chose. Le spectacle est gratuit. Tout citoyen a le droit d'entrer ; la foule est compacte ; *les pieds sont liés aux pieds*, comme dit Quinte-Curce, en parlant de la bataille d'Arbelles, *pedes hærent pedibus*; on est privé de l'usage de ses bras ; on ne marche plus, on roule ; veut-on voir le portrait de Mlle Ozy, on est emporté vers le portrait de M. Dupin ; veut-on respirer à l'ombre d'un paysage de Corot, une vague vous précipite vers une bataille de cavaliers. Le public perd son libre arbitre, et gagne un franc. Puis, le torrent animé qui tombe du grand salon dans la galerie voisine vient se briser contre le piédestal de la statue nommée *Une Heure de la nuit*. Personne n'est iconoclaste dans cette foule, mais contre la volonté de tous, cette délicieuse image, suspendue par un fil, peut se briser, et joncher le sol de ses débris. Un miracle continuel la soutient, mais arrivera un moment, et un coup de vague, où la providence des statues oubliera de faire un miracle, et cette charmante Heure de la nuit verra son dernier jour.

L'autre jour, qui n'était pas un jeudi, je voulais voir pour la vingtième fois un tableau de Decamps : *Eliezer* et *Rébecca*. J'ai lutté deux heures contre le torrent populaire, et je voyais frémir l'Heure de la nuit sur son piédestal. Une vague constante, et dont le sillon était tout fait, me faisait toujours échouer sur un grand écueil noir, où un peintre a entassé une immense quantité de choses peu amusantes. Je restai cloué contre cette toile, et je fermai les yeux pour les économiser. Le reflux me renvoyait toujours vers M. Dupin, où j'usai du même stratagème ophthalmique, et ballotté ainsi, je donnais toutes mes économies oculaires à l'Heure de la nuit, qui est beaucoup plus belle que la statue de M. Dupin. Il semble impossible que la nature puisse mettre au monde deux antithèses de formes comme celles-là ; M. Dupin, et la fille de M. Pollet ! Quel marbre adorable ! quelle suavité, quelle harmonie ! quelle nudité chaste ! *nuda, decens*, comme dit le poëte : j'ai vu des Pygmalions qui profitaient de la pression de la foule pour effleurer de leurs lèvres ses pieds divins, pure chair de marbre qui n'a jamais connu le soulier verni, et le brodequin lacé.

Enfin, après avoir échappé au tableau où il y a tant de choses noires, tableau que je suis heureux de ne pas voir dans mon salon, je fus lancé, par un mouvement de dérive, vers Eliezer et Rébecca, et je m'y cramponnai comme un naufragé au premier roc qui lui tombe sous la main. En général, quand un tableau me plaît, je le traite comme un opéra de Rossini, je l'apprends par cœur. De cette manière, j'emporte toujours avec moi le tableau et l'opéra. J'avais encore quelque chose à apprendre dans le paysage oriental de Decamps, et je l'appris. Maintenant, je le sais comme *Guillaume-Tell*, *Sémiramide* ou *Othello*. Je m'y promène en imagination ; je me chauffe à son ciel, je m'abreuve à sa fontaine, je cause avec Eliezer. C'est une admirable page biblique, sablée avec la poussière du désert, ou les grains de lumière du soleil. Il faut avoir été patriarche, une fois dans sa vie, comme Decamps, pour nous faire de la Mésopotamie à ce degré. Il y a dans cette églogue une onction sainte, une sérénité angélique, un calme céleste qu'on ne peut trouver ni dans Théocrite, ni dans Virgile. On sent que Dieu prend soin de ces tribus errantes de pasteurs, qu'il les conduit par la main à travers les solitudes, et change pour eux *la pierre en étang, et la roche en fontaine d'eaux vives*, comme dit le roi David (1). C'est surtout le coin humide de ce tableau qui frappe ; il rafraîchit les ardeurs de ce ciel et de cette campagne ; le terrain est superbement travaillé. La végétation y éclate au milieu d'une aridité merveilleuse et atteste le frais voisinage de l'eau. Ce n'est pas le puits traditionnel des anciens et classiques paysages de Rebecca ; un puits moderne avec sa margelle et sa poulie ; c'est le vrai réservoir du désert ; c'est le *ber* hébraïque qui reçut son nom du cri des

---

(1) Convertit petram in stagna aquarum, et rupem in fontes aquarum. (*Psalm.*)

chèvres altérées et qui l'a transmis à tant de Juifs, jusqu'à l'illustre musicien des *Huguenots*. Le roc taillé suinte ; l'herbe sue ; la fraîcheur monte ; c'est le trésor du désert, c'est la richesse de la soif ; c'est la fortune du pâtre. Une jeune femme s'agenouille, se penche, étend son bras et puise dans sa cruche l'eau qu'elle va offrir à Eliezer et à sa caravane, en échange des bracelets offerts. C'est l'hyménée primitif accompli aux rayons du soleil, entre deux palmiers, et sous le regard de Dieu.

J'éprouve tant de plaisir à voir les chauds paysages de ce genre, au mois de janvier, dans une serre froide de Paris, qu'un ami officieux, livret vivant, m'a conduit devant une autre toile ardente, peinte par M. Hugues Martin. Celle-ci représente une caravane dans l'Inde. Il y a des peintres qui ont la fureur de peindre de *beaux* effets de neige, ou de *belles* gelées ; le jury devrait s'opposer aux exhibitions de ces *beautés* désolantes. Quoi ! il ne vous suffit point de subir toutes les horreurs des hivers, avec leur cortège de rhumes, de toux, de fluxions, de pleurésies, il faut encore nous faire revoir en peinture cette abominable réalité, mettre un suaire blanc entre deux cadres, et nous enrhumer avec des couleurs ! Parlez-moi du paysage de M. Martin ! c'est l'antithèse d'un bel effet de neige ; c'est un poêle, un cratère, une bouche de chaleur. L'artiste qui a peint ce paysage l'a vu de près, et a mis sa sueur sur la palette. Il n'y a pas un arbre sur cette immense plaine, car, ainsi que l'a dit un poëte,

Les arbres ont le tort de voiler le soleil.

L'horizon s'y déroule à l'infini, et se confond avec une ligne de crêtes grises et vaporeuses; la lumière pleut à torrents; l'atmosphère est incendiée, le sol brûlé ; les rochers se rougissent comme des tisons; il n'y a pas un souffle d'air : c'est un échantillon de la planète de Mercure, toujours perdue dans la chevelure du soleil, comme un rubis dans les tresses blondes d'une reine. Un Claude Lorrain se fondrait comme glace à côté de ce tableau indou : je me suis guéri de l'hiver, en le regardant.

M. Martin a intitulé sa toile *une Caravane dans l'Inde.* Comme tout change de proportions, en passant du septentrion au midi, mais au midi précis; car il y a beaucoup de faux midis, des midis moins le quart. Ils ont là-bas des aloès, nous avons des artichauts; ils ont des éléphants, nous avons des mules; ils ont des tigres, nous avons des chats. Là-bas, le soleil grandit tout. Comparez même nos caravanes de dromadaires bossus avec les caravanes indiennes. Voyez s'avancer celle-ci. Y a-t-il un spectacle plus solennel? Quelle majesté dans ce premier éléphant qui ouvre la marche! comme il s'agite avec résolution, dans ce tourbillon d'étincelles qui embrâsent l'air! comme il foule gaiement aux pieds l'incendie et les tisons! Quel intérêt s'attache à cette vie puissante, à cette énorme créature, qui s'épanouit avec tant de joie sur cette terre de feu, et respire seule dans cette campagne de mort!

M. Martin a conquis, par cet ouvrage, une place à part dans la grande école de nos paysagistes ; il possède une qualité inappréciable, celle d'émouvoir avec les procédés les plus simples; il n'y a rien dans ce tableau, il y a tout un monde; jamais on ne fit moins de dépense, pour produire plus d'effet, le côté poétique de sa toile est superbe ; c'est harmonieux et splendide comme un chant du *Ramayana*, l'Iliade du Coromandel, c'est chaud comme le poëme de *Panopeï* qui a chanté les ardeurs du ciel indien. Par malheur, ce tableau n'a pas obtenu la faveur d'une bonne place, il est à l'ombre, mais il éclaire cette ombre, et se sert à lui-même de soleil.

Muses de Sicile, *Sicelides musæ*, vous qui avez inventé le frais paysage, les doux abris, les grottes humides, les ruisseaux causeurs, les voûtes sombres, les vallées ombreuses et les amours qui soupirent au pied du temple de Jupiter Olympien, muses de Théocrite, vous avez encore de robustes amants chez nos artistes modernes, et vos traditions ne périront pas !... Après le soleil, rien n'est plus doux que l'ombre ; en sortant du tableau de M. Martin, je me suis rafraîchi devant un grand paysage arcadien de M. Teitaud : c'est un lieu de refuge, après un coup de soleil, œuvre faite avec amour et recueillement, églogue de Gallus, rêve d'Arcadie, *frigida Tempe, mollesque sub arbore somni*. M. Teitaud a traduit la poésie antique avec un charme délicieux : il y a, sur les premiers plans, un admirable travail de végétation luxuriante, et surtout une superbe étude de figuier sauvage, dont les feuilles ont l'âcre parfum de leur sève. De jeunes filles blondes et brunes jouent, comme Eurydice, dans les hautes herbes ; une d'elles offre une fleur de nénuphar à la divinité du lieu ; dans un sombre massif, deux nymphes, couchées sur le velours des gazons, causent de leurs amours. Une de ces rivières calmes dont on a dit, *nesciunt unde fluit*, coupe le paysage et l'emplit de fraîcheur ; l'air circule, le ciel rit, les arbres vivent, et les habitants de cet Eden ont l'air de dire, comme l'apôtre du Thabor :

Il fait bon ici... Vraiment, il y a de quoi gémir, lorsqu'on songe que les originaux de tant de beaux paysages existent, sans habitants, et qu'il y a de nombreux habitants dans les rues Guérin-Boisseau et Saint-Pierre-aux-Bœufs. Nous avons eu à notre disposition, sous les dernières années de Louis-Philippe, seize cents lieues carrées de paysages, à la Plata ; on nous les offrait, nous n'avions qu'à les prendre ; mais les habiles hommes d'État de ce malheureux règne, toujours absorbés par les élections et les avis des préfectures, ont laissé tomber dans l'eau de la Plata la question de Montevideo. Il faut aujourd'hui nous consoler avec des paysages sur toile, et, grâce à Dieu, nous n'en manquons pas. Nos peintres en ce genre abondent, et beaucoup d'entr'eux sont maîtres, et ont donné à leur art une impulsion inouïe. C'est dire que nous avons seulement effleuré aujourd'hui le côté le plus illustre du salon.

Nous aimons presque tous en France la réalité bourgeoise et le naturel ; nous voulons voir reproduire sur toile ou au théâtre, les choses que nous avons vues chez nous ; le merveilleux et la fantaisie nous répugnent ; lorsque nous ne faisons pas des révolutions et des barricades, nous avons un bon sens inexorable et notre logique est sans pitié. Ce n'est pas pour nous que Shakespeare aurait écrit son *Midsummer night's dream*, que Orcagna aurait peint son enfer et Michel-Ange son jugement chrétien avec la barque de Caron. Nous adorons la logique et la vérité dans l'art.

Dernièrement, sur un de nos théâtres, une phrase, pleine

d'un naturel exquis, a soulevé une tempête d'admiration ; il y avait un financier qui disait à sa femme :

— *Ma petite chatte, c'est aujourd'hui le 31, jour d'échéance; ne nous endormons point sur le rôti ; allons voir si les fonds sont faits et évitons les protêts et les huissiers.*

Les spectateurs bondissaient de joie sur leurs stalles, et les uns disaient aux autres :

— Comme c'est ça ! comme c'est nature ! mais où ces diables d'auteurs ont-ils donc tant observé ?

Le plus grand reproche que nous puissions adresser à une phrase ou à une scène est celui-ci :

— Ce n'est pas naturel.

Il n'y a que la périodicité des barricades et des coups de fusil dans les rues, qui soit admise comme naturelle dans nos fantaisies de public français. Hors de là, nous avons le fanatisme de la saine raison.

La peinture française est donc tenue à beaucoup de réserve, en présence de notre bon sens public, et ne peut se permettre des écarts de fantaisie qu'avec une extrême sobriété. Il y a des artistes qui ont l'horreur de la chose vulgaire, comme Horace, et qui seraient les gens les plus malheureux du monde, si un ministre les condamnait à peindre des uniformes de garde nationale, un vote d'Assemblée législative, une réception de représentants chez M. Dupin, une revue au Champ de Mars avec beaucoup de shakos hérissés de fusils! Ceux-là n'entreront jamais dans le musée de Versailles. Il en est d'autres qui n'entreront jamais dans un salon bourgeois; ce sont les peintres qui ne savent pas reproduire un propriétaire donnant congé à un locataire insolvable, ou un conscrit partant pour l'armée, où un père de famille apprenant à lire à ses enfants, ou une jeune demoiselle tourmentant un piano dans un salon orné de portraits d'ancêtres. Cependant ces peintres délicats éprouvent le besoin de produire, et semblables aux oiseaux qui chantent dans les solitudes, ils peignent pour eux, sans se soucier du musée de Versailles et du lambris bourgeois.

Respect à ces chastes amants de l'art !

Oui, respect à eux; car il est beau de voir un artiste, comme M. Laemlein par exemple, se recueillir dans une pensée mystérieuse au milieu de notre stupide tracas de forum bourgeois, et consacrer une année de sa vie à reproduire sur toile une vision de livres saints. D'où vient ce peintre, et que nous veut-il? disent quelques-uns, car la foule ne prend pas la peine de regarder l'incroyable tableau de M. Laemlein. La foule regarde de préférence les portraits et se délecte à y trouver des ressemblances avec des parents, des amis, ou des voisins.

— Tu ne trouves pas, dit un mari, que ce portrait ressemble un peu à...

— Oui, il y a quelque chose dans le front et dans le nez, reprend la femme.

Tel est le métier de la foule au salon. Comment voulez-vous qu'elle s'inquiète du tableau de M. Laemlein? Ici nous sommes en pleine apocalypse; c'est comme une page de l'apôtre de Pathmos; c'est comme l'avant-garde des vingt mille chariots de guerre de Sabaoth et d'Eloa; la scène se passe au-dessus de la terre de toute la hauteur de l'infini: Il y a un paysage de monde inconnu; il y a des pics volcaniques en insurrection, posés comme les bornes milliaires d'une route sans terme ; la clarté ne vient ni du soleil, ni des étoiles ; c'est le météore des rêves et des visions ; c'est la lueur qui éclaire les limbes, quand l'archange de l'espoir y descend. Quatre chars, lancés par la main de Dieu, les chars des vents du ciel, se précipitent sur la terre ; leurs phaétons bibliques ne tomberont point dans l'Éridan ; ils ont des poses audacieuses et superbes que leur a donné le souffle divin ; ils ont des essieux de bronze et des chevaux qui se sont rués dans les mêlées de Michel et de Lucifer. Le regard surtout est absorbé par le chariot qui semble franchir le cadre ; ici, n'allez pas chercher la tradition des quadriges du Guide, et le *fac simile* des classiques coursiers de l'Aurore ; il y a dans ces deux chevaux apocalyptiques une fougue désordonnée inconnue des *steeple-chase* d'Epsom et de la Croix-de-Berny ; l'archange échevelé qui se penche sur les rênes, emporte chars et chevaux dans l'hippodrome de l'infini, et on sent que, pour accomplir cette course, l'haleine ne manquera ni aux hippogriffes de Sabaoth, ni à l'Automédon divin.

Michel-Ange a eu le bonheur de trouver les pendentifs du dôme de Saint-Pierre, pour y incruster ses quatre évangélistes, M. Laemlein ne trouvera pas la basilique de M. Eugène Nepveu, pour y peindre quatre visions de Pathmos. Où trouverons-nous le ministre des travaux publics qui dira à M. Nepveu, comme Jules II à Bramante : artiste, fais ton œuvre, et cisèle une montagne de marbre sur le Vatican ? On construit une église gothique, rue Belle-Chasse, une église gothique en 1854 ! Veut-on éclipser Notre-Dame, Saint-Eustache ou Saint-Germain l'Auxerrois ? Hélas ! non. Eh bien ! pourquoi ne pas confier une œuvre originale à quelques-uns de ces jeunes architectes qui créeront et n'imiteront pas. Montez dans cette galerie de fleurs, où Clesinger a exposé, sous les traits charmants et terribles de mademoiselle Rachel, Thalie et Melpomène, et vous verrez le plan de l'église rêvée par M. Eugène Nepveu. Rêve magnifique destiné à s'évanouir sur un carré de vélin ! Chose déplorable ! aujourd'hui, Arnolphe et Brunelleschi n'auraient pu bâtir leur merveille florentine de Sainte-Marie-des-Fleurs ; Médicis est représenté chez nous par M. Bineau. Michel-Ange, partant pour Rome, disait à l'église métropolitaine de Florence : je vais te bâtir une sœur, qui sera plus grande, mais qui ne sera pas plus belle, *sara più granda, ma non più bella* ! en examinant dans tous ses détails le plan de M. Nepveu, on est autorisé à dire que son église serait plus grande et plus belle que le Dôme de Florence. Faisons-en notre deuil, nous ne la verrons pas, à moins que M. Nepveu ne consente à faire de son église la gare du chemin de fer du Midi.

M. Lehmann a payé aussi son tribut au merveilleux, dans son tableau des Océanides. Le vulgaire et le profane n'ont rien encore à voir ici.

M. Lehmann a commencé sa vie d'artiste en plein xv$^e$ siècle. En ce temps-là, Cimabuë arriva de Constantinople ; il créa la peinture à Pise ; il traça la première fresque du *Campo-Santo*, et écrivit le frontispice de ce livre immense dont chaque page est un rayon de la Bible. Puis vint un pâtre, en sayon de poils de brebis ; un enfant de l'Arno, le Messie de l'art italien, Giotto, dont *la main était si habile et le visage si beau, recta manus tam fuit et facies.* Il jeta la furie de ses premières inspirations sur les pans gigantesques du cloître saint; il ramassa le pinceau de Cimabuë son maître, et le légua, comme le sceptre d'une glorieuse dynastie, aux frères Gaddi, à Orcagna, à Simone Memmi, à Spinello d'Arezzo, à Benozzo Gozzoli, à Buffamalco, qui vinrent tous, l'Evangile à la main, matérialiser sur les murs toutes les divines paraboles, tous les mystères de la foi, toutes les confidences que Dieu a faites à l'homme par la bouche de ceux qui parlaient en son nom. Ces premières et naïves inspirations de l'art; cette aurore sereine de la peinture; ce dédain de la forme, cet amour de l'esprit, ont survécu plusieurs siècles encore aux luttes des écoles vénitiennes et florentines. Il m'a été donné de voir à Rome, dans l'atelier d'Overbeck et de Cornelius, deux hommes qui se croyaient les contemporains de Perugino et de Ghirlandajo, et qui prenant en léger souci les progrès de la forme, ne cherchaient dans l'art que la pensée et l'esprit, et auraient repeint, dans leur naïveté sereine, la vie de Jésus-Christ d'André del Sarto, et la chapelle des Ruccellai, à *Santa-Maria-Novella*, de Florence. Aux yeux de ces continuateurs du xve siècle, Raphaël n'est seulement Raphaël que lorsqu'il peint les fresques de la vie de Pie II, dans la sacristie du Dôme de Sienne; mais il perd son auréole dès qu'il descend à l'incendie du bourg et à la transfiguration du Thabor.

M. Lehmann appartenait donc à l'école de l'esprit, et ses belles et naïves peintures de Saint-Méry en font foi; mais peu à peu il a vieilli de trois siècles et l'école de la forme va le compter parmi ses adeptes. M. Lehmann peint aujourd'hui le portrait bourgeois avec un succès très-grand, et son tableau des Océanides annonce le complet abandon des doctrines de Cornelius. Le chrétien s'est fait païen, il sera français au premier salon.

Avec un peintre d'un mérite si éminent, la critique n'est pas à l'aise, et quant à moi je professe un respect si profond pour les grands artistes, que ma plume tremble lorsqu'elle va tracer sur leurs ouvrages une phrase qui n'est pas un éloge. Ceux qui ont pensé longtemps avant d'exécuter, en savent toujours beaucoup plus qu'un aristarque léger qui improvise une critique. Aussi, n'est-ce qu'avec la plus grande réserve que je parlerai des Océanides de M. Lehmann, car j'en suis sûr, ce peintre, s'il était en ce moment à côté de moi, me donnerait d'excellentes raisons pour me démontrer mes torts.

La fable de Prométhée est la plus merveilleuse invention du génie antique. Ce Titan est l'expression gigantesque de l'orgueil humain ; son châtiment est déjà une révélation de la pensée chrétienne. Il n'y a rien de plus beau dans les tragiques grecs, et on comprend l'enthousiasme de ce peuple poétique, lorsqu'il voyait représenter la tragédie de Prométhée sur le théâtre immense, taillé en assises, sur la montagne de Taorminum, éclairée par l'Etna. Nos tragédies françaises et nos coulisses de carton s'effacent devant le drame de la Grande-Grèce, ce drame qui avait la Sicile pour décorations, et pour lustre un volcan. Un peintre de haute renommée peut-il maintenant réduire en miniature des choses de si vastes proportions? Quoi! cette idée puissante qui a remué le plus grand peuple du monde; ce Titan qui a voulu ravir au ciel la flamme de la vie; ce géant du roc qui soulève par ses cris les nymphes de la mer ; ce vautour qui ronge un *foie immortel, et des entrailles fécondes en tourments* : *immortale jecur, fecundaque pœnis viscera* ; cette fable énorme, qui est l'histoire humaine, doit-elle être traitée comme un tableau de gynécée ou de boudoir ? J'ose répondre non. Et pourtant, il y a dans cette même fable un charme, un attrait, une poésie, un prestige si merveilleux, qu'ainsi réduite à des proportions mesquines, elle attache encore, elle arrête, elle fait penser. Les petites Océanides de M. Lehmann sont charmantes ; le paysage maritime a une coquetterie de désolation fort agréable ; le petit rocher taillé au marteau est un joli piédestal de géant. J'aimerais beaucoup ce tableau s'il n'avait pas de titre, et si M. Lehmann ne l'avait pas signé. Quel chef-d'œuvre pour un lauréat romain ! M. Lehmann, n'abandonnez pas votre idée : si, un jour, Dieu envoie à la France un ministre artiste, miracle que Dieu seul peut faire, demandez-lui de vous céder un pan du Louvre, palais où il y a tant de murs blancs ; et là vous dresserez l'échafaudage de Léon X et de la chapelle Sixtine ; vous tremperez un pinceau colossal dans des cuves de couleurs, et vous traduirez dignement, sur une fresque démesurée, cette antique fable dont vous avez tracé l'esquisse avec trop de sagesse, de bon sens et de bon goût, trois nobles vertus, qui souvent, dans les arts, ont le tort d'être filles de la timidité.

Un jour, à Rome, je me donnai la satisfaction de suivre un Anglais dans une visite qu'il rendait aux monuments et aux ruines ; quand on suit un Anglais en Italie, on suit tous les Anglais, et on étudie leur espèce voyageuse ; l'*ab uno disce omnes* n'a jamais eu plus complétement raison. Donc, cet insulaire touriste, que je suivais comme une ombre le soleil, arrivait toujours devant un monument, avec une physionomie somnolente et des yeux éteints ; il regardait les glorieux débris antiques, dans une attitude pleine de nonchalance septentrionale ; puis il ouvrait son *Guide*, cherchait la page et le numéro, et lisait :

« *Basilique d'Antonin le Pieux. Aujourd'hui douane de*
» *terre (Dogana di terra), péristyle à onze colonnes parfaite-*
» *ment conservées...*»

L'Anglais comptait les colonnes et faisait un signe de tête qui voulait dire : — Oui, il y en a onze, le compte est juste. — Ensuite, il rouvrait son *Guide*, et lisait :

« *L'empereur Antonin, dit le Pieux, a élevé cet admirable*
» *chef-d'œuvre d'architecture...*»

A cette dernière ligne, l'Anglais semblait se réveiller en sursaut, il reculait de deux pas, ouvrait d'énormes yeux bleus, et prenait la pose de l'extase et de l'admiration. Lorsque le *Guide* s'exprimait avec froideur sur un monument, ou se bornait à citer le nom, l'Anglais ne daignait pas sortir de sa somnolence, et allait chercher plus loin un autre chef-d'œuvre clairement désigné comme tel.

Au Salon, il y a beaucoup d'Anglais chez le public parisien ; malheureusement le livret ne désigne pas le chef-d'œuvre par un signe particulier, comme cela se pratique pour les passe-ports. Un tableau de Decamps, et une toile peinte de Jessy, sont enregistrés dans le livret avec la même indifférence ; la lettre alphabétique et le numéro, tout se borne là pour tous. C'est l'égalité devant le livret. Aussi voit-on beaucoup d'âmes en peine, qui, en passant sous les tableaux ou devant les statues, ressemblent à des Anglais privés du *Guide-Romain*.

Cela me sert de transition pour raconter un incident de l'autre jour, qui n'était pas un jeudi.

A défaut d'échelle, j'étais monté sur la pointe de mes pieds pour découvrir un serpent caché sous des fleurs, dans un paysage à l'oseille. En reprenant la position horizontale, j'entendis un cri sourd derrière moi ; je me retournai vivement, et je vis un Monsieur qui se tordait comme un Laocoon, sans fils. Mon talon avait blessé le pied de ce malheureux amateur ! Je me confondis en excuses, et n'ayant rien à lui offrir, je lui offris mon bras. Il accepta, et je recommençai la série de ces excuses banales, qu'on prodigue à ceux dont on a écrasé les orteils involontairement.

— Ces accidents, me dit-il, n'arriveraient pas, si tous les tableaux étaient posés au niveau de l'œil du spectateur, mais vraiment il y a des toiles qu'on ne peut voir qu'à l'aide d'une échelle.... en voici une, par exemple, qui s'élève aux frises, et dont les détails sont, m'a-t-on dit, infiniment curieux. Je découvre bien l'ensemble de cette composition, mais les détails m'échappent toujours. Il me faudrait une lunette d'approche, mais on me la ferait déposer au bureau des cannes et des parapluies, bureau tenu par d'inexorables fermiers.

Mon inconnu me montrait du doigt la bataille de Koulikovo par M. Adolphe Yvon.

— D'où vient qu'il y a si peu de batailles, cette année, au

salon? me demanda-t-il ; sommes-nous moins belliqueux, en 1851, qu'en tous les autres 1800 ?

— En effet, lui dis-je, il y a deux absences que j'ai remarquées, l'absence des batailles, et l'absence des Judith portant la tête d'Holopherne. Pour la première fois, on ne trouve pas une seule Judith ; on en comptait encore cinq au salon de 1846. Nous avons compté cinquante-neuf tableaux de batailles, en 1835 ; à la vérité, elles se ressemblaient toutes ; il n'y avait que le nom de changé. On lisait sur le livret, bataille d'Iéna — de Friedlan — de Dresde — de Ratisbonne — de Wagram — de Champaubert, etc., etc. Sur le tableau, la bataille allait commencer, ou était finie. Dans le premier cas, le peintre mettait sur le devant le général en chef, à cheval, et regardant un horizon gris, avec une lorgnette ; l'état-major équestre se pavanait autour de lui avec beaucoup de passementeries d'or, et un aide de camp s'élançait au galop. Dans le second cas, ce même aide de camp, toujours blessé au bras, et sans chapeau, venait annoncer la victoire, sur une hauteur, au même général en chef. On voyait sur le premier plan, le cadavre d'un soldat, et un boulet au repos ; dans le lointain des points rouges et beaucoup de gris, signifiant des feux de pelotons. L'état-major avait l'air très-content, mais le général en chef restait impassible pour montrer sa supériorité.

— Et que prouve cela ? me demanda mon inconnu blessé à l'orteil.

— Cela prouve, lui répondis-je, qu'il est presque impossible de peindre véritablement une bataille. Il faut avoir, comme Salvator Rosa, évoqué la pythonisse d'Endor, et tenir le pinceau d'un démon, pour reproduire ces formidables tueries, où la mort même est vivante, *mors viva*, comme le dit le livre saint. Ensuite nos batailles sont trop stratégiques, et nos uniformes modernes sont trop bourgeois. Il y a toujours ces atroces gibernes, ces guêtres absurdes, ces buffleteries en sautoir, ces odieux chapeaux à claques ou à cornet, et toute la vieille défroque des costumiers de l'Empire et de la République, qui font la désolation des héroïques pinceaux, et des épiques alexandrins. La bravoure est admirable, nous le savons ; mais hélas ! tout le monde a été brave depuis Judas Machabée jusqu'au général Pélissier, et on ne fait pas de la peinture épique avec de la bravoure seulement. Il faut autre chose ; il faut, par exemple, le spectacle guerrier qui entourait Annibal, lorsqu'il fit son entrée à Capoue ; les cavaliers gaulois, nus jusqu'à la ceinture, ou couverts de sayons aux lames d'or ; les cavaliers d'Ugernum et de Massilie, dont les cheveux noirs et bouclés s'échappaient du bonnet écarlate, et qui portaient sur leurs boucliers la proue d'une trirème et le hibou de Pallas ; les cavaliers de Numance et de la Bétique, vêtus d'une veste blanche, bordée de pourpre, et armés de l'épée espagnole à double tranchant ; les sphinx vivants du désert de Barca, qui tenaient aux dents les rênes de leurs chevaux, et balançaient un javelot de chaque main. Prenez toutes ces nuances mortes et vives, fondez-les dans la brume lumineuse du Vulturne, faites éclater autour les vexillaires et les *hastati* de Paul Emile et de Varron, et vous aurez la bataille de Cannes, qui fit trembler la terre sous une mêlée de deux cent mille soldats, tous si bien costumés pour la vie ou la mort, comme pour le poëme ou le pinceau.

— Ce tableau de bataille existe-t-il? me demanda l'inconnu.

— On a oublié de le peindre jusqu'à ce moment, lui répondis-je, mais on le peindra.... Tenez, voici un artiste, M. Yvon, qui a fait une bataille dans ce système. Il aurait pu tout comme un autre, peindre trois longues lignes d'uniformes bleus, et un aide de camp qui tient son chapeau à la main, puis intituler cela, *Bataille de*.... ce que vous voudrez ; point du tout, M. Yvon a fouillé les annales moscovites, et il a trouvé en 1378 une bataille, où la fumée du canon n'est pas encore arrivée à flots gris, et où s'entassent sans confusion, mais sans symétrie, toutes les horreurs que l'art de la boucherie humaine inventa pour le plaisir du monde blasé. A la bonne heure ! parlez-moi d'une bataille comme celle-là ! personne n'y va de main morte. Pas l'ombre d'un aide de camp ! chacun se sert d'aide de camp à soi-même et se donne l'ordre d'assommer son voisin. Vous chercheriez là vainement une de ces figures rondes, une de ces figures fraîches d'état-major, un de ces dandys militaires, qui vont se battre pour tuer le temps et gagner un grade ; le grand-duc Dimitry Donskoï aurait mis à la demi-solde tous les héros d'Horace Vernet ; il lui fallait des diables incarnés, des titans Caucasiens, des archanges déserteurs, des patagons anthropophages, les spectres des enfants de Goliath.

Voilà les vrais héros d'une bataille ! demandez à quelque brave voisin, si la fantaisie lui prend d'entrer dans cette mêlée et d'y passer un quart d'heure, et vous verrez avec quel enthousiasme il refusera de gagner la croix d'honneur sous les ordres de Dimitry Donskoï ! Il y a de quoi mourir de peur si on rencontrait, la nuit, au coin d'un bois, le profil seulement du plus beau de ces moscovites ou de ces tartares. C'est la plus riche collection de laideurs superbes qu'on puisse voir; c'est un accouchement de monstres antédiluviens vomis par la nature pour décorer un champ de bataille avec tout le luxe possible! et il faut voir comme tous ces *Icthiosauri gigantei*, ex-fossiles, s'éventrent, se mordent, se mangent, s'exterminent! Comme toutes ces têtes menacent! Comme tous ces yeux étincellent! Comme toutes ces gueules rugissent! Comme toutes ces griffes s'acharnent sur les proies! Du train dont ils y vont tous, on peut affirmer que pas un n'échappera de cette bataille, et qu'aucun aide de camp ne viendra annoncer la victoire au général en chef, perché sur une colline, avec sa lorgnette et son état-major.

— Monsieur, me dit mon ami inconnu, je vous remercie de m'avoir ainsi expliqué le tableau de M. Yvon. Je reviendrai le voir souvent pour me dégoûter des batailles.

— Si j'avais le malheur d'être ministre de l'intérieur, malheur, hélas! qui menace tout le monde au siècle où nous vivons; car quel est celui qui peut dire, je ne serai pas ministre demain.... je ferais graver le tableau de M. Yvon, et j'en enverrais une épreuve à chaque commune de France avec cette épigraphe : Il faut se battre ainsi ou ne pas s'en mêler. Cela inspirerait peut-être de sérieuses réflexions aux amis de la garde nationale et aux ennemis de la paix.

— Monsieur, me dit mon compagnon, cette bataille de Dimitry m'a fait beaucoup de mal, et je voudrais bien me reposer à l'ombre de quelques arbres verts, dans un site, où le cri de la guerre n'arrive pas.

— J'ai trouvé ce qu'il vous faut, et ce qu'il nous faudrait à tous, lui dis-je ; heureusement, viendra le jour où nous chanterons :

> Vivre pour la patrie
> C'est le sort le plus doux..

Les batailles disparaissent déjà, et les paysages abondent. Pour le moment, je vous offre l'ombrage et le gazon de ce Corot. Reposons-nous et respirons.

— Il me semble toujours, me dit l'inconnu, que je suis poursuivi par les tartares de Tamerlan, et les spectres de M. Yvon.

— Voici, lui dis-je, une ronde de nymphes, au carrefour d'un bois ; c'est tout simplement un chef-d'œuvre. Si l'art du paysagiste allait plus loin, il aurait tort. La nature ne permet pas qu'on la dépasse ; Corot la prend sur le fait, et nous la donne comme elle est, soyons contents. Ces gazons se veloutent aux yeux, ces fleurs agrestes embaument, ces arbres s'épanouissent, les rameaux ont leur séve, les feuilles tremblent, la vie est partout ; une suavité divine s'exhale de ce bois thessalien ; les yeux se fixent avec langueur sur ces nymphes charmantes, dont les faunes n'ont pas osé dénouer la ceinture, et qui chantent le lever du jour, en effleurant les hautes herbes, sans les courber sous leurs pieds divins.

— Oui, Monsieur, me dit mon compagnon, j'aime mieux ce paysage que la bataille de Koulikovo.

— Il faut des contrastes dans l'art, lui dis-je, parce que la nature met des contrastes partout ; elle a peint la nuit et le jour, la montagne et la plaine, le fleuve et le lac, l'agneau et le tigre, la pluie et le soleil, les fleurs et la neige : imitons la nature dans nos goûts et passons de M. Yvon à M. Corot.

— Et de M. Corot à...? me demanda l'inconnu.

— A M. Hébert, si vous voulez?

— Je veux bien ; parlez de M. Hébert comme contraste.

— Voici son tableau, sous le numéro 1486.... C'est une des plus belles choses du salon. Ici, plus de nymphes joyeuses, plus de gazon de velours, plus d'arbres épanouis comme des fleurs ; c'est une famille pauvre, triste, malade, qui fuit sur une barque le fléau des marais Pontins, la redoutable *Malaria*. Voilà le Tibre sauvage, et sa berge haute, comme on le trouve, quand on descend à Fiumicino ; rien de désolé comme ce fleuve, qui emprunte sa mélancolie incurable à la campagne romaine qu'il traverse : une jeune fille toute frissonnante de fièvre est assise, et pleure. La mère et le père paraissent aussi accablés par la fièvre des Maremmes ; une femme jeune et vigoureuse, qui ne montre qu'une chevelure rousse et de larges épaules de paysanne, n'est pas atteinte du fléau, et sa présence rassure, car elle donnera des soins à ces pauvres malades abandonnés au courant de l'eau : cette œuvre est mieux qu'un début, c'est un grand avenir.

L'ami inconnu que j'avais blessé au pied, par mégarde, et qui marchait appuyé sur mon bras, me conduisit vers ce tableau, dont j'ai parlé déjà, et où le peintre a jugé à propos de mettre tant de petites choses noires, peu reconnaissables à l'œil nu.

— Il y a des tableaux, lui dis-je, et celui-ci est du nombre, qu'un ministre de l'intérieur commande à un artiste de l'Institut, avec une secrète idée de vengeance.

— Cette explication, me dit l'inconnu, est encore moins claire que cette toile.

— Au moins, repris-je, on peut éclaircir mon explication, mais la toile restera dans son obscurité originelle. Lorsqu'un ministre est trop tourmenté par un représentant d'une opposition quelconque, il commande un tableau comme celui-ci, et en fait un présent grec au chef-lieu de ce député. Le naïf chef-lieu ne se doute pas de la perfidie de ce don, et cloue le tableau dans la salle du conseil municipal, qu'il doit décorer à perpétuité. Vous figurez-vous le malheur des conseillers municipaux présents et futurs, destinés à passer tous les jours, quatre heures, devant un tableau comme celui que nous avons là, sous nos yeux! c'est une source de nostalgies que rien ne peut tarir. Le conseiller municipal le plus doux sort de la séance avec un principe d'hydrophobie, et porte la désolation au sein de sa famille. Les parents, les voisins, les amis, éprouvent le contre-coup de ce cataclysme domestique, la contagion se propage de rue en rue; un *spleen* général couvre la cité; personne ne va au bal de M. le maire, qui est obligé de danser avec sa femme par égard pour les quatre musiciens commandés. Fénélon (excusez-moi si je cite ce grand nom à propos de cette petite chose), Fénélon a inventé le modèle des villes, l'heureuse Salente, ville qui a l'inappréciable bonheur de ne pas exister; eh bien! envoyez un tableau comme celui-ci au conseil municipal de Salente, et tous les beaux rêves de Fénélon seront détruits. Estimons-nous heureux, Monsieur, de passer devant ce tableau, sans courir la chance de le retrouver demain dans notre salon. J'aimerais mieux la gravure sur bois des quatre fils Aymon qui s'imprime éternellement à Épinal.

Nous secouâmes la poussière de nos bottes, et nous passâmes avec des fronts plus sereins.

L'ami inconnu regardait un portrait de femme, sous le n° 675, et son silence expressif ressemblait à un point d'interrogation.

— C'est un portrait admirable, lui dis-je, il est de Court.

— Court, peintre d'histoire? me demanda mon ami inconnu.

— Lui-même. Court est entré au monde des arts en exhibant pour passeport une grande page historique qui est un chef-d'œuvre. On se souvient encore de l'émotion produite par le tableau de la mort de César. C'était une splendide évocation des grandes et sombres figures du passé, dans l'auréole romaine. Ce premier coup de pinceau annonçait chez le jeune peintre le plus rare de tous les dons, celui de créer des types d'après l'histoire, ou d'après des fictions ingénieuses qui ne la démentent pas:

<small>Aut famam sequere, aut sibi convenientia finge.</small>

Ensuite, M. Court a fait ce que tant d'autres, et des plus grands, ont fait avant lui, il a quitté l'histoire ingrate pour le portrait reconnaissant. Vivre honorablement de son pinceau est la première condition d'un artiste, et lorsque la grande toile se vend peu, il faut se résoudre à peindre la petite qui se vend beaucoup. Aujourd'hui, il est mille fois plus lucratif de peindre les portraits de la famille de M. Rotschild que la famille de Lucullus. Les vieux Grecs et les vieux Romains ont le tort de ne pas tenir caisse ouverte, et de faire élection de domicile sous un pignon de la Chaussée-d'Antin. Avant M. Court, Van Dyck, Rembrandt, Philippe de Champagne ont portraituré bon nombre de leurs contemporains des deux sexes; et Van Dyck a gagné plus de ducats en illustrant les carnations aristocratiques des belles comtesses Génoises, que Lucca Giordano en peignant trois mille pieds de fresques sur les héros, les déesses et les dieux, gens très-ingrats en général. Bien plus ! Antonio Van Dyck doit à un portrait l'honneur insigne d'avoir épousé, à Londres, la fille de lord Ruthwen, avec une dot que les dieux et les héros n'auraient jamais pu lui donner en se cotisant. La gloire du portraitiste n'est pas non plus à dédaigner; un peintre de génie écrit souvent toute une histoire avec un seul personnage. La grave et mélancolique figure de Charles I$^{er}$, par Antonio Van Dyck, est un poëme complet; et qui ne donnerait pas une foule de toiles grecques et romaines pour le portrait de la comtesse Brignole, qui, depuis deux siècles, illumine la grande salle du palais Durazzo, et la remplit de grâce et d'amour ! Malheureusement, il n'est pas permis au peintre de choisir son modèle, et il n'est pas donné à tous de dresser un chevalet devant Charles I$^{er}$ et la Vénus génoise de la Strada Balbi. Il y a des modèles officiels qui sont riches, et ont l'amour de leurs visages, et disent à un artiste : faites mon portrait, voilà six mille francs. Que voulez-vous qu'il réponde, cet artiste? Il s'incline, peint et place six mille francs sur le trésor pour ses vieux jours. Sans doute un homme de génie, comme Court, aimerait mieux peindre saint Louis à la bataille de Massourah, que M. Dupin à la bataille de son assemblée législative ; mais quel financier, aujourd'hui, payerait le premier tableau, tandis que le second a dû être payé par la questure de la chambre, ou par les fonds du ministère de l'intérieur, ou de toute autre monnaie, excepté de celle de M. Dupin. Au reste, c'est justice ; M. Dupin est le premier pouvoir de l'Etat, *ex-æquo* avec le magistrat de l'Elysée ; il a un trône, un palais à colonnades, un jardin royal, un pouvoir discrétionnaire, on lui doit bien un portrait pédestre, comme à tout chef d'occasion. M. Court a fait là le plus malin des chefs-d'œuvre ; savez-vous comment il a peint M. Dupin ?... Eh bien ! il a peint M. Dupin ; rien de plus, rien de moins, à l'exclusion des plus subtiles nuances de l'idéal. Impossible d'être M. Dupin comme ce portrait : il y a même des gens qui soutiennent que le portrait est plus ressemblant que l'original. Van Dyck avait écrit une époque fatale avec un portrait ; Court a écrit notre époque platement bourgeoise et tout le règne de Louis-Philippe, avec la face d'un procureur de bazoche basalpine, élevé, par les efforts de la bourgeoisie contemporaine, aux suprêmes échelons de tous les pouvoirs judiciaires et législatifs. Aux yeux des hommes qui n'ont point d'esprit, M. Dupin est un homme d'esprit ; aux yeux des hommes qui vivent loin des codes, M. Dupin est un jurisconsulte ; aux yeux des hommes qui bégayent, M. Dupin est un orateur. Pour soutenir toutes ses renommées, M. Dupin, du haut de son trône présidentiel, dépose chaque jour, à deux heures, un calembourg fossile dans l'oreille d'un secrétaire ; le secrétaire rit aux éclats ; M. Dupin prend un air solennel et rappelle quelqu'un à l'ordre. Cependant une certaine émotion se manifeste sur les bancs qui ont vu l'éclat de rire du secrétaire; on se dit — M. Dupin vient de faire un calembour!

— Le secrétaire, consulté par signes, répond, par dépêche télégraphique, que la nouvelle est officielle, et qu'au premier entr'acte le calembour sera communiqué aux représentants, s'ils votent bien. Voilà les enfantillages nauséabonds qui émaillent les ennuis des graves hommes d'État, et donnent à M. Dupin cette auréole de coqs-à-l'âne que 1848 avait enlevée au front de M. Sauzet; car une des lois du régime représentatif veut, que tout président de chambre soit une mine de calembours. Quel bonheur pour M. Dupin que M. de Bièvre soit mort à Versailles sans postérité! Oui, il est bon que cette figure d'époque soit clouée sous quelque lambris officiel, comme on dépose une médaille sous une pierre angulaire ou un livre d'histoire sur le rayon d'une bibliothèque. La France chevaleresque, la France aventureuse, la France héroïque, la France élégante, voilà ce qu'elle est devenue! Regardez ce portrait de M. Dupin! La France de cette époque d'instincts matériels et bourgeois, c'est ce procureur vêtu de noir qui fait sonner sa sonnette, *clarum tintinnabulum*, comme le héros du grand fabuliste latin!

— Voilà encore un portrait de M. Court, me dit mon ami; veuillez bien me communiquer votre opinion sur M. Désobry; fait-il des calembours comme M. Dupin, ce roi absolu de la France républicaine?

— Monsieur, dis-je à mon ami, ce portrait de M. Désobry est une chose vivante sur une toile morte; Court ne peint pas la chair, il la fait; puis il souffle là-dessus, et la matière respire. Quant à M. Désobry, il n'a jamais commis le moindre calembour; c'est un savant qui sait, exception rare. Aussi il ne sera jamais président d'une chose quelconque. M. Désobry a écrit quatre volumes sur le siècle d'Auguste, et moi qui les ai lus à Rome et relus à Paris, je vous affirme qu'il n'existe aucun travail de recherches et d'érudition comparable à celui-là. Peu de personnes connaissent M. Désobry, et tout le monde connaît M. Dupin. M. Désobry est pauvre, M. Dupin est millionnaire; voilà comment nous récompensons en France le génie et le calembour.

En causant ainsi, le hasard et les ondulations de la foule (c'était un jour de salon gratuit) nous amenèrent devant un tableau, toujours beaucoup regardé, ce qui est presque un symptôme de mérite. C'est *le Génie éteint par la Volupté* de M. Lazerges. Ce titre annonce une allégorie, et je n'aime les allégories que peintes aux plafonds des grands escaliers, parce qu'on a, en regardant chaque marche, un prétexte honorable pour ne pas regarder les plafonds.

— Monsieur, dis-je à mon ami, qui se courbait toujours en point d'interrogation; ce tableau a le défaut d'avoir un titre, il ne devrait avoir qu'un simple numéro. Le *Génie* est un monsieur vêtu de noir en costume du quinzième siècle, et la *Volupté* est une femme qui tient une coupe à la main, et avec cette coupe elle éteint le *Génie*. Au fond du tableau, dans une perspective vaporeuse, on aperçoit une foule d'autres *Voluptés* qui éteignent une foule d'autres *Génies*. C'est une extinction générale, dont l'échantillon est au premier plan. C'est M. Lazerges qui a fait ainsi, avec son titre étrange, la critique de sa composition. Quel plus saisissant intérêt il eût donné à son œuvre, s'il eût mis la vérité à la place de l'allé-

19

gorie, un nom à la place d'une généralité ! Les hommes de génie qui n'ont pas eu la santé de leurs passions et qui sont morts avant occupent, hélas! une place assez large dans le martyrologe de la volupté. On peut en citer cent qui, dans une caresse suprême, ont laissé tomber de leurs mains la lyre, la plume, la palette ou le ciseau. Ce beau jeune homme, que M. Lazerges a peint avec tant de conscience et de talent, porte, à coup sûr, un nom dans les martyrs de la femme ; pourquoi ne lui avoir pas donné ce nom? S'il s'agissait d'un génie contemporain, comme Géricault, Robert ou Bellini, on pourrait craindre un procès en calomnie intenté par la famille, mais en prenant le martyr dans le quinzième ou le seizième siècle, il n'y a plus à redouter de plainte en diffamation, et on donne à une œuvre cette vérité saisissante qui fait le complément des grands et légitimes succès. Ces réflexions, toutes étrangères d'ailleurs à la valeur intrinsèque du tableau de M. Lazerges, n'ôteront rien au beau talent d'exécution déployé dans le *Génie éteint par la Volupté*.

Mon ami inconnu m'avait accompagné sous les arcades du Palais-Royal, parce que l'heure nous avait chassés du Salon : je le quittai dans le jardin, près de la gerbe d'eau. Au même moment, un de nos plus éminents artistes m'aborda et me dit :

— Connaissez-vous ce monsieur qui vient de vous quitter ?

— Non, lui répondis-je.

— Mais il me semble qu'il vous a touché très-affectueusement la main.

— C'est sans doute, lui dis-je, parce que je lui avais écrasé très-brutalement le pied.

— Allons donc ! me dit l'artiste en riant aux éclats ; vous êtes la quatrième dupe de ce monsieur. Pour moi, j'en connais quatre déjà, moi compris. Vous ne lui avez rien écrasé du tout. C'est un escroc d'analyses artistiques. Dès qu'il reconnaît un écrivain ou un peintre, il leur joue ce tour avec son orteil, et profite ensuite de l'occasion pour les faire disserter sur les œuvres exposées au Salon. Vous avez donné dans le panneau comme un étourdi.

— Ceci, dis-je à l'artiste, me rappelle un Anglais que j'ai suivi à travers les ruines de Rome.

Et je racontai à l'artiste l'histoire anglaise, qu'on a lue dans mon dernier Salon.

Il y a encore une absence qui se fait remarquer au Salon, c'est l'absence des Anglais. J'aime à résoudre les problèmes. Pourquoi ne voit-on pas au Salon les insulaires nos voisins ? me suis-je demandé. J'ai pensé longtemps, et je ne me suis rien répondu.

Heureusement, le hasard vient toujours en aide aux chercheurs de solutions. Christophe Colomb a pensé à l'Amérique, en découvrant à table des asperges cachées par une grande jatte de lait. Si, ce jour-là, l'amphitryon génois avait oublié de servir du lait et des asperges au grand Christophe, Washington, Fenimore Cooper, Franklin, le paratonnerre, Lafayette et la garde nationale ne seraient pas connus. A quoi tiennent les choses !

Hier, j'étais au Salon, à midi, *sicut meus est mos*, comme dit Horace, et j'entendis à mes oreilles un *shocking !* concentré qui me prouva qu'il y avait un Anglais, au moins, dans la société des visiteurs. Je fis même une réflexion assez juste ; un Anglais, pensai-je, ne dit jamais *shocking !* lorsqu'il est seul ; il doit y avoir deux Anglais. Je ne me trompais pas. C'était un duo de *shocking!* qui retentissait devant moi. Alors ce fut un autre problème à résoudre. Qui donc, me dis-je, a pu scandaliser ainsi la pudeur des deux insulaires au Salon ? Est-ce un Hercule trop nu qui tue Géryon ? Est-ce une gaze oubliée sur une nymphe endormie ? Est-ce le portrait de M. Dupin ? Je regardais tous les tableaux du grand Salon, et partout la pudeur régnait bourgeoisement, et rien ne provoquait le moindre *shocking.* Un Anglais pourtant ne se livre pas à une pareille exclamation sans motif, me dis-je encore, et je me plaçai dans le voisinage des deux scandalisés pour entendre leur conversation.

— Ils sont vraiment abominables dans leurs mœurs, ces diables de Français ! disait l'un. Pourquoi le président de la République n'empêche-t-il pas cela ?

Et il montrait du doigt un tableau de très-petite dimension, enseveli sous l'immense toile de M. Vinchon.

Je crus d'abord qu'il s'agissait de Marat, lequel est, en effet, d'une laideur idéale ; mais en m'approchant, je vis un paysage de Biard, avec des personnages assez indécents, et bien dignes d'être foudroyés par un *sh king*. Cette fantaisie, étalée gravement au grand Salon, représente les *bords fleuris qu'arrose la Seine,* mais les *chères brebis* de madame Deshoulières ne s'y montrent pas. Il y a une barque, et deux baigneuses qui sortent de l'eau, en costume de Vénus aphrodite; tout près, un vieux monsieur, en costume de Triton, et à cheveux gris, s'est masqué de fleurs et de feuilles, et regarde, d'un œil narquois, les attraits des jeunes baigneuses, pendant que la mère, effarouchée, se hâte de jeter un voile tardif sur ses filles, pour les dérober au Triton d'eau douce. M. Biard est un peintre d'un beau talent, qui parfois s'amuse à peindre des gaudrioles : celle-ci est la plus forte et la plus hardie. Elle a été peinte pour la gravure et la vente : tous les vieillards l'achèteront. En attendant, ce tableau met en fuite les Anglais pudiques, et nous fait à Londres une très-mauvaise réputation. M. Biard aurait bien dû garder ses baigneuses dans son salon particulier.

La peinture comique n'existe pas, le crayon provoque le rire, le pinceau jamais ; la palette est grave. Un tableau ne produira pas l'effet d'une caricature, et Daumier, avec quatre lignes noires, sera toujours plus comiquement ingénieux que Biard avec ses plus habiles couleurs. Il est impossible de peindre la stupéfaction des naïves familles bourgeoises qui passent devant ces étranges baigneuses de Biard. Les femmes regardent leurs maris ; les jeunes filles regardent Gouvion Saint-Cyr, et les maris murmurent ces mots :

— On ne devrait pas permettre d'exposer ces choses-là !

Les arcades de la rue Rivoli fourmillent d'Anglais qui se recommandent de ne pas aller au Salon, à cause du tableau de M. Biard.

Il y a au Salon, et dans les galeries peu visitées surtout, il y a mille tableaux véritablement comiques, parce qu'ils ont été peints, avec un front sérieux. Ceux-là suppriment la comédie aquatique de M. Biard et provoquent un rire franc et de bon aloi. Les Anglais seuls les regarderaient sans rire, s'ils les voyaient. Quels sont les auteurs de ces tableaux ? cela importe peu, leurs noms vagissent encore au berceau de la gloire, et attendent le premier rayon.

Un de ces artistes se lève un jour avec une idée, et dit : Je vais peindre un tableau de famille, un intérieur, une scène touchante, une mansarde avec une vieille femme couchée dans un mauvais lit, et attendant quelqu'un qui ne vient pas, la situation est simple et pathétique. Le peintre pleure en peignant ses œuvres, comme Pradon en composant ses tragédies, et la chose faite, il l'envoie au Salon, avec la paternelle idée que rien de mieux n'y sera exposé. J'ai vu ce tableau, et je le préfère aux baigneuses de M. Biard, comme je préfère Arnal à M. Dupin. Il y a surtout, au pied du lit, deux malheureuses jarretières, qui ont l'air de regretter les bas, et d'exécuter un duo lamentable en faisant toute sorte de contorsions. Sans doute, le peintre, très-soigneux des menus détails, a attaché une grande importance à ces deux jarretières, et les a peintes d'après nature, comme Thierburg peignait une chandelle de suif. Il a même voulu attendrir sur ce détail : voilà des jarretières, a-t-il dit, qui ne demanderaient pas mieux de faire leur service, et qui restent les bras croisés, en attendant le rétablissement de la malade, et si cette malade meurt, car elle est très-vieille, que deviendront ces jarretières ? En quelles mains tomberont-elles ? Qui daignera même les ramasser ? Un pied méprisant les repoussera peut-être dans les immondices de la mansarde, et elles ne remonteront plus désormais à la hauteur d'un genou humain !

Essayons de peindre à notre tour ces deux jarretières désolées : l'une a un peu vieilli, et un léger flocon s'échappe de sa laine; le ver rongeur a passé par là. Réflexion philosophique. L'autre a mieux résisté, soit que le fil fût de qualité meilleure, soit que son service ait été moins fréquent. Parfois, le matin, dans un moment de précipitation distraite, on ne met qu'une jarretière ; cela se voit, ou pour mieux dire, cela ne se voit pas. Toutes les deux ont une attitude mélancolique et garnissent d'ondulations le premier plan du tableau. On ne regarde pas la femme couchée, le lit, les meubles, la mansarde ; tout l'intérêt se concentre sur les jarretières. Elles jouent le premier rôle, et si le peintre eût été mieux inspiré, il aurait fait une grande économie d'accessoires; il aurait supprimé la malade, le grabat, la chambre, le tableau, tout enfin, et il aurait peint ces deux inconsolables jarretières dans un désert sablonneux.

Pour donner encore une idée de ces tableaux comiques, préférables aux baigneuses de Biard et au portrait de M. Dupin, je vous montrerai, à côté du portrait des deux jarretières, un paysage incroyable. Ce paysage heureusement existe, puisque je l'ai vu au Salon, mais s'il n'existait pas, personne ne pourrait l'inventer. Le peintre a voulu peindre une *Forêt sombre*, à minuit ; devinez de quel procédé il s'est servi pour peindre cette forêt sombre ? Il n'a rien peint du tout. On voit un cadre superbe, un cadre de vingt louis au moins, un chef-d'œuvre de ciselure dorée. On regarde le cadre et tout le monde dit en le regardant :

—Voilà un bien beau cadre! C'est sans doute un marchand de cadres qui a exposé celui-là comme réclame.

Quant à la toile, il est impossible d'en dire quelque chose;

c'est une forêt sombre, voilà tout. Est-ce bien une forêt ? c'est possible ; mais à coup sûr elle est sombre ; malheur à qui s'égarerait dans ces ténèbres! C'est un vernis d'encre cristallisée qui couvre deux pieds carrés de toile noire, et qui ne permet à aucune feuille d'arbre de se montrer en public. Jamais le *sombre* n'a été mieux réussi. Fermez les yeux devant ce tableau, et vous le voyez aussi bien que s'ils étaient ouverts. Le gouvernement devrait l'acheter pour la galerie de l'hospice des Quinze-Vingts ou des Aveugles-Nés, il obtiendrait là un succès énorme.

Maintenant, passons aux choses sérieuses, comme dit le sage : — *ad crastinum seria remitto.*


Un de nos artistes les plus éminents et qu'il m'est impossible de désigner même par une initiale, car tout le monde le reconnaîtrait, est entré mardi dernier, au Salon, avec une figure rayonnante de joie, chose rare chez les grands artistes, car ils affectent, en général, de paraître en public avec des faces taciturnes qui sont les reflets de la pensée grave et des profondes méditations.

J'abordai cette célébrité imposante, en osant lui demander le motif d'une jubilation ainsi étalée contre les lois de l'usage :

—Oh ! me dit-il, les grandes joies sont indiscrètes en public comme les grandes douleurs ; la figure trahit le cœur. Vous ne savez donc pas la nouvelle ?

—Oui, oui, lui dis-je, en lui serrant la main, je sais, je sais !

— Eh bien ! poursuivit l'artiste, de quoi vous étonnez-vous ?

— Mais la nouvelle est-elle bien certaine ? demandai-je.

— Tout ce qu'il y a de plus certain.

— Il a donc donné sa démission !

— Qui a donné sa démission ? me demanda l'artiste à son tour.

— Mais, lui dis-je, vous n'avez pas voulu parler de la démission de M. Dupin, dont la santé est gravement altérée par la sonnette ?

— Bah ! s'écria-t-il au milieu du bruit du Salon, il s'agit bien d'autre chose !

— Une chose plus grave que la démission de M. Dupin.

— Sans doute ! que nous importe cela à nous artistes ! connaissez-vous l'usage établi à la Haye, chez les riches financiers ?

— Non.

— Chaque année, ils donnent généreusement, selon leur fortune, une somme assez forte, qui est employée à des achats de tableaux et d'objets d'art.

— Je ne connaissais pas cet usage.

— Eh bien ! ajouta le grand artiste, Paris vient de faire un pas : sept banquiers ont compris le siècle ; ils ont enfin reconnu que l'esprit seul pouvait agiter la matière, *mens agitat molem*, c'est-à-dire que les intérêts matériels ne fleurissent qu'en s'associant à l'intelligence et aux arts, et ils ont fait une sainte alliance de billets de banque pour venir en aide à l'esprit, qui est la vie des nations.

— Voilà effectivement, lui dis-je, une grande nouvelle.

— Vous savez, poursuivit l'artiste, que les grands salons financiers offrent quelques rares tableaux de peintres morts et une quantité infinie de bois dorés, de faux vases de Japon, de pendules menteuses, de bronzes creux, de fauteuils habillés de guipures, de lithographies de l'*Abdication de Fontainebleau*, et de portraits d'ancêtres qui n'ont pas existé?

— Je sais cela, dis-je d'un air morne.

— Eh bien! voici une révolution complète. La haute finance a compris que les peintres morts n'avaient plus besoin de vivre, et qu'il fallait ne pas laisser mourir les vivants. Tous ces hôtels, si richement enlaidis par les tapissiers et les décorateurs vulgaires, vont se garnir, comme les palais génois, de toutes les toiles contemporaines qui auront une valeur. Les sept banquiers coalisés tiennent dans leurs mains la fortune du monde, et, au coup de deux heures, sur la place de la Bourse, ils remuent des millions à la pointe de leurs petits doigts; que leur importe, je vous le demande, de consacrer, cette année, quelques atomes de leurs caisses à des achats d'œuvres d'art!

— Au fait, dis-je, ils n'en seront pas plus pauvres demain.

— Au contraire, poursuivit l'artiste, ils seront plus riches et leurs salons plus gais. Comme ces millionnaires se sont mis en train de comprendre, ils ont encore compris que rien ne décore un salon comme un tableau; vous avez beau mettre sur votre cheminée une pendule représentant Marius assis sur les ruines de Minturnes, ou Annibal passant les Alpes, au bout d'un quart d'heure, les yeux seront ennuyés de voir ces deux éternels héros de bronze florentin; mais jamais on ne se lasse de voir un paysage de Corot, de Diaz, de Rousseau et de tant d'autres qui sont la gloire de la poésie contemporaine. Nos banquiers ont fait ainsi, à la fois, un acte de haute intelligence et de véritable patriotisme ; ils ont acheté pour eux hier tout ce que le Salon renferme de beau, de joli, de spirituel et de charmant. La joie est au camp des artistes.

Alors, mon célèbre interlocuteur me récita, comme un catalogue, la première liste des objets d'art, achetés à des prix fabuleux ; presque toutes ces œuvres appartiennent aux séries que j'ai déjà étudiées dans les précédents voyages. Le grand artiste continua ensuite son procès-verbal de vente, un peu moins vulgaire pourtant que celui d'un huissier.

— Comment trouvez-vous, me dit-il, ces deux statues d'Indiens, par Toussaint ?

— Je les trouve fort belles, et le bronze dont elles sont faites leur donne un caractère de majesté sombre et mouvante que le marbre ne peut avoir. Comme elles seraient bien placées aux premières marches d'un bel escalier ! Avec quel avantage elles remplaceraient les deux éternels lions de marbre, qui tiennent une boule sous la patte et ont des cheveux frisés ! Il serait temps de détrôner ces lions.

— Vous apprendrez alors avec plaisir, me dit l'artiste, que ces deux belles statues de Toussaint ont été achetées 30,000 francs, et qu'elles doivent détrôner effectivement deux lions qui tiennent des boules à la porte d'un hôtel de la Chaussée-d'Antin.

— Je passerai devant cette porte, tous les jours où il ne pleuvra pas.

— Vous aimez sans doute Gudin, me demanda l'artiste.

— Comme j'aime la vue de la mer, répondis-je ; Gudin fait

semblant d'habiter la terre, mais il nous trompe tous ; il a élu domicile dans les grottes de Fingal, en Écosse, et son atelier maritime est soutenu par des colonnes de perles, de madrépores, de coquillages et de corail. L'Océan pose éternellement devant son peintre et lui révèle tous ses secrets les plus intimes; cet orage modèle a depuis longtemps appris à Gudin, par quels phénomènes d'air et de lumière il nuance ses vagues; par quelles convulsions il entr'ouvre ses abîmes; par quelles foudroyantes colères il chasse la coquille d'un vaisseau ; par quels caprices il s'apaise et se nivelle pour sourire comme un lac innocent au marinier et au soleil. Ces deux tableaux, exposés là, sont une antithèse de l'Océan tel qu'il se montre à Gudin. J'aime ce vaisseau hollandais qui lutte avec les vagues et qui en triomphera, car les vaisseaux hollandais sont construits à l'épreuve de tout. Lorsqu'une tempête éclate, le capitaine d'Amsterdam ferme les écoutilles et pose un chien en sentinelle sur le pont désert. Alors, si un écueil se présente, malheur à l'écueil ! Il se brise contre le navire hollandais. Dans l'autre tableau, Gudin a peint la mer calme sous une brume lumineuse, avec d'heureux mortels qui se promènent sur le rivage et, comme les héros de la fable, font des projets de voyage au Coromandel. Ces deux magnifiques toiles de Gudin me rappellent ces vers d'un poëte assez inconnu :

> Venez aujourd'hui ; la mer gronde,
> La colère agite son flot ;
> La blanche écume de son onde
> Couvre navire et matelot.
>
> Venez demain ; elle sommeille ;
> Passez, vaisseau ; le flot est sûr ;

> Dans les rayons, elle est vermeille,
> Dans les ombres, elle est d'azur.

— Votre enthousiasme pour la mer et pour son peintre, me dit l'artiste, méritait bien une récompense. Quoique Gudin ait acquis par son talent une fortune qui lui donne la liberté de faire de l'art pour l'art, il n'a pas voulu désobliger nos banquiers, et il leur a permis d'acheter ces deux tableaux, qu'il voulait garder pour son château d'Ecosse et l'admiration de ses amis.

— Je félicite ces heureux banquiers, lui dis-je, ils ont bien placé leur argent; on ne peut pas avoir un meilleur échantillon de la mer au premier étage d'un hôtel.

— Vous avez déjà admiré, me dit l'artiste, les six tableaux de Decamps?

— Je les admire encore.

— Mais vous n'êtes pas banquier, ajouta mon artiste et votre admiration est stérile. Ils les ont achetés cent cinquante mille francs.

— C'est mal payé, mais mon admiration ne vaut pas cela.

— On a donné la même somme pour six tableaux d'Eugène Delacroix. Vous voyez qu'on commence à traiter les vivants comme s'ils étaient morts.

— Il était temps!

— Que dites-vous des paysages que Rousseau a exposés cette année? me demanda l'artiste.

— Ce que je dis tous les ans, depuis l'avénement de Rousseau. En voilà un encore qui sait la nature sur le bout du doigt, et l'emprisonne dans trois pieds carrés de toile, comme on met un lion dans une cage, pour l'exposer en public, bien loin de ses bois ! Rousseau est un de ceux qui ont laissé sur les bancs de l'école les fleurs du paysagisme conventionnel, et les arbres des gravures de Lejay; de bonne heure, il s'est dit : puisqu'il y a une vraie nature, peignons-la ; puisqu'il y a de vrais arbres, peignons-les ; ne copions pas les faussetés traditionnelles de quelques célèbres devanciers. Aussi voyez, comme il peint le jour, ce modèle insaisissable ! comme il peint la lumière que tamisent les feuilles! comme il peint le mystère et la poésie des forêts; les éclaircies des carrefours vierges; les sentiers agrestes qui traversent les bois ; les ardentes mousses des lisières ; enfin, tous les phénomènes des heures du jour, tous les costumes des saisons, depuis le printemps vert d'avril, jusqu'au printemps jaune d'octobre ! Passez à travers la nature, et vous reconnaîtrez les tableaux.

— Vous apprendrez alors avec plaisir, me dit le grand artiste, que quatre paysages de Rousseau ont été achetés cent mille francs.

— La nature les aurait mieux payés, lui dis-je, malheureusement la nature qui vient de se faire banquier en Californie, n'achète pas encore des tableaux. Cela viendra.

— Voici un tableau d'un très-grand peintre, me dit l'artiste, qui a été acheté trente mille francs par la compagnie des banquiers-unis.

— C'est la *Mort de Cléopâtre* de Gigoux, ai-je répondu ; voilà de l'argent bien placé. Gigoux est un talent jeune, vigoureux, créateur, qui, après tant de magnifiques œuvres, n'a pas encore donné tout ce qu'on attend de ce maître du dessin et du coloris. Gigoux est né pour peindre les vastes toiles, et comme d'autres, il n'a pas besoin d'échasses pour s'élever à la hauteur des héroïques travaux. Je crains que le portrait, où il excelle malheureusement, ne l'enlève à la grande figure. Avoir la taille de la fresque, et s'amoindrir devant un chevalet, n'est-ce pas reculer devant son dessin ?

— Il ne reculera pas, me dit l'artiste ; je connais Gigoux ; c'est un peintre d'énergique tempérament et de volonté forte. Laissez-le faire, les conseils qu'il se donne valent mieux que ceux qu'on peut lui donner.... Vous avez déjà vu vingt fois au moins ce grand paysage, n'est-ce pas ?

Et l'artiste me montrait le *Port abandonné d'Ambleteuse* de Jeanron.

— Je le reverrai vingt fois encore, lui dis-je ; c'est une toile de grande attraction, *great attraction*, comme disent les Anglais ; on la quitte, et on y revient comme à toute chose émouvante. Jamais, à mon avis, Jeanron n'a trouvé une meilleure inspiration, et n'a mieux conduit son pinceau. Quel étrange paysage ! quel rêve dans la réalité ! ne dirait-on pas que ce site appartient à la grève désolée d'un océan aux limites du monde ? c'est un site français. En quelques heures, on peut voir l'original, en prenant le chemin de fer du Nord. Il y a dans le lointain, une fabrique admirablement reproduite, et qui semble appartenir à l'architecture des visions. Tout cela est d'une mélancolie inexprimable. Les bergers et le troupeau sont posés avec un relief merveilleux au bord de cette mer sans abri. Ce ne sont plus les Tityres virgiliens assis à l'ombre des hêtres, et regardant leurs chèvres suspendues aux pointes mousseuses des rocs ; ce sont des bergers tristes, et maltraités par les froides haleines de l'océan ; des bergers que Florian n'a pas connus, en Occitanie, lorsqu'il chantait Estelle et Némorin ; des bergers véritables, en un mot, et beaucoup plus malheureux que leurs moutons.

— Que diriez-vous de ce tableau ? me demanda l'artiste.

— Mais, lui dis-je, je crois que ce paysage de Jeanron est acheté depuis longtemps par....

— Erreur ! interrompit l'artiste ; les banquiers-unis l'ont payé trente mille francs à Jeanron.

— Ce n'est pas payé — remarquai-je, en regardant les bergers.

— Vous regardez beaucoup cette statue ? me dit l'artiste.

— C'est tout ce que je puis faire, répondis-je, en la regardant beaucoup je l'achète toujours un peu.

— Elle a été achetée cinquante mille francs.

— Toujours par la compagnie des banquiers-unis ?

— Toujours par la même compagnie, c'est évident. Qui donnerait aujourd'hui cinquante mille francs d'une statue ? Il faut être sept fois banquier pour payer aussi généreusement.

— C'est une statue ravissante, lui dis-je, une vraie fille de Pradier, ce créateur de l'Olympe féminin ; cet artiste qui a traduit tout Homère en langue marmoréenne. Depuis Praxitèles, jamais le poëme de Vénus n'avait été mieux ciselé ; il y a dans le ciseau de Pradier un amour de la forme, qui se glisse dans les moindres plis de l'épiderme et y répand un sensualisme inconnu des sculpteurs grecs. Cette absence de chasteté dans la nudité est un défaut ou un progrès de l'art moderne ; on ne peut plus dire aujourd'hui ce que les latins disaient des grâces ; elles sont nues, donc elles sont décentes, *nudæ decentes*. Constatons ce fait sans essayer d'en tirer des conséquences. Quant à moi, j'avoue humblement que les antiques statues masculines des *Venus-victrix*, des *Vénus-capitoline*, des *Vénus-guerrière*, m'ont toujours refroidi dans mon enthousiasme pour les déesses, et m'ont rallié au système du nouvel Olympe de Pradier, qui songe d'abord à ciseler des femmes et les fait descendre ensuite au rang de déesses. Son Atalante, j'en conviens, pèche par ce luxe de sensualisme découvert dans l'école moderne; mais l'exquise perfection de l'art corrige toujours chez Pradier les adorables défauts du marbre. Il faut pardonner beaucoup aux artistes qui se sont faits grands parce qu'ils ont beaucoup aimé.

— Et leur donner cinquante mille francs par statue, ajouta mon interlocuteur.

— Et même davantage quand il y aura quatorze banquiers.

— Ainsi, me demanda le grand artiste, vous me quittez avec l'idée que Paris vient de faire un grand pas et de s'élever, par la protection artistique, à la hauteur de La Haye et d'Amsterdam?

— Mais il me semble, répondis-je, que vous m'avez annoncé vous-même cette nouvelle d'un air triomphant.

— Pardonnez-moi cette mauvaise plaisanterie, me dit-il en me serrant la main, je voulais un peu causer avec vous sur nos grands artistes, et j'ai profité de la date perfide du premier avril pour inventer la compagnie des banquiers-unis.

— Je m'en doutais, lui dis-je d'un ton sérieux.

— C'est toujours ce que disent ceux qui sont trop crédules.

— Eh bien! ajoutai-je, ce mensonge ne sera peut-être pas

perdu pour l'avenir ; c'est une idée ; il faut la déposer dans un sillon, nous verrons l'an prochain, si le germe de Hollande aura fait un fruit parisien.

Le Salon va se fermer dans quelques jours, au grand déplaisir du public, qui avait pris en affection cette promenade illustrée, cet album quotidien auquel il s'était abonné gratuitement, et qu'il feuilletait, de dix à quatre heures, avec un si économique bonheur. Un jour, si par hasard Dieu donne à la France un ministre artiste, nous aurons notre Palais de Cristal, bâti sur le roc, pour nos exhibitions annuelles qui dureront six mois ; alors le bonheur des abonnés gratuits se prolongera au delà des bornes trop courtes prescrites par les baraques en bois. Les artistes ne camperont plus sous une tente, mais dans un magnifique bazar. Ce sera le Louvre des vivants.

L'espace est court, l'heure vole, la baraque éphémère s'écroule, hâtons-nous et, le moins incomplétement possible, complétons notre rapide revue du Salon.

On a beaucoup remarqué deux charmants tableaux de Loubon, jeune peintre, qui, déjà, paye au présent ses dettes de l'avenir. M. Loubon exerce de très-utiles fonctions au musée de Marseille, musée qui, pour le dire en passant, compte une vingtaine de chefs-d'œuvre et quatre Rubens à grandes proportions. La salle de ce musée est ignoble, les chefs-d'œuvre ont des cadres en bois blanc peints à l'ocre ; mais cela tient au vice de la lésinerie proverbiale de la municipalité phocéenne à l'endroit des choses d'art. Les cinq ou six édiles influents qui gèrent les affaires de la cité, sont des hommes qui connaissent fort bien le commerce des blés d'Odessa, mais qui ne connaissent pas Rubens et Pérugin et sont très-fiers de leur ignorance.

A l'ombre de ce musée ont grandi des peintres modernes dont le nom nous est cher : Guérin, Baumes, Dagnan, Papéty, Courdouan, Barry, Tanneur et autres. Loubon, le plus jeune de tous, figure déjà dans cette pléiade avec la plus grande distinction. Son tableau de la *Fuite du choléra* est à la fois un joli paysage et une charmante toile de genre. Loubon a trempé son pinceau dans la poussière marseillaise de la *viste*, pour nous montrer, dans une vérité désolante, les *bastides* équinoxiales où le commerce se protége contre les ardeurs du solstice à l'ombre d'un parasol ambulant. Rien n'est beau à voir, le dimanche, comme ces forêts de parasols sur les roches phocéennes arrosées par la poussière du canal de Marseille, payée quarante millions, un centime par grain. Chacune de ces bastides est estimée deux cent mille francs par le propriétaire; elle produit du thym, du genêt, des saxifrages et une ample moisson de cailloux. Grâce à ces estimations fabuleuses d'immeubles, tout propriétaire phocéen est millionnaire de droit et lègue toujours, par orgueil posthume, quinze ou seize cent mille francs à son héritier. Tel est le paysage que Loubon a exposé à côté des fraîches toiles de Rousseau, de Huet, de Corot, de Daubigny. L'un est aussi vrai que les autres : on étouffe dans la poussière du premier, on respire sous les beaux arbres des autres. C'est la faute de la nature et des humains : il y a des pays habitables et des pays inhabitables. L'artiste a le droit de tout peindre.

Nous aimons cependant mieux le vallon de Tempé que les roches du cap Horn.

Le second tableau de Loubon nous semble inspiré par une profonde étude de la manière de Decamps. Le terrain choisi ressemble à l'Arabie Pétrée en miniature. Les personnages sont des joueurs de boules. La scène est très-comique, et les acteurs sont parfaitement étudiés dans leurs allures, leurs tics et leurs mouvements. Quarante degrés Réaumur incendient les roches marseillaises où ces heureux amateurs font rouler des boules; il y a même des spectateurs désintéressés, qui jugent des coups et s'apprêtent à mesurer les distances avec des bouts de ficelle. On sue sang et eau sur toute la ligne : les personnages ont perdu au soleil la teinte blanche, et pourraient être enlevés sur ce rivage par un bâtiment négrier, et vendus comme esclaves noirs au bazar de Soulouque. Plaisir pour plaisir, j'aime encore mieux les baigneuses de Courdouan.

Ce peintre qui s'est acquis une belle réputation dans l'aquarelle et le pastel vient d'aborder franchement la couleur, et avec un succès qui le fera persister dans la voie des grandes œuvres. Ses *Baigneuses* annoncent déjà une profonde entente du paysage et des mystérieux effets de la lumière et des ombres. Ses *Vues africaines* sont étudiées avec amour et un soin exquis des phénomènes de la perspective et des nuances infinies des horizons : mais sa plus belle toile est sans contredit sa *Tempête*. On reconnaît là le jeune artiste, né au bord de la mer, et qui s'est initié de bonne heure à tous les secrets des natures maritimes. Ce navire qui lutte avec tant de courage contre les vagues, et qui effleure ces formidables écueils, attire impérieusement les yeux, et les retient par un intérêt des plus vifs. La colère de cette mer est superbe ; elle fait admirablement jaillir à la pointe des rocs ses panaches d'écume ; elle s'acharne comme une lionne sur ce malheureux navire ; elle hurle comme Carybde et Scylla ; on s'estime heureux de tenir la terre ferme sous ses pieds devant ce tableau de Courdouan.

Dagnan est un peintre marseillais qui a toujours tenu à distance les paysages arides et les ombrages du parasol. Nous espérons bien aussi que Loubon, secouant la poussière de ses souliers, reviendra aux fraîches inspirations qui ont fait ses premiers succès de la rue Chabrol, 14, cet ancien nid des grands artistes. Dagnan, lui, n'a jamais songé à peindre la moindre bastide poudrée à blanc ; ce sont les lacs recueillis, les vallées riantes, les cimes ombreuses, les forêts profondes, les ruisseaux cristallisés qui provoquent toujours le pinceau de ce maître paysagiste. Les *Vues de Suisse* qu'il a exposées au Salon resplendissent des qualités les plus éminentes, et méritent d'exciter autour d'elles plus de rumeur qu'elles n'en font. M. Dagnan a une grande vertu, c'est la modestie, mais l'excès de toute vertu est presque un défaut. La célébrité comme la fortune ne doit pas être attendue dans un lit.

Nous soupçonnons gravement M. Dauphin de commettre la même vertu. Le peintre a couvert une immense toile de toutes les lamentations du Calvaire, de toutes les angoisses du premier Vendredi Saint. Jamais sujet n'inspira plus de tableaux. Au temps de la grande peinture, un artiste aurait cru manquer à l'honneur de son blason s'il ne reproduisait à son tour la divine scène du Golgotha. Rembrandt est celui qui a remporté la couronne dans ce concours général ; son Calvaire est le chef-d'œuvre des chefs-d'œuvre. Ce peintre de forte et sombre pensée n'a donné à son tableau aucun de ces accessoires puérils et modernes qui nuisent à la sévérité de ce sujet sublime : c'est une véritable exécution antique ; c'est le gibet infâme ; c'est le bois grossièrement taillé par le bourreau ; c'est la montagne de la mort, semée de crânes humains ; c'est Jérusalem en deuil avec ses remparts crevassés, qui attendent le bélier de Titus. Paysage funèbre, tout retentissant des lamentations de Jérémie, et qu'éclaire à peine un rayon, triste lueur de l'espérance, aube du jour de la rédemption !

M. Dauphin mérite d'abord les plus grands éloges pour avoir courageusement abordé la haute peinture, à une époque où personne ne peut la payer, parce que nos maisons sont étroites, nos églises pauvres, nos palais déserts. Honneur à l'artiste qui fait son œuvre, comme il la rêve, sans se préoccuper de son avenir ! Oui, je comprends Corrége lorsque le comte Mari lui disait à Gênes : — Quitte tes Vénus et tes amours un instant, et peins une grande toile de la Cène pour l'église de l'Annonciade, voisine de mon palais. — Mais je ne comprends pas M. Dauphin ; je me borne à l'admirer en silence. Cependant ne désespérons de rien ; s'il y a encore quelques oboles dans l'épargne d'une église, son grand et beau *Calvaire* figurera sur le panneau d'un autel, on ne peut le placer ailleurs. Le palais de Versailles accueille tous les grands hommes, mais il n'y a peut-être pas de place pour Dieu.

Toujours, selon la loi souveraine des contrastes, et pour

passer du grave au doux, nous irons nous abriter un instant sous les vrais arbres que Daubigny ou la nature ont plantés au bord des eaux les plus transparentes qu'ait effleurées l'aile de l'oiseau. En voilà encore un poëte! encore un chantre silencieux des bois touffus, du ruisseau qui cause avec l'arbre, du lac qui dort sous les rameaux! Virgile, Longus, Théocrite, Bernardin de Saint-Pierre sont revenus au monde, et ils écrivent chez nous avec le pinceau. Que de paysagistes poëtes! que de merveilleuses bucoliques en couleurs! La poésie pastorale se transforme. On ne trouverait pas un éditeur aujourd'hui pour publier un in-8° d'Eglogues, s'appelât-on Virgile ou Théocrite, noms encore inconnus. *Estelle et Némorin*, qui ont remué tout un siècle et épuisé la papeterie jaunâtre de Montgolfier, seraient chassés en manuscrit du bureau d'un libraire, en supposant qu'il y ait encore un libraire aujourd'hui. Le succès des pastorales est aux peintres paysagistes; ils ont tous eu cette année une vogue énorme. Disons aussi, pour être vrai, qu'il n'en coûte rien pour lire un tableau.

Madame Rosa Bonheur a obtenu, dans ce genre, un succès que madame Deshoulières n'obtiendrait pas avec une allégorie pastorale. Un jour la cour et la ville s'émurent en lisant ceci :

> Dans les prés fleuris
> Qu'arrose la Seine,
> Cherchez qui vous mène
> Mes chères brebis.....
> Que Pan vous défende,
> Hélas! il le sait,

> Je ne lui demande
> Que ce seul bienfait ! etc., etc.

Un cri général d'enthousiasme salua cette pastorale naïve ; à Versailles, les tritons d'airain bondirent dans leurs conques, et Louis XIV donna une pension de six mille livres au poëte des brebis. Au milieu des *solutions* et des dissolutions politiques qui nous étourdissent, une allégorie sur les moutons passerait inaperçue si elle arrivait dans notre monde actuel ; mais, grâce à la transformation poétique du genre, les brebis de Deshoulières-Bonheur ont été passées en revue et admirées par tout Paris.

Il nous reste encore, pour terminer incomplétement la revue des œuvres de peinture, de grands éloges à donner à deux artistes d'un beau talent : M. Ricard, dont les admirables portraits ont eu l'honneur du genre, et M. Eugène Quesnet. Son portrait de madame G..., dont la modeste initiale cache un nom célèbre, est un chef-d'œuvre ; on ne peint pas mieux les riches étoffes, on n'anime pas mieux un visage, on ne fait pas mieux marcher un corps charmant sur le tapis d'un salon peint. M. Eugène Quesnet est appelé à beaucoup reproduire dans le monde de l'élégance et de la suprême distinction.

Dans le domaine de l'art plastique, nous reviendrons sur Clésinger qui, indépendamment des deux bustes ravissants de mademoiselle Rachel, a exposé un superbe groupe de descente de croix, et plusieurs bustes d'hommes célèbres. Le puissant sculpteur qui a déjà créé de si admirables nymphes avec un marbre de chair, a traité cette fois un grand sujet religieux, la scène lamentable des saintes femmes et du

Christ mort. Il est bon qu'un artiste donne ainsi la mesure exacte de ses facultés, en abordant tous les contrastes. Michel-Ange ciselait dans la même chapelle florentine la statue voluptueuse de la Nuit et l'austère fantôme du *Penseur*. La *Pietà* de Clésinger présente l'immense talent du jeune sculpteur sous une face toute nouvelle. Les yeux qui se sont fermés de douce langueur sur ses premières et adorables créations, se mouillent de larmes devant cette scène désolée du Golgotha.

Nous en omettons, et des célèbres, parce que leur renommée date de loin, et qu'un éloge de plus n'y ajouterait rien. Citons-en un très-jeune, M. Courtet, talent pur, élégant, délicat, qui donne des arrhes superbes à son avenir avec quatre bustes, parfaits de ciselure et d'expression. Un artiste du grand monde, un homme qui pouvait se contenter d'avoir un nom illustre, et d'être un des grands seigneurs les plus aimables et les plus spirituels, M. le comte d'Orsay, qu'on a déjà nommé avant son nom, a voulu prendre une place très-éminente parmi les sculpteurs, et il a eu bien raison. Deux noblesses valent mieux qu'une. Ses bustes exposés ont cette élégance aristocratique qui était remarquée dans les portraits de Lawrence, le peintre de la haute distinction.

Notre dernier salut sera pour le sculpteur Préault, artiste à part, un peu brouillé avec les bourgeois, mais l'ami intime de tous les lettrés. Le *Christ* que Préault a ciselé pour l'église de Saint-Gervais suffirait seul à la réputation d'un artiste. Devant ce Christ tout le monde s'incline, soit par piété, soit par admiration; les hérétiques de l'art ne se montrent pas. Il n'en est point ainsi lorsque Préault taille un bloc, avec son esprit aventureux et sa puissante imagination. Les dissidents se montrent et contestent. Préault a le bonheur d'avoir quelques ennemis et d'exciter des colères froides. En général, dans le domaine de l'art, peinture, sculpture, architecture, musique ou poésie, tous les talents prime-sautiers, tous les génies originaux soulèvent beaucoup de clameurs dès leurs premiers pas; tandis qu'on laisse dans leur quiétude bourgeoise les natures vulgaires, les imitateurs serviles, les lunes blafardes qui ont une lueur factice, volée aux astres rayonnants. Ainsi, Préault a excité beaucoup de murmures autour de son bas-relief : *Une tuerie* ; on n'avait vu pareille chose nulle part, et on aime toujours à voir chez un artiste ce qu'on a vu chez un autre. C'est plus commode pour l'indolence des petits esprits. Ce bas-relief est effrayant comme un songe venu de l'enfer, et noirci à la fumée des soupirs du démon. Comment! s'est-on dit entre admirateurs, comment! c'est Préault, cet homme si charmant, si spirituel, si léger! c'est lui qui a mis au monde cette épouvantable vision, ces spectres de Clamart, ces diables incarnés! Oui, c'est bien Préault qui a sculpté ces magnifiques horreurs; comme c'est Mathurin, l'homme le plus frivolement spirituel de Londres, qui a écrit le plus sombre des romans anglais. *Nulla fronti fides*, comme dit le *Tom Jones* de Fielding; ce qu'on peut traduire par : *Fiez-vous aux gens gais.*

Selon l'usage non antique, mais solennel, on a distribué des prix, des médailles, des couronnes et des accessits au Salon. Cet enfantillage est dans les mœurs françaises; on aime à donner des prix. Il semble qu'après la sortie du collége nous devrions être garantis, par quelque compagnie d'assurances, contre le fléau universitaire ; point du tout, les accessits nous poursuivent jusqu'à la mort. Homère, Virgile, Cicéron, Démosthènes, Phidias, Praxitèles, Sophocle, Annibal, César, Raphaël, Michel-Ange, n'ont jamais obtenu la moindre médaille, le moindre accessit dans les colléges, les académies et les salons, et pourtant ils ont assez bien fait leur chemin, ces gaillards ! Avec cette absurde manie de distribution de prix à des enfants barbus, on ne crée jamais un homme de génie, puisque tous les hommes de génie n'ont jamais eu de prix, et on verse, à flots de fiel, le découragement et même le désespoir dans de jeunes cœurs ; on commet une foule d'inévitables injustices ; en un mot, on ne fait aucun bien, et on fait beaucoup de mal. Cela, nous le savons, n'empêchera point les jurys de distribuer des prix, des médailles, des accessits jusqu'à la vallée de Josaphat, où siégera le seul juge qui ne peut pas se tromper dans ses jugements.

FIN.

# TABLE DES MATIÈRES

|  | Pages. |
|---|---|
| La Sieste. | 1 |
| Simple Histoire. | 15 |
| Une Nuit au Colysée. | 29 |
| Les Nuits de Frascati. | 37 |
| Les Lunariens. | 83 |
| Après Constantine. | 105 |
| Journal d'un Humoriste. | 125 |
| Une Nuit de Henri IV. | 157 |
| Les Nuits sinistres. | 169 |
| Carnet d'artiste. | 195 |
| Une Nuit à table. | 223 |
| Nuits Lyriques. | 247 |
| Histoire d'un brick naufragé. | 265 |
| Voyage au Palais-Royal. | 279 |

FIN DE LA TABLE.

POISSY. — TYPOGRAPHIE ARBIEU.

www.ingramcontent.com/pod-product-compliance
Lightning Source LLC
Chambersburg PA
CBHW070900170426
43202CB00012B/2140